高等学校“十四五”规划教材
河南省一流本科课程（线上/线下混合式一流课程）教材

C 语言程序设计技术实践指导

王鹏远　程　静　苏　虹　等◎编　著

中国铁道出版社有限公司
CHINA RAILWAY PUBLISHING HOUSE CO., LTD.

内容简介

本书是与《C语言程序设计技术》（尚展垒等编著，中国铁道出版社有限公司出版）配套使用的实践指导用书，每个实验对应主教材的相关内容。本书的每个实验项目均在 Visual Studio 2019 下调试通过。本书除综合实验外，每个实验包括实验学时、实验目的和要求、实验要点概述、实验项目、实验作业和实验报告要求等内容。每个实验内容由易到难，代码由简单到复杂，读者可循序渐进地掌握相应的知识点，让读者思考，以达到灵活运用的目的。实验 20 为综合实验，是本书的特色，该实验涉及 C 语言多个知识点，注重非计算机专业学生计算思维能力的培养。附录对全国计算机等级考试（二级 C 语言）从考试大纲、样题和运行环境进行全面介绍。

本书适合作为高等院校“C语言程序设计”课程的实践教材，也可作为各种培训班和编程爱好者以及参加全国计算机等级考试（二级C语言）人员的自学参考用书。

图书在版编目（CIP）数据

C语言程序设计技术实践指导/王鹏远等编著.—北京：中国铁道出版社有限公司，2022.1（2023.12 重印）
高等学校“十四五”规划教材
ISBN 978-7-113-28744-3

Ⅰ.①C… Ⅱ.①王… Ⅲ.①C语言-程序设计-高等学校-教材 Ⅳ.①TP312.8

中国版本图书馆 CIP 数据核字(2021)第 279278 号

书　　名：C语言程序设计技术实践指导
C YUYAN CHENGXU SHEJI JISHU SHIJIAN ZHIDAO
作　　者：王鹏远　程　静　苏　虹　等

策　　划：翟玉峰　　　　编辑部电话：（010）51873135
责任编辑：翟玉峰　徐盼欣
封面设计：尚明龙
责任校对：安海燕
责任印制：樊启鹏

出版发行：中国铁道出版社有限公司（100054，北京市西城区右安门西街 8 号）
网　　址：http://www.tdpress.com/51eds/
印　　刷：北京联兴盛业印刷股份有限公司
版　　次：2022 年 1 月第 1 版　2023 年 12 月第 3 次印刷
开　　本：787 mm × 1 092 mm　1/16　印张：12.75　字数：331 千
书　　号：ISBN 978-7-113-28744-3
定　　价：36.00 元

前言

C语言从诞生之日起就一直保持着旺盛的生命力，并且不断发展壮大、日臻完善，已经成为目前使用最广泛的编程语言之一。与其他高级语言相比，C语言处理功能丰富，表达能力强，使用灵活方便，执行程序效率高，可移植性强；具有丰富的数据类型和运算符，语句非常简单，源程序简洁清晰；可以直接处理硬件系统和对外围设备接口进行控制。C语言是一种结构化的程序设计语言，支持自顶向下、逐步求精的结构化程序设计技术。另外，C语言程序的函数结构为实现程序的模块化设计提供了强有力的保障。因此，纵然有C++、Java和Python等后继者，但到目前为止，它们依然没有取代C的迹象。

本书编者全部是一直工作于高等学校教学一线、承担"C语言程序设计"课程教学多年的大学教师，有丰富的教学经验，长期从事C语言编程工作，并有着将自己积累的"C语言程序设计"经验介绍给大家的强烈愿望。编者单位郑州轻工业大学的"程序设计技术（C语言）"课程在2020年5月被认定为首批河南省一流本科课程（线上线下混合式一流课程）。本书作为《C语言程序设计技术》（尚展垒等编著，中国铁道出版社有限公司出版）配套使用的学习用书，共设计20个实验，将C语言的内容由浅入深、层次分明地娓娓道来，非常适合编程初学者思维模式的培养及训练。除综合实验外，每个实验均包括实验学时、实验目的和要求、实验要点概述、实验项目、实验作业和实验报告要求等内容。实验学时为建议学时，可根据教学需要进行适当增减；实验目的和要求将本次实验的知识点和实验所要达到的目的加以明确；实验要点概述为该次实验所要使用到的知识点；实验项目由若干子项目组成，每个项目都对题目进行了详细的分析并提供了源程序，实验项目从易到难，使读者逐步掌握相关的知识点，读者可结合实际情况对实验项目做适当删减；实验作业要求读者独立完成，以检验是否达到了本次实验的要求；实验报告要求读者记录下实验中的要点以及自己的体会，为今后的学习提供参考。本书的最后一个实验为综合实验，该实验要求的功能较多，需要综合C语言所学到的多个知识点，如程序设计的三种基本结构、文件、函数、数组、结构体、结构数组等，读者通过该实验能够巩固C语言所涉及的所有基础知识。

各实验的主要内容如下：

实验1"Visual Studio 2019下C程序开发环境的初步使用"，介绍在Visual Studio 2019下如何创建和运行C程序。

实验2"C语言中的基本数据类型"，对应教材的第2章，介绍了C语言中的常量，不同数据类型变量的定义、使用，输入/输出格式等内容。

实验3"C语言中的运算符与表达式"，对应教材的第3章，介绍了C语言中的运算符和表达式的基本使用方法。

实验4“编译预处理与常用库函数”，对应教材的第4章，介绍了宏、文件包含以及C语言中的库函数的使用方法。

实验5“选择结构程序设计”，对应教材的第5章，介绍了单分支、双分支及多分支选择结构的使用方法。

实验6“循环结构程序设计（1）”和实验7“循环结构程序设计（2）”，对应教材的第6章，介绍了while、for、do...while和多重循环结构的使用方法。

实验8“函数的定义与调用”和实验9“函数的传址引用与递归调用”，对应教材的第7章，介绍了函数的基本使用方法。

实验10“一维数组及其指针运算”、实验11“二维数组及其指针运算”和实验12“使用内存动态分配实现动态数组”，对应教材第8章，介绍了数组的基本使用方法。

实验13“字符数组与字符串”，对应教材的第9章，介绍了字符数组和字符串的基本使用方法。

实验14“结构与联合”，对应教材的第10章，重点介绍了结构和结构数组的使用方法。

实验15“记录数确定的顺序文件操作”和实验16“记录数不确定的顺序文件操作”，对应教材的第11章，介绍了文件的基本使用方法，以及文件与数组、函数相结合的使用方法。

实验17“指针的应用及链表的基本操作”，对应教材的第12章，介绍指针和链表的基本使用方法。

实验18“位运算”，对应教材的第13章，介绍了位运算的基本使用方法。

实验19“简单C++程序设计”，对应教材的第14章，介绍了C++程序中的基本输入和输出。

实验20“综合实验”，介绍了C语言项目开发的全过程，为读者开发较为复杂的C项目奠定基础。

以上各部分都可以独立教学，自成体系，教师可根据情况适当取舍。在本书的编写过程中参考了许多同行的著作，在此对其作者表达感谢之情。感谢郑州轻工业大学和中国铁道出版社有限公司的大力支持，感谢各位编辑的辛苦工作，正是由于他们的帮助和支持才使本书得以顺利付印。

本书由郑州轻工业大学王鹏远、程静、苏虹、尚展垒、陈嫄玲、李萍和张凯编著。实验1、实验3、实验13和实验18由张凯编写，实验2、实验5和实验20由苏虹编写，实验4、实验8、实验9和实验17由程静编写，实验6、实验7和附录由陈嫄玲编写，实验10、实验11、实验12、实验15和实验16由王鹏远编写，实验19由李萍编写，实验14由尚展垒和陈嫄玲联合编写。在组织编写过程中，王鹏远负责本书的架构策划，程静和苏虹负责本书的统稿定稿工作。

如果您能够愉快地读完本书，并告知身边的朋友，原来C语言并不难学，那就是编者最大的欣慰。尽管编者尽了最大努力，也有良好而负责任的态度，但是由于学识所限，难免存在疏漏与不足，恳请各位读者批评指正，以便再版时修订。

编　者

2021年10月

目　录

实验 1 Visual Studio 2019 下 C 程序开发环境的初步使用

本实验介绍了程序设计语言的分类及特点、C 语言的产生、算法的概念及特性、算法的描述方法以及软件的编制步骤等。在本实验中，将了解 Visual Studio 2019 的编程环境，掌握 C 程序的编译过程，通过简单实例，将设计的算法使用流程图进行表示并根据算法描述编制出 C 源程序，进一步编译、连接、运行，掌握 C 语言程序的基本结构及编译运行流程。

一、实验学时

2 学时。

二、实验目的和要求

（1）熟悉 Visual Studio 2019 运行环境。
（2）学习 Visual Studio 2019 编程环境下 C 程序的创建、编写和调试过程。
（3）掌握用流程图描述算法。

三、实验要点概述

1. C 语言简介

C 语言是一门通用计算机编程语言，广泛应用于底层开发。C 语言的设计目标是提供一种能以简易的方式编译、处理低级存储器、产生少量的机器码以及不需要任何运行环境支持便能运行的编程语言。

尽管 C 语言提供了许多低级处理的功能，但仍然保持着良好的跨平台特性，以一个标准规格写出的 C 语言程序可在各种计算机上进行编译，甚至包含一些嵌入式处理器（单片机或称 MCU）以及超级计算机等作业平台。20 世纪 80 年代，为了避免各开发厂商用的 C 语言语法产生差异，美国国家标准局为 C 语言制定了一套完整的美国国家标准语法，称为 ANSI C，作为 C 语言最初的标准。

C 语言是一门面向过程的计算机编程语言，其编译器主要有 Visual Studio、Dev C++、Xcode、Visual C++ 6.0、Code::Blocks、Borland C++等。

2. Visual Studio 简介

Visual Studio 是微软公司推出的开发环境，是目前流行的 Windows 平台应用程序开发环境之一。Visual Studio 可以用来创建 Windows 平台下的 Windows 应用程序和网络应用程序，也可以用来创建网络服务、智能设备应用程序和 Office 插件。

当前较常用版本为 Visual Studio 2019 版本，基于.NET Framework 4.8。对新增功能的简要概括为以下三点：

（1）开发：通过改进的性能、即时代码清理和更好的搜索结果来保持专注和高效。

（2）协作：在 Visual Studio 2019 中，通过 Git 优先工作流、实时编辑和调试，以及代码评审，即可尽情享受自然协作。

（3）调试：突出显示并导航到特定值、优化内存使用，并可对应用程序的执行进行自动快照。

四、实验项目

【实验项目 1】 认识开发环境，了解 C 源程序从创建到运行的过程。

该实验项目的操作步骤如下：

（1）在 Windows 中，选择“开始”→“所有程序”→“Visual Studio 2019”命令或双击桌面上的“Visual Studio 2019”快捷图标（见图 1-1），即可启动 Visual Studio 2019 开发环境（见图 1-2）。

图 1-1　Visual Studio 2019 快捷图标

图 1-2　Visual Studio 2019 启动界面

（2）启动 Visual Studio 2019 后，选择“创建新项目”，进入“创建新项目”界面，如图 1-3 所示。在该界面中，选择“空项目”后，单击“下一步”按钮，出现图 1-4 所示的界面。在“项目名称”文本框中输入项目名称（本项目中使用 HelloWorld），单击“位置”右侧的“浏览”按钮选择存储该项目的位置（本项目所使用的是 F:\MyProject）；单击“创建”按钮，进入图 1-5 所示的 Visual Studio 2019 主窗口界面。

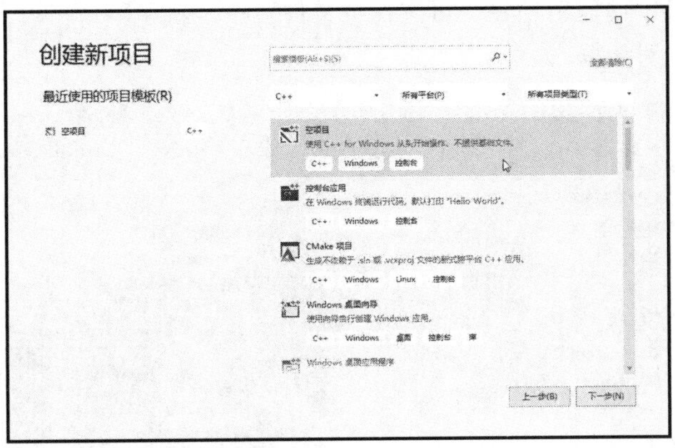

图 1–3　Visual Studio 2019“创建新项目”界面

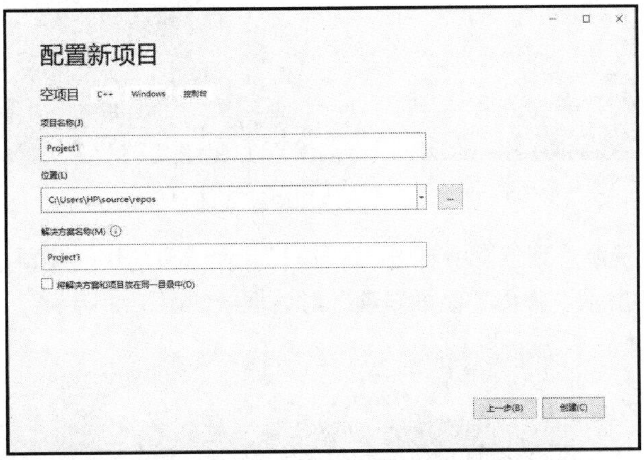

图 1–4　Visual Studio 2019“配置新项目”界面

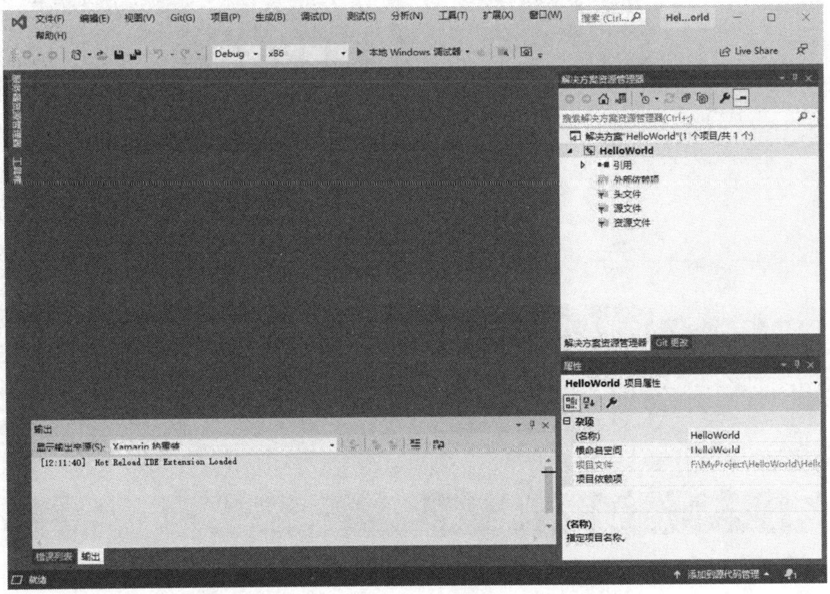

图 1–5　Visual Studio 2019 主窗口界面

如果在打开的项目中创建新项目，可选择“文件”→“新建”→“项目”命令，如图 1-6 所示，弹出“新建项目”对话框。

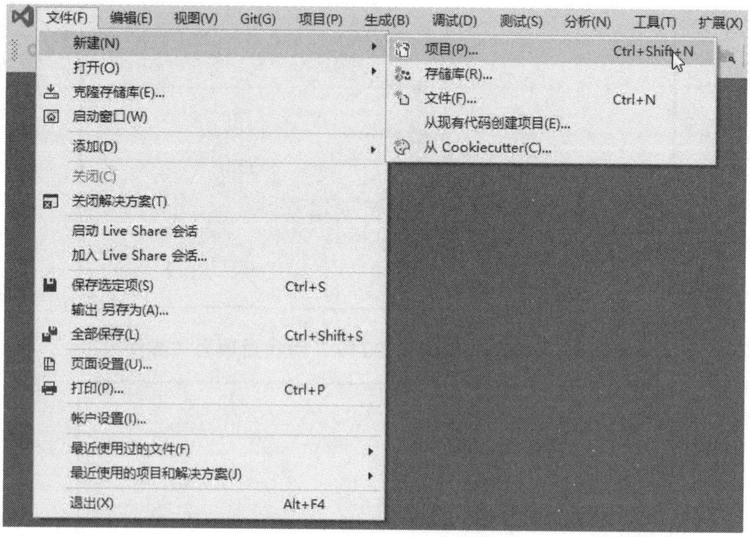

图 1-6 “文件”中新建项目

（3）在“解决方案资源管理器”中右击“源文件”，在弹出的快捷菜单中选择“添加”→“新建项”命令，如图 1-7 所示。弹出“添加新项”对话框，如图 1-8 所示。

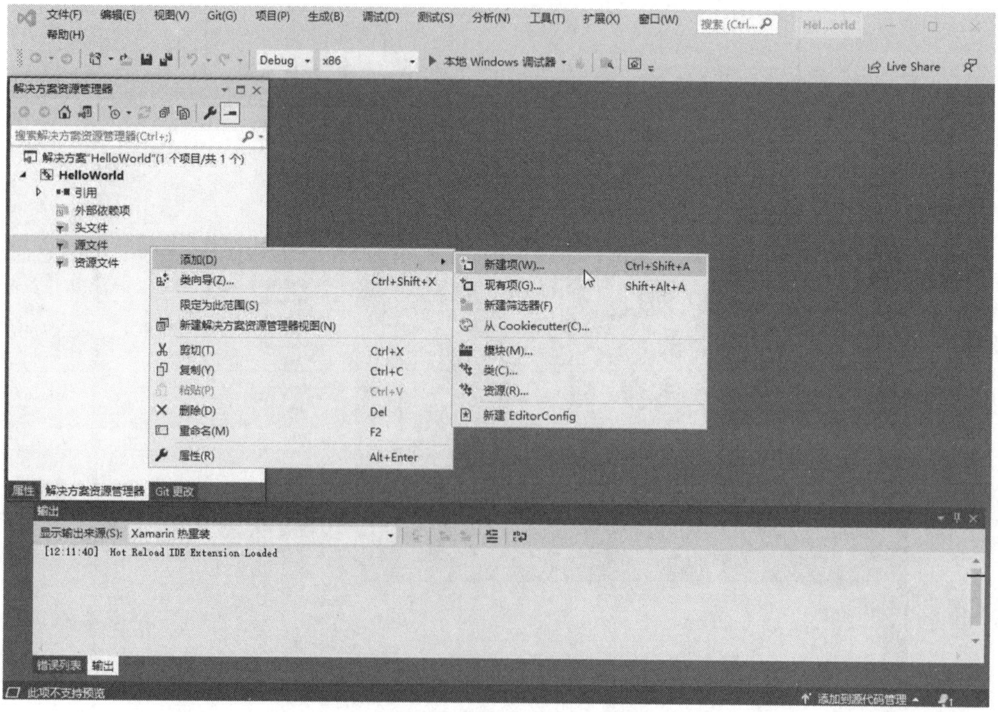

图 1-7 选择为项目添加新建项

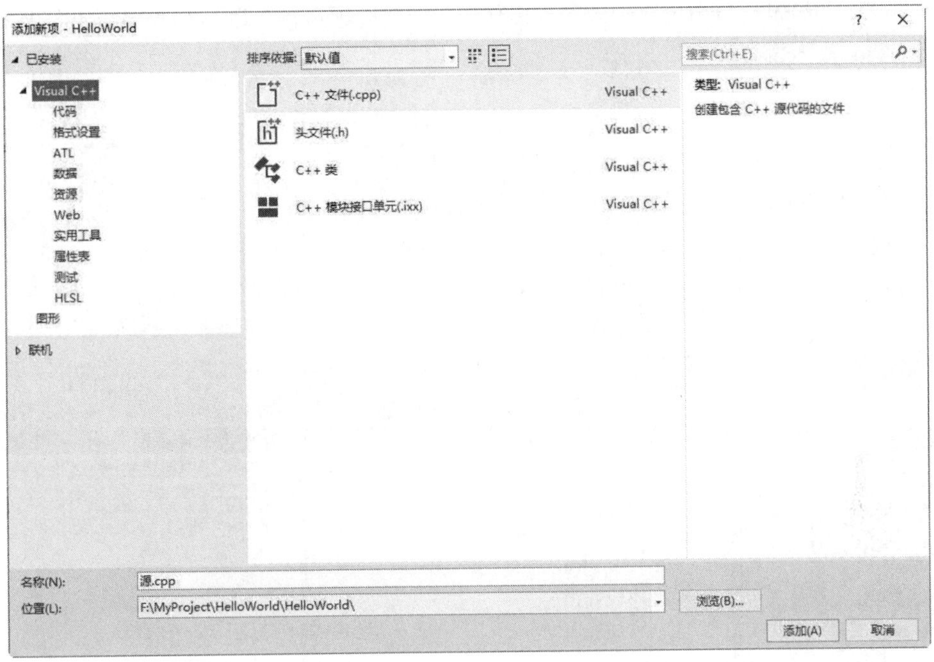

图 1-8　“添加新项”对话框

（4）在图 1-8 所示的“添加新项”对话框中间选择“C++文件（.cpp）”选项，输入名称（本实验中的名称为 HWSourceFile），如需更改存储位置。单击“浏览”按钮选择，通常情况下使用默认路径（使创建的资源文件和该项目的其他文件位于同一文件夹中）。最后单击“添加”按钮，打开图 1-9 所示的源文件编辑窗口，可在光标闪烁的位置编写源文件。

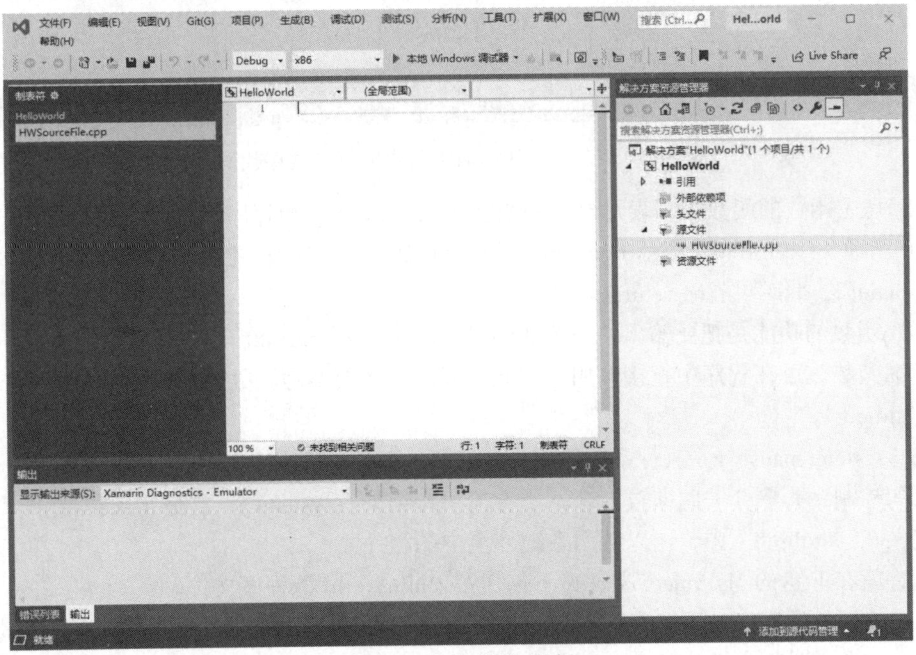

图 1-9　源文件编辑窗口

（5）在源文件编辑窗口中可以输入源程序代码。本实验项目输入以下 C 程序，如图 1-10 所示。

```
#include <stdio.h>
#include <stdlib.h>

int main()
{
   printf("HelloWorld!\n");

   system("pause");
   return 0;
}
```

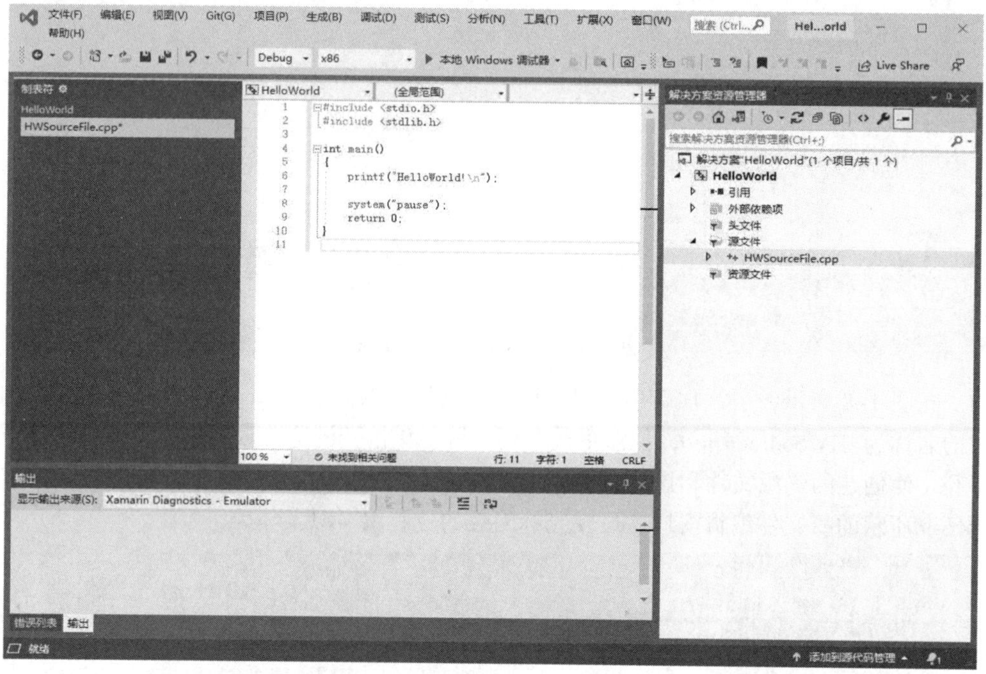

图 1-10　在源文件编辑窗口中编写源程序代码

main( )是主函数的函数名，表示这是一个主函数。每个 C 源程序都必须有且只能有一个主函数（main( )函数）。“return 0;”表示 int main( )函数执行成功，返回 0。主函数的说明也可定义为 void main( )或 main( )，此时可省略 return 语句。

printf( )函数的功能是把要输出的内容送到显示器去显示。printf( )函数是一个在 stdio.h 文件中定义的标准函数，可在程序中直接调用，因此源程序首部要书写预处理语句 #include <stdio.h>或 #include "stdio.h"。

语句“system("pause");”执行系统环境中的 pause 命令，起暂停作用，等待用户信号；如果没有这条语句控制台程序会一闪即过，来不及看清执行结果。system( )函数是 C 语言标准库的一个函数，定义在“stdlib.h”中，可以调用系统环境中的程序。

至此，就在 F 盘的 MyProject 文件夹下创建了 HelloWorld 源程序文件。

C 语言编写的源程序是不能直接运行的。因为计算机只能识别和执行由 1 和 0 组成的二进制代码指令，不能识别和执行由高级语言编写的源程序。源程序是用某种程序设计语言编写的程序，其中的程序代码称为源代码。因此，一个高级语言编写的源程序，必须用编译程序把高级语言程序翻译成机器能够识别的二进制目标程序，通过系统提供的库函数和其他目标程序的连接，形成可以被机器执行的目标程序。所以，一个 C 语言源程序到扩展名为.exe 的可执行文件，一般需要经过编辑、编译、连接、运行四个步骤。上面编辑的源程序 HWSourceFile.cpp 要想让计算机执行，需要经过图 1-11 所示的步骤进行编译连接。

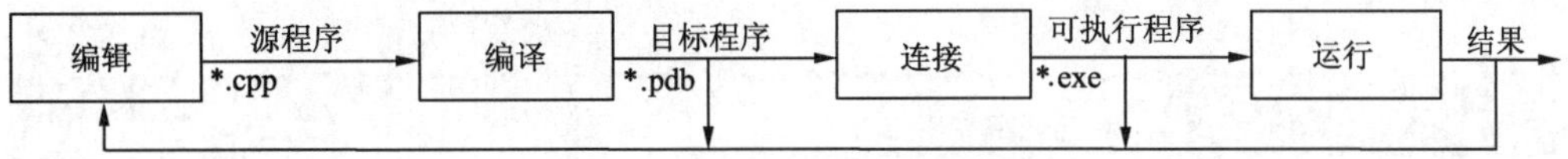

图 1-11　C 语言源程序编译连接流程

编译时，会对源程序文件 HWSourceFile.cpp 中的语法错误进行检测，并在信息输出窗口中给出反馈，程序设计人员根据提示将错误一一纠正后完成编译，形成目标文件 HelloWorld.pdb。连接是将程序中所加载的头函数及其他文件连接在一起，形成完整的可执行文件 HelloWorld.exe。

在项目管理模式下，源文件输入、编辑完成后选择“文件”→“保存”命令保存文件，然后按下面的步骤对其进行编译、连接和运行。

（6）在工具栏中进行图 1-12 的选择后点击“本地 Windows 调试器”按钮，程序编译后，弹出图 1-13 所示的运行结果。

图 1-12　启动“本地 Windows 调试器”

图 1-13　实验项目 1 运行结果

如果将该程序中的“#include <stdlib.h>”和“system("pause");”两行程序删除掉，再“启动调试”，程序调试没有错误，而是出现图 1-14 所示的程序结果，可按任意键关闭该窗口。

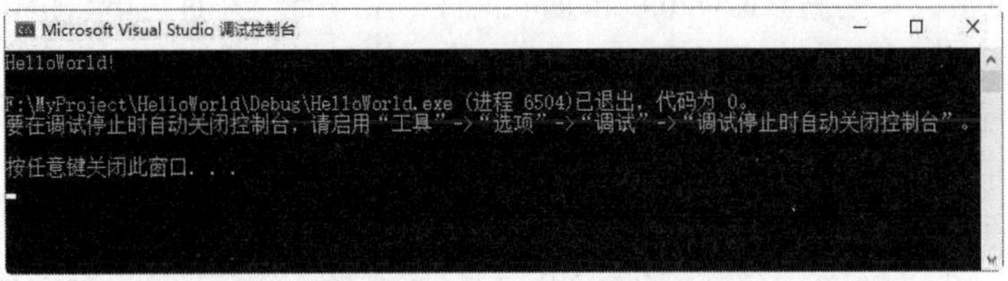

图 1-14　无 system("pause")语句时实验项目 1 运行结果

当程序有语法错误时，会弹出图 1-15 所示的对话框，单击“否”按钮。

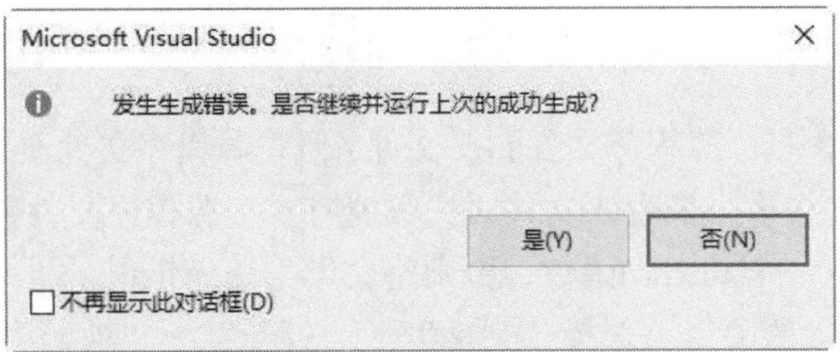

图 1-15　程序错误对话框

源程序编译信息将会在信息输出窗口中出现。如果程序有语法错误，出错信息就显示在信息输出窗口中，包括错误的个数、位置、类型，可以直接双击错误信息，系统可以实现错误的自动定位，如图 1-16 所示。这方便了程序设计人员对程序的错误进行修改。对源文件出错信息修改后再编译，一直到源程序正确为止。

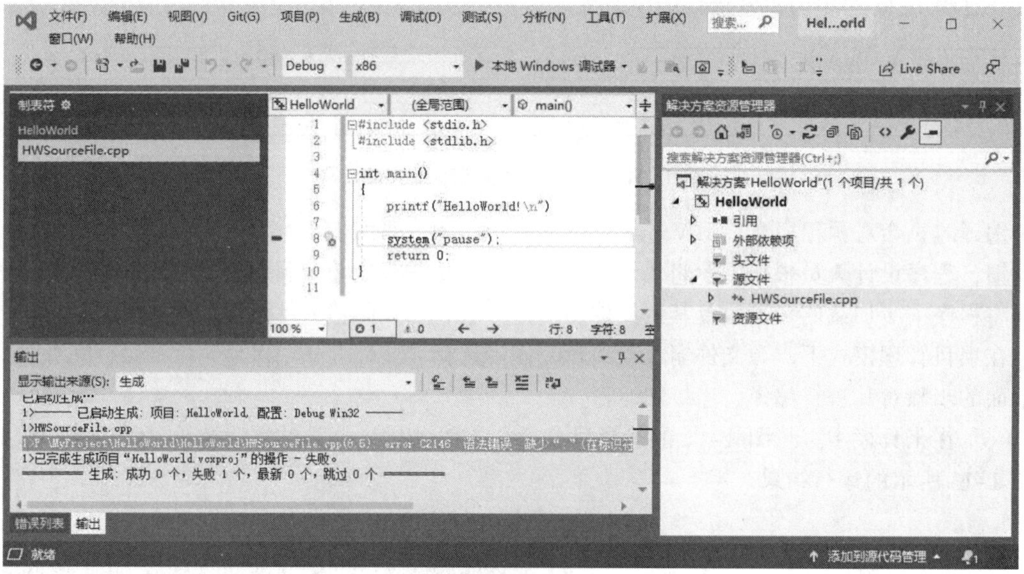

图 1-16 编译出错时输出的信息

在图 1-16 所示的信息输出窗口中，看到了源程序 HWSourceFile.cpp 的编译错误有“生成：成功 0 个，失败 1 个，最新 0 个，跳过 0 个”的错误提示，错误信息为：【1>F:\MyProject\HelloWorld\HelloWorld\HWSourceFile.cpp(8,5): error C2146: 语法错误：缺少“;”(在标识符“system”的前面)】，此行信息可以确定错误发生在 HWSourceFile.cpp 文件的第 8 行，并且是语法错误，根据提示信息得知“system”前丢失了分号“;”，可以直接双击错误信息行，系统会定位到发生错误的位置，即程序中的第 8 行，在“system”之前补写上分号“;”，即在程序第 6 行语句结束位置补写分号“;”，再次编译即可。如果程序中没有错误，直接执行程序，系统已生成目标文件 HWSourceFile.pdb，并保存于工程下的 debug 文件夹中。

要注意的是，C 语言源程序的每一条语句需要以“;”作为语句结束，但预处理命令、函数头和花括号“}”之后不能加分号。

以上就是在 Visual Studio 2019 中创建 C 程序的方式，实现了 C 程序的编辑、编译、连接、运行的全过程。

说明：

① 一个项目可以包含多个源程序文件和头文件，但是源程序文件至少有一个，而头文件可以允许没有；当一个项目包含多个源程序文件时，只能有一个源程序文件包含 main( )函数，也就是说，一个项目文件只能有一个 main( )函数，否则将会发生编译错误。

② 若打开原来已存盘的项目，选择“文件”→“打开”→“项目/解决方案”命令，在对话框中选择项目所在的路径，选择项目的.sln 文件（该文件是在创建项目时自动生成的项目解决方案），单击“打开”按钮，编辑、连接、运行等步骤与前面项目管理模式相同。

③ 在 Visual Studio 2019 环境下编辑 C 程序，对于单行注释允许惯用的简化标记符“//”，对于多行注释，需使用 “/*-----*/”标记形式。

④ 从书写清晰，便于阅读、理解、维护的角度出发，在书写程序时应遵循以下规则：

- 一个说明或一个语句占一行。
- 用{ }括起来的部分，通常表示程序的某一层次结构。{ }一般与该结构语句的第一个字母对齐，并单独占一行。低一层次的语句或说明可比高一层次的语句或说明缩进若干格后书写，以便看起来更加清晰，增加程序的可读性。在编程时应力求遵循这些规则，以养成良好的编程风格。

（7）要退出 Visual Studio 2019 开发环境，可选择“文件”→“退出”命令，或单击开发环境右上角的“关闭”按钮退出 Visual Studio 2019。

【实验项目 2】要求“输入任意三个整数，求它们的和及平均值”，绘制程序流程图，在 Visual Studio 2019 中输入程序，验证程序运行结果。

（1）绘制流程图。此问题是一个简单的输入、求解、输出的过程，是典型的顺序算法，流程图用到的基本组件有起止框、输入/输出框、处理框、流程线。程序流程图如图 1-17 所示。

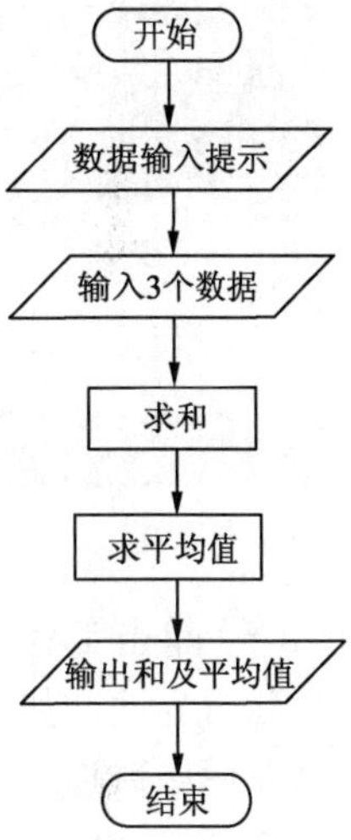

图 1-17　程序流程图

（2）选择“开始”→“所有程序”→“Visual Studio 2019”命令，启动 Visual Studio 2019。

（3）选择“创建新项目”，新建“空项目”，在“配置新项目”中选择存储路径及设定项目名称。

（4）右击“源文件”，在弹出的快捷菜单中选择“添加”→“新建项”命令，在弹出的对话框中选择“C++文件（.cpp）”，输入文件名，添加到步骤（2）创建的工程中。

（5）在程序编辑窗口中输入如下代码，如图 1-18 所示。

```
#include <stdio.h>
#include <stdlib.h>

int main()
{
    int num1,num2,num3,sum;
    float aver;

    printf("Please input three numbers:\n");
    scanf("%d%d%d",&num1,&num2,&num3);                    /*输入三个整数*/

    sum=num1+num2+num3;                                    /*求累计和*/
    aver=sum/3.0;                                          /*求平均值*/

    printf("num1=%d,num2=%d,num3=%d\n",num1,num2,num3);
    printf("sum=%d,aver=%7.2f\n",sum,aver);

    system("pause");
    return 0;

}
```

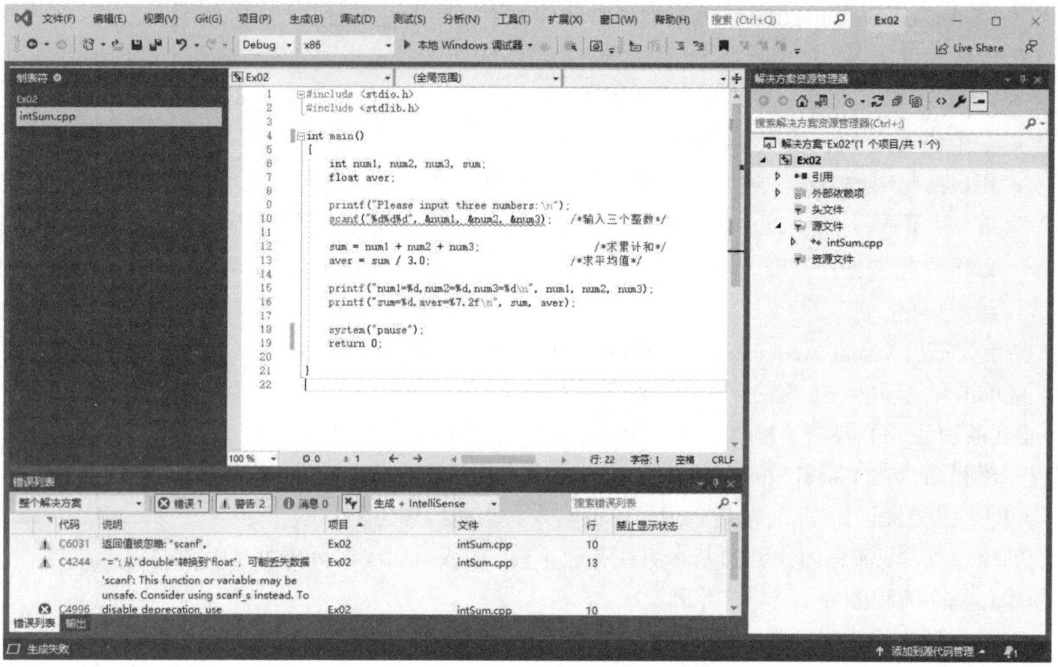

图 1-18 实验项目 2 程序编辑窗口

（6）单击工具栏中的“本地 Windows 调试器”按钮，进行调试，如果没有语法错误，弹出程序运行界面；如出现错误，则根据错误提示修改源程序，直到编译成功为止。若出现错误，一般是库函数连接不成功，要检查开发环境。若对开发环境不是很熟悉，可新建项目重启环境。

在该实验中存在错误，程序无法执行。双击第一个错误【1>F:\MyProject\Ex02\Ex02\intSum.cpp(10,5): error C4996: 'scanf': This function or variable may be unsafe. Consider using scanf_s instead. To disable deprecation, use _CRT_SECURE_NO_WARNINGS. See online help for details.】。我们先看 scanf( )和 scanf_s( )这两个函数。

scanf( )函数是标准 C 中提供的标准输入函数，用来输入数据。

scanf_s( )函数是 Microsoft 公司 Visual Studio 开发工具提供的一个安全标准输入函数，从 Visual Studio 2005 开始，系统提供了 scanf_s( )函数。

对于这样的错误，有三种处理方法。

第一种，在使用 Visual Studio 2019 时记住每次写 scanf( )时全都写成 scanf_s( )。

第二种，在 Visual Studio 2019 中，选择“项目”→“Ex02 属性”（本实验项目中的项目为 Ex02，因此为 Ex02 属性）命令，如图 1-19 所示。在“Ex02 属性页”对话框中，选择“C/C++”→“代码生成”→“安全检查”，在下拉列表框中选择“禁用安全检查(/GS-)”，如图 1-20 所示，单击“确定”按钮。

第三种，在程序最开始部分加上宏：

```
#define _CRT_SECURE_NO_WARNINGS 1
```

以解除 scanf( )函数的不安全问题。

本书遵循保持标准 C 函数且不增加代码行的原则，采用第二种方式。

图 1-19　项目属性的选择

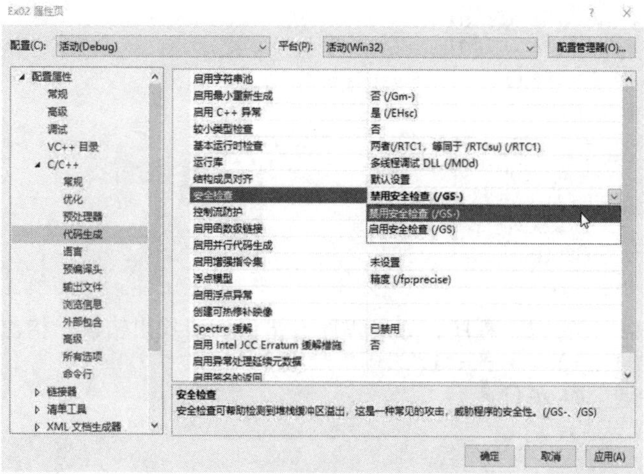

图 1-20　选择“禁用安全检查”

连接正确后，单击工具栏中的“本地 Windows 调试器”按钮，执行程序，转入图 1-21 所示的运行界面。

该程序是一个典型的顺序结构流程，要得到运算结果，必须先有操作数据，界面上的提示信息是程序中的“printf("Please input three numbers:\n");”语句执行的结果，提示要求用户输入三个数据。接下来执行到“scanf("%d%d%d",&num1,&num2,&num3);”语句，用户在界面上输入三个数据，将会被分别存放在三个变量 num1、num2 和 num3 中。通过运行“sum=num1+num2+num3;”和“aver=sum/3.0;”语句得到和及平均值，并存放在变量 sum 和 aver 中。最后执行两条输出语句“printf("num1=%d,num2=%d,num3=%d\n",num1,num2,num3);”和“printf("sum=%d,aver=%7.2f\n",sum,aver);”，程序运行结果如图 1-22 所示。

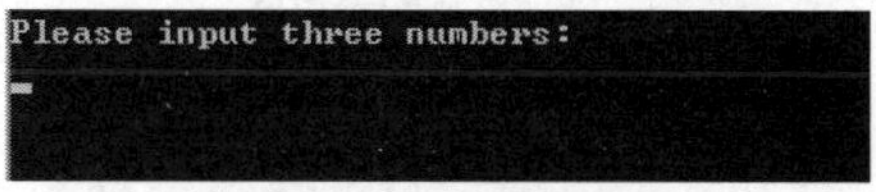

图 1-21　程序运行界面

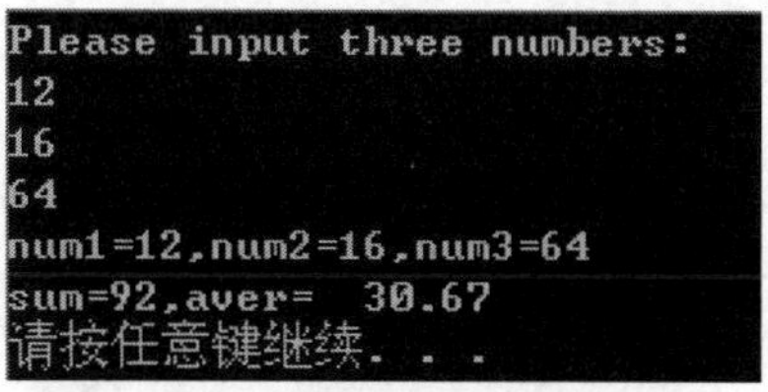

图 1-22　实验项目 2 运行结果

五、实验作业

1. 实验项目 1 中，如果去掉#include <stdio.h>，程序能否正常运行？为什么？
2. 实验项目 1 中，去掉每个 printf 语句后的分号“;”，观察编译错误提示。
3. 实验项目 2 中，去掉每个 printf 语句中的“\n”，观察程序运行情况，思考“\n”的作用。
4. 实验项目 2 中，如果去掉“int num1,num2,num3,sum;”语句，程序能否正常运行？为什么？
5. 用程序流程图设计算法：输入一个数 n，求出 $n!$。
6. 创建程序，在显示器屏幕上输出图 1-23 所示的图案。
7. 从键盘输入两个整数，输出这两个数的乘积。
8. 运行以下程序，如果程序有错误，请找出错误，指出错误原因并改正。

图 1-23　实验作业 6 运行界面

```
#include <stdio.h>
#include <stdlib.h>
int main()
{
    int a=10,b=20;
    int sum=A+b;
    printf("%d+%d=%d\n",a,b,sum);
    system("pause");
    return 0;
}
```

9. 运行以下程序，如果程序有错误，请找出错误，指出错误原因并改正。

```
#include <stdlib.h>
int mian()
{
    int num;
    printf("Enter num:\n");
    scanf("%d",&num);
    if(num<0)
        num=-num
    printf("%d\n",num);
    system("pause");
    return 0;
}
```

10. 运行以下程序，指出该程序的功能，并分析运行结果。

```
#include <stdio.h>
#include <stdlib.h>
int main()
{
    int sum=0,i;
    for(i=10;i<=20;i++)
    {
        if(i%2==0&&i%3==0)
        {
            printf("%d\n",i);
            sum=sum+i;
        }
    }
    printf("sum=%d\n",sum);

    system("pause");
    return 0;
}
```

六、实验报告要求

结合实验准备方案、实验过程记录及实验作业，总结 Visual Studio 2019 编程环境下 C 程序的创建、编写和调试过程。

认真书写实验报告，分析自己在编译过程中出现的错误，并说明原因。

实验 2　C 语言中的基本数据类型

本实验主要针对 C 语言的数据类型，包括基本数据类型、构造数据类型、指针数据类型和空数据类型，其中基本数据类型包括整型、实型、字符型等。另外还有变量与常量、变量与数据类型所占内存空间的计算、不同类型数据之间的转换以及数据的输入与输出。

一、实验学时

2 学时。

二、实验目的和要求

（1）掌握变量的定义、赋值及使用。
（2）掌握符号常量的定义方法。
（3）掌握不同类型数据之间转换的方式，包括自动类型转换及强制类型转换。
（4）掌握输入/输出函数的基本应用。
（5）初步了解指针型变量。

三、实验要点概述

1. 掌握变量的定义、赋值及使用

1）变量的定义

变量定义的格式：

```
类型说明符 变量名 1,变量名 2,…;
```

其中，类型说明符（又称类型关键字）是 C 语言中用来说明变量的数据类型的，它必须是一个有效的数据类型。初学者常用的有整型类型说明符 int、字符型类型说明符 char、单精度实型 float、双精度实型 double 等。例如：

```
int  i;           //定义 i 为整型变量
char  ch;         //定义 ch 为字符型变量
float  x,y;       //定义 x 和 y 为单精度实型变量
```

2）变量的赋值

变量赋值的格式：

```
变量名=表达式;
```

其中，表达式可以是常量、变量、函数以及其他各类表达式。赋值后，变量的值将由新值取代。

C语言允许对变量连续赋值，可以写成

```
变量=(变量=表达式);
```

或

```
变量=变量=…=表达式;
```

为变量赋值要注意：

（1）如果表达式中含有变量，此变量之前必须已经赋值。

（2）给变量赋值，必要时自动进行数据类型转换。例如：

```
int x='a';              //将字符型数据转换为整型数据赋予变量x
```

（3）赋值语句“=”左侧只能是变量，不可以是表达式、常量、函数等。

（4）不能将字符串常量赋值给字符型变量。

（5）不能在变量声明语句中给多个变量连续赋值，例如：

```
int a=b=c=2;            //该语句是非法的
```

3）变量的类型

变量的类型包括整型变量、实型变量、字符型变量。

（1）整型变量。整型变量包括：

有符号基本整型：[signed] int。

有符号短整型：[signed] short [int]。

有符号长整型：[signed] long [int]。

无符号基本整型：unsigned [int]。

无符号短整型：unsigned short [int]。

无符号长整型：unsigned long [int]。

整型数据的溢出：

一个int型变量的最大允许值为2 147 483 647，如果再加1，其结果不是2 147 483 648，而是-2 147 483 648，因为发生了“溢出”。同样，一个int型变量的最小允许值为-2 147 483 648，如果再减1，其结果不是-2 147 483 649而是2 147 483 647，也发生了“溢出”。所以在使用整型变量时要注意其值的溢出。

（2）实型变量。实型变量分为单精度型（float）、双精度型（double）。单精度型实型变量在内存中占4字节（32位），双精度型实型变量在内存中占8字节（64位）。

由于实型数据的有效位是有限的，程序中变量如为单精度型，只有7位有效数字，所以输出的前7位是准确的，第8位以后的数字是无意义的。变量如为双精度型，可以有15～16位有效位，所以输出的前16位是准确的，第17位以后的数字是无意义的。由此可见，由于机器存储的限制，使用实型数据在有效位以外的数字将被舍去，由此可能会产生一些误差，我们在编程中要注意。

由于实数存在舍入误差，使用时要注意以下几点。

① 不要试图用一个实数精确表示一个大整数，浮点数是不精确的。

② 实数一般不判断“相等”，而是判断接近或近似。

③ 避免直接将一个很大的实数与一个很小的实数相加、相减，否则会“丢失”小的数。

④ 根据要求选择单精度型和双精度型。

（3）字符型变量。字符型变量用于存放字符常量，即一个字符型变量可存放一个字符，字符数据在内存中是以字符的 ASCII 码的二进制形式存放的，所以一个字符型变量占用 1 字节内存容量。这使得字符型数据和整型数据之间可以通用（0 ~ 255 范围内的无符号数或–128 ~ 127 范围内的有符号数）。具体表现为如下几点：

① 可以将整型常量赋值给字符变量，也可以将字符常量赋值给整型变量。

② 可以对字符数据进行算术运算，相当于对它们的 ASCII 码进行算术运算。

③ 一个字符数据既可以字符形式输出（ASCII 码对应的字符），也可以整数形式输出（直接输出 ASCII 码值）。

④ 字符型数据和整型数据之间可以通用，但是字符型只占 1 字符，即如果作为整数使用，只能存放 0 ~ 255 范围内的无符号数或范围内的有符号数。

⑤ C 语言没有专门的字符串变量，如果想将一个字符串存放在变量中，可以使用字符数组（即用一个字符数组来存放一个字符串，数组中每个元素存放一个字符）。

2．掌握符号常量的定义方法

定义宏常量格式：

```
#define  标识符常量 替换文本
```

#define 编译指令的准确含义是，命令编译器将源代码中所有标识符常量替换为替换文本。其效果与使用编辑器手工进行查找并替换相同。例如：

```
#define PI 3.1415926
```

根据约定，符号常量名中的字母为大写，这易于将其同变量名区分开来。根据约定，变量名中的字母为小写。

一般情况下，程序员将所有的#define 放在一起，并将它们放在程序的开头。

宏常量不同于变量，一旦定义之后它所代表的值在整个作用域内不能改变，也不能对其赋值。

3．掌握不同类型数据之间转换的方式，包括自动类型转换及强制类型转换

C 语言规定，不同类型的数据在进行混合运算之前先转换成相同的类型，然后再进行运算。

（1）自动类型转换。C 编译器在对操作数进行运算之前将所有操作数都转换成取值范围较大的操作数类型，所有的 char 型和 short 型一律先转换为 int 型，所有的 float 型先转换为 double 型再参加运算。

当算术运算符"+""－""*""／""%"两边的数据类型不一致时，"就高不就低"。这里的"高"和"低"是指数据所占存储空间的大小。

当赋值号两边的类型不一致时，右向左看齐。

当函数定义时的形式参数和调用时的实际参数类型不一致时，实际参数自动转换为形式参数的类型。

C 语言虽然支持类型自动转换，但有时可能会给程序带来隐患，可能会发生数据丢失、类型溢出等错误。

（2）强制类型转换。一般形式如下：

```
(类型)  表达式
```

将表达式运算结果强制转换成某种数据类型。

强制类型转换最主要的用途有以下几方面：

① 满足一些运算符对类型的特殊要求。

例如，取余运算要求“%”两侧的数据类型必须为整型。“17.5%9”的表示方法是错误的，但“(int)17.5%9”就是正确的。

另外，C 的有些库函数（如 malloc( )）的调用结果是空类型（void），必须根据需要进行类型的强制转换，否则调用结果就无法利用。

② 防止整数进行乘除运算时小数部分丢失。

4．掌握输入/输出函数的基本应用

（1）printf( )函数的调用格式：

```
printf("格式控制字符串",输出项列表);
```

① 格式控制字符串用以指定输出数据的输出格式。格式控制字符串中包括格式字符（包括转换说明符、标志、域宽、精度）和普通字符。转换说明符和%一起使用，用来说明输出数据的数据类型、标志、宽度和精度。普通字符在输出时按原样输出。常用转换说明符如表 2-1 所示。

表 2-1　printf( )和 scanf( )函数的常用转换说明符

转换说明符	意　　义	转换说明符	意　　义
%d	以十进制整数形式	%f 或%lf	以浮点型数据形式
%c	以字符型数据形式	%s	以字符串形式

② 输出项列表指出各个输出数据，当有多个输出项时各输出项之间用逗号“,”隔开，输出项可以是常量、变量和表达式，也可以没有输出项。

（2）scanf( )函数的调用格式：

```
scanf ("格式控制字符串",输入项地址列表)
```

① 格式控制字符串规定了输入项中的变量将以何种类型的数据格式被输入，它的一般形式是：%[修饰符] 转换说明符。常用转换说明符如表 2-1 所示。

② 输入项地址列表由若干变量的地址组成，每个地址之间用逗号分隔。C 语言中变量的地址可以用取地址符与变量名组成，如&a。也可以是指针变量，因为指针变量中存放的就是变量的地址。

（3）putchar( )函数的调用格式：

```
putchar(输出项)
```

putchar( )函数必须带有输出项，输出项可以是字符型常量或变量。它的输出项只能是单个字符或结果为字符型数据的表达式，被输出的字符常量必须用单引号括起来，如果是表达式，必须是'a'+5 等形式，不能是字符串形式。

（4）getchar( )函数的调用格式：

```
getchar()
```

getchar( )函数用于单个字符的输入，功能是从标准输入设备（键盘）上输入一个且只能是一个字符，并将该字符作为 getchar( )函数的返回值。

5．初步了解指针型变量

指针变量的定义格式：

```
类型关键字  *指针变量名;
```

格式说明：

类型关键字是指针变量所指向的变量的数据类型，换句话说，就是指针变量中保存的地址的那个变量的数据类型。指针变量本身的存储单元是固定的（Turbo C 中指针变量本身占 2 字节，Visual C++中指针本身占 4 字节）。例如：

```
int *p;   /*定义一个指针变量p，它指向一个整型变量*/
```

四、实验项目

【实验项目 1】 编写程序，用定义符号常量的方法进行英里与米、海里与米的换算。

实验项目分析：通过分析题目，可以使用#define 及 const 两种方法定义在程序中多次用到的不变的量，因为常量在程序运行过程中不能改变值，所以可以作为单位换算中经常引用的量。本段程序的代码没有什么难度，但对于初学者来说代码量有点大。完成本实验项目有利于加强输入代码速度的练习。

源程序如下：

```
#include <stdio.h>
#include <stdlib.h>
#define ST 1609
const int sea=1852;
int main()
{
    int dislong,Stlong,Sealong;
    printf("Enter the distance in statute mile:");
    scanf("%d",& Stlong);                        /*以英里为单位输入距离*/
    dislong=Stlong * ST;                         /*将英里距离换算为米*/
    printf("The distance in meter: dislong= %d\n",dislong);/*输出以米为单位的距离*/
    printf("The distance in meter:dislong= ");
    scanf("%d",& Sealong);                       /*以海里为单位输入距离*/
    dislong=Sealong * sea;                       /*将海里距离换算为米*/
    printf("The distance in meter:dislong= %d\n",dislong);/*输出以米为单位的距离*/
    system("pause");
    return 0;
}
```

程序运行结果如图 2-1 所示。

本实验项目中使用 const 和#define 时，注意 const 语句以分号结尾，而#define 语句不以分号结尾；用 const 定义常变量给出了对应的内存地址，而#define 给出的是替换文本，在内存中有若干份副本。

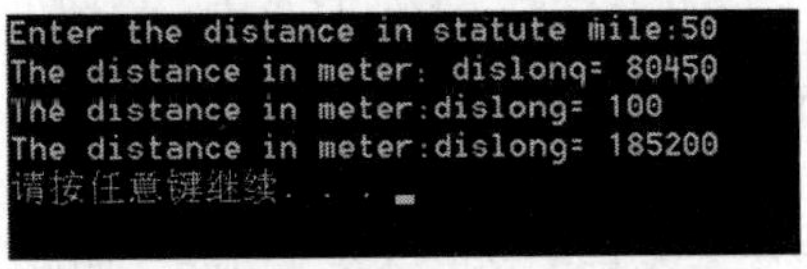

图 2-1　实验项目 1 运行结果

【实验项目 2】 编写程序，求两个实型变量的和。

源程序如下：

```
#include <stdio.h>
#include <stdlib.h>

int main()
{
    float x,y, sum;
    sum=x+y;
    x=12.3;
```

```
    y=45.6;
    printf("%f\n", sum);

    system("pause");
    return 0;
}
```

程序运行无结果，只给出报错信息，如图 2-2 所示，提示变量 x 使用前未初始化。

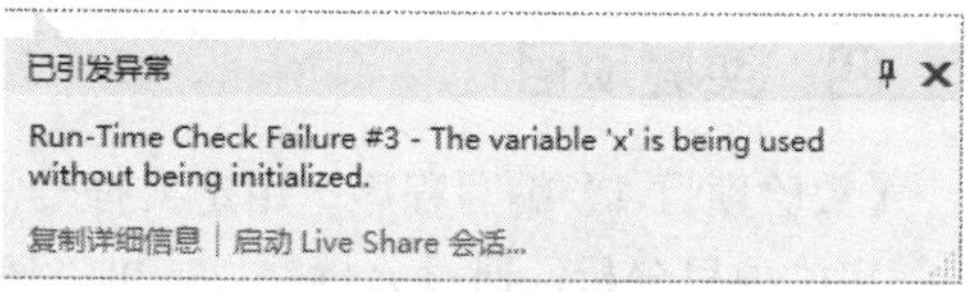

图 2-2　运行报错

此程序运行的结果显然并不是我们设计的初衷，C 语言初学者，特别是首次接触计算机程序设计语言的初学者，很容易受代数知识的影响，误以为其中的 sum=x+y 是先行建立 sum 和 x+y 之间的等量关系，然后再将 x 和 y 的值代入等式就可以得到正确的结果。而在程序设计中，变量要先定义然后赋值才能使用。这个程序中，在没有为 x 和 y 赋值的情况下就进行了 x+y 的运算，所以运行后就显示错误，不能得到结果。这个例子提醒我们，使用变量前一定要先查看它有没有定义并赋值。

所以对程序进行如下更改：

```
#include <stdio.h>
#include <stdlib.h>

int main()
{
    float x,y, sum;
    x=12.3;
    y=45.6;
    sum=x+y;
    printf("%.1f\n", sum);

    system("pause");
    return 0;
}
```

程序运行结果如图 2-3 所示。

图 2-3　修改后的运行结果

【实验项目 3】编写程序，将输入的大写英文字母全部转换成小写字母。

实验项目分析：在 ASCII 码中，小写字母所对应的整数值比大写字母大 32，本实验项目利用这一特点，进行字母大小写之间的转换。具体过程是：将大写字母转换为小写时，将其加 32；将小写字母转换为大写时，将其减 32。

源程序如下：

```
#include <stdio.h>
#include <stdlib.h>

int main()
{
    char input;                                /*定义输入大写字母的字符型变量*/
    char output;                               /*定义输出小写字母的字符型变量*/
    printf("Please input a uppercase char:");
```

```
    scanf("%c",&input);                          /*以字符形式输入大写字母*/
    getchar();
    output=(char)(input+32);                     /*大写字母转换为小写字母*/
    printf("After  switch  to  lowercase,  the  char  is:");
    printf("%c\n",output);                       /*输出小写字母*/
    printf("%d\n",output);                       /*以整型格式输出 output*/

    system("pause");
    return 0;
}
```

运行程序，输入 A，按【Enter】键后结果如图 2-4 所示。

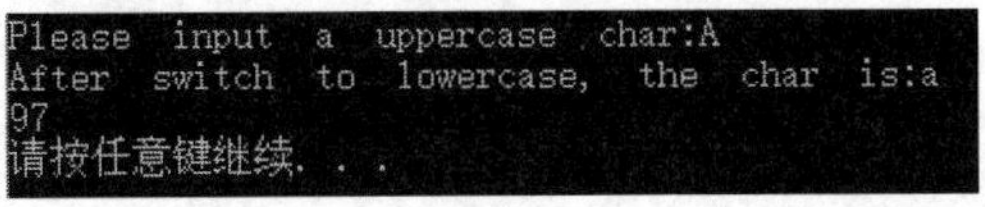

图 2-4　实验项目 3 运行结果

由本实验项目可以看出，一个字母的大小写之间 ASCII 码相差 32，对字符型数据进行算术运算其实是对其 ASCII 码值进行相应运算，字符型数据可以以整型数据输出，输出的是其 ASCII 码值。

【实验项目 4】数据类型转换。

（1）通过赋值将数据类型自动转换。

实验项目分析：本实验项目中定义了整型变量 a 并初始化值为 7，定义 b 和 c 均为双精度小数，并为 c 赋值。而 b 通过 a/3 赋值，因为 a 是整数，整数除以整数在 C 中只能得整数，由此 b 值为 2，因为 b 为双精度小数，所以赋值给 b 时必须进行数据类型的隐形转换，把整数 3 转换成双精度小数，得到 2.000000。在执行 a=c;时，c 是双精度小数，赋值给整型变量 a 时要进行数据类型转换，丢失了精度，赋给 a 的是其整数部分 3，小数部分丢失。

源程序如下：

```
#include <stdio.h>
#include <stdlib.h>

int main()
{
    int a=7;
    double b;
    double c=3.123456789;
    b=a/3;
    a=c;
    printf("b=%lf \n",b);
    printf("c=%lf \n",c);
    printf("a=%d \n",a);

    system("pause");
    return 0;
}
```

程序运行结果如图 2-5 所示。

本实验项目验证了自动转换有时会丢失数据的精度，所以在今后使用数据转换时尽量使用强制转换。

图 2-5　实验项目 4 运行结果

（2）数据类型强制转换。

实验项目分析：本实验项目中定义了整型变量 m 和单精度实型变量 n、i、j。n+i 得 13.77，13.77 被强制转换成整数 13，此处没有四舍五入而是直接取整数部分，

13 赋值给 m；之后 m 的值又强制转换为单精度小数 13.000000 并赋值给 j，而 m 依然是整型，不因强制类型转换而改变数据类型。

从这个例子可以比较出强制类型转换比自动转换更清晰。

从本程序及运行结果分析看，经强制转换类型后产生一个临时的、类型不同的数据，其变量原来的数据类型依然不变。由于类型转换占用系统时间，所以，在设计程序时应尽量选择好数据类型，以减少不必要的类型转换。

源程序如下：

```
#include <stdio.h>
#include <stdlib.h>

int main()
{
    int m;
    float n=7.98,i=5.79;
    float j;
    m=(int)(n+i);
    printf("%d \n",m);
    j=(float)(m);
    printf("%f \n",j);
    printf("%d \n",m);

    system("pause");
    return 0;
}
```

程序运行结果如图 2-6 所示。

图 2-6 数据类型强制转换的程序运行结果

【实验项目 5】格式化输出/输入函数的基本用法练习。

实验项目分析：本实验项目是为了加强练习格式化输入/输出函数的使用。相关实验内容比较多，尤其是关于字符型数据的输出和输入函数 putchar( )和 getchar( )，还请详细阅读并加以练习。

源程序如下：

```
#include <stdio.h>
#include <stdlib.h>

int main()
{
    int x;
    char ch;
    float y;
    printf("Please input an integer:");
    scanf("%d",&x);
    printf("integer is: %d\n",x);
    printf("Please input a character:");
    scanf(" %c",&ch);/*在%c 前面加一个空格，可以忽略前面数据输入时存入缓冲区中的回车符，
以免被后面的字符型变量作为有效字符读入*/
    printf("character is: %c\n",ch);
    printf("Please input a float number:");
    scanf("%f",&y);
    printf("float is: %f\n",y);
```

```
    system("pause");
    return 0;
}
```

运行程序，按图 2-7 所示输入数字及字母，结果如图 2-7 所示。

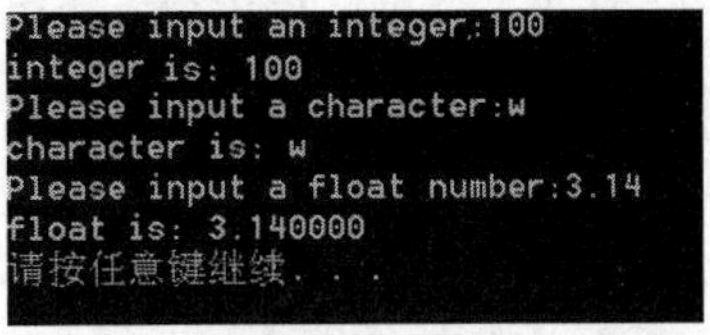

图 2-7　实验项目 5 程序运行结果

【实验项目 6】分析程序的运行结果。

实验项目分析：本项目程序中，首先定义两个整型变量 a 和 b，同时初始化 a=0、b=9，指针变量 pa 指向变量 a、pb 指向变量 b。第一个 printf( )函数语句要求输出 a 和 b 的值以及 pa 和 pb 所指向变量的值，所以输出 0,9,0,9；当执行 p=pa;pa=pb;pb=p;之后，使得 pa 和 pb 进行了交换，即这两个指针所指向的变量进行了交换，pa 指向变量 b、pb 指向变量 a，所以第二个 printf( )函数输出了 0,9,9,0。

源程序如下：

```
#include <stdio.h>
#include <stdlib.h>

int main()
{
    int a=0,b=9,*pa,*pb,*p;
    pa=&a;
    pb=&b;
    printf("%d,%d,%d,%d\n",a,b,*pa,*pb);
    p=pa;
    pa=pb;
    pb=p;
    printf("%d,%d,%d,%d\n",a,b,*pa,*pb);

    system("pause");
    return 0;
}
```

图 2-8　实验项目 6 程序运行结果

程序运行结果如图 2-8 所示。

五、实验作业

1. 已知：m=11，n=41，输出 m 和 n 的 2 次方、3 次方和 4 次方。

要求：每个数据占 8 列，左对齐。

效果如下：

```
121     1331    14641
1681    68921   2825761
```

2. 编写程序，读入某人的 18 位身份证号，输出其出生日期。其中年份占 4 列，月和日各占 2 列，右对齐，左补前导零。

3. 编写程序，将圆周率定义为符号常量，从键盘输入圆的半径和圆柱的高，在屏幕上输出圆柱体的体积（精确到小数点后两位）。

4. 编写程序，将“China”译成密码后输出。密码规律：用原来字母后面的第三个字母代替原来的字母。

5. 编写程序，从键盘输入两个整型数据，利用指针变量计算两个数之和，将计算结果输出在屏幕上。

6. 程序改错。

要求：仔细阅读程序，找出错误的地方并改正后上机运行。

```
#include <stdio.h>
#include <stdlib.h>
int main()
{
    double a,b;
    scanf("%lf%lf\n",&a,&b);
    printf("%.2f",(a+b)/2);
    system("pause");
    return 0;
}
```

六、实验报告要求

结合实验准备方案、实验过程记录和实验作业，掌握 C 语言中常量、变量的基本使用方法，总结整型、浮点型和字符型数据类型变量的定义、使用，以及输入和输出的基本操作方法。

认真书写实验报告，分析自己在编译过程中出现的错误，并说明原因。

实验 3　C 语言中的运算符与表达式

本实验主要针对 C 语言的常用运算符与表达式，包括算术运算符与算术表达式、关系运算符与关系表达式、逻辑运算符与逻辑表达式、赋值运算符与赋值表达式、逗号运算符与逗号表达式、自增与自减运算符、条件运算符与条件表达式。

一、实验学时

2 学时。

二、实验目的和要求

（1）重点掌握算术运算符与算术表达式、关系运算符与关系表达式、逻辑运算符与逻辑表达式、赋值运算符与赋值表达式。

（2）掌握自增与自减运算符、逗号运算符与逗号表达式、条件运算符与条件表达式。

（3）掌握各种运算符的优先级以及结合性。

三、实验要点概述

1. 掌握算术运算符和算术表达式

（1）基本的算术运算符包括：+、−、*、/、%。

说明：

① 两个整数相除的结果为整数，如 5/3 的结果为 1，舍去小数部分。但是，如果除数或被除数中有一个为负值，则舍入的方向是不固定的，多数机器采用“0 取整”的方法（即 5/3=1，−5/3=−1），取整后向零靠拢。（实际上就是舍去小数部分，注意不是四舍五入）

② 如果参加+、−、*、/运算的两个数有一个为实数，则结果为 double 型，因为所有实数都按 double 型进行计算。

③ 求余运算符%，要求两个操作数均为整型，结果为两数相除所得的余数。求余又称求模。一般情况下，余数的符号与被除数符号相同。例如，−8%5=−3、8%−5=3。

（2）算术表达式：用算术运算符和括号将运算对象（也称操作数）连接起来的、符合 C 语法规则的式子，称为算术表达式。运算对象可以是常量、变量、函数等。

使用算术表达式的注意事项：

① 算术表达式的书写形式与数学表达式的书写形式有一定的区别。

② 算术表达式的乘号（*）不能省略。例如，数学式 b^2-4ac 相应的 C 表达式应该写成 b*b – 4*a*c。

③ 表达式中只能出现字符集允许的字符。例如，圆面积公式相应的 C 表达式应该写成 PI*r*r（其中，PI 是已经定义的符号常量）。

④ 算术表达式不允许有分子分母的形式。例如，$\frac{a+b}{c+d}$ 应写为(a+b)/(c+d)。

⑤ 算术表达式只使用圆括号改变运算的优先顺序，不要用{ }和[ ]。可以使用多层圆括号，此时左右括号必须配对，运算时从内层括号开始，由内向外依次计算表达式的值。

2. 掌握关系运算符与关系表达式

C 语言共提供了六种关系运算符：<、>、<=、>=、==和!=，用关系运算符将两个操作数连接起来的合法的 C 语言式子，称为关系表达式。

关系表达式的结果为逻辑值，逻辑值只有两个值，即逻辑真与逻辑假。

在 C 语言中没有逻辑型数据类型，以 0 表示逻辑假，以 1 表示逻辑真。在输出时，逻辑真显示 1，逻辑假显示 0。

3. 掌握逻辑运算符与逻辑表达式

C 语言提供了三种逻辑运算符：&&（逻辑与）、||（逻辑或）、!（逻辑非）。

逻辑运算的运算规则如下：

（1）&&（逻辑与）：如果两个操作数均为逻辑真，则结果为逻辑真，否则为逻辑假，即“两真为真，否则为假”或“见假为假，否则为真”。

（2）||（逻辑或）：如果两个操作数均为逻辑假，则结果为逻辑假，否则为逻辑真，即“两假为假，否则为真”或“见真为真，否则为假”。

（3）!（逻辑非）：将逻辑假转变为逻辑真，逻辑真转变为逻辑假，即“颠倒是否”，它是逻辑运算符中唯一的单目运算符。

三种逻辑运算符中，逻辑非的优先级最高，逻辑与次之，逻辑或最低。

逻辑表达式：由逻辑运算符和运算对象所组成的合法的表达式称为逻辑表达式。例如：1&&0、a>b||c<d。

逻辑表达式的结果也为逻辑值，只有逻辑真（1）和逻辑假（0）两个值。

4. 赋值运算符与赋值表达式

赋值运算符：“=”为双目运算符，右结合性。

复合赋值运算符：在赋值符“=”之前加上某些运算符，可以构成复合赋值运算符，C 语言中许多双目运算符可以与赋值运算符一起构成复合运算符，即+=、–=、*=、/=、%=、<<=、>>=、&=、|=和^=（共 10 种），复合运算先将变量和表达式进行指定的复合运算，然后将运算的结果值赋给变量。

赋值表达式：由赋值运算符组成的表达式称为赋值表达式。

赋值表达式的一般形式：

```
变量  赋值符  表达式
```

例如：

```
a=9;
```

赋值表达式的求解过程如下：先计算赋值运算符右侧的“表达式”的值，将赋值运算符右侧“表达式”的值赋值给左侧的变量。整个赋值表达式的值就是被赋值变量的值。

5．掌握自增、自减运算符

++是自增运算符，它的作用是使变量的值增加1。--是自减运算符，它的作用与自增运算符相反，让变量的值减1。它们均为单目运算符。

自增、自减运算符既可作前缀运算符，也可作后缀运算符。无论是前缀运算符还是后缀运算符，对于变量本身来说，都是自增1或自减1，具有相同的效果；但对表达式来说，对应值不同。采用前缀形式，在计算表达式值时，取变量增减变化后的值即新值；采用后缀形式，则在计算表达式值时，取变量增减变化前的值即旧值。两种形式中，表达式的值相差1。

自增、自减运算符的运算对象只能为变量，不能为常量或表达式。因为常量的值是不允许改变的，表达式的值实际上相当于一个常量，它们都不能放在赋值号的左边。

6．逗号运算符和逗号表达式

用逗号连接起来的表达式称为逗号表达式。

逗号表达式的一般形式：

```
表达式1,表达式2,…,表达式n
```

逗号表达式的求解过程是自左向右，求解表达式1，求解表达式2……求解表达式n。

整个逗号表达式的值是表达式n的值。

7．条件运算符和条件表达式

条件运算符“?:”是C语言中唯一的三目运算符，即需要三个数据或表达式构成条件表达式，其一般形式如下：

```
表达式1? 表达式2 : 表达式3
```

条件表达式的操作过程：如果表达式1成立，则表达式2的值就是此条件表达式的值；否则，表达式3的值就是此条件表达式的值。

四、实验项目

【实验项目1】 编写程序，输入一个五位数，输出它的各个数位上数字之和。

实验项目分析： 假设把一个十进制的五位数用五个整型变量a1、a2、a3、a4、a5来代表，那么各个数位上的数字代表着一定的数量权，它可以转换成多项式进行展开：a1*10000+a2*1000+a3*100+a4*10+a5，那么反过来定义这个五位数是整型变量n，可以通过算术运算求出a1=n/10 000，a2=n/1 000%10，a3=a/100%10，a4=n/10%10，a5=n%10。这种算法经常用于计算数位上的数字。

源程序如下：

```
#include <stdio.h>
#include <stdlib.h>

int main()
{
    int n,sum,a1,a2,a3,a4,a5;
    printf("请输入一个五位数:");
    scanf("%d",&n);
    a1=n/10000;            /*万位上数字*/
    a2=n/1000%10;          /*千位上数字*/
    a3=n/100%10;           /*百位上数字*/
```

```
    a4=n/10%10;             /*十位上数字*/
    a5=n%10;                /*个位上数字*/
    sum=a1+a2+a3+a4+a5;  /*各个数位上数字之和*/
    printf("\n 此五位数 %d 的各个数位上的数字之和是: %d\n\n",n,sum);

    system("pause");
    return 0;
}
```

程序运行结果如图 3–1 所示。

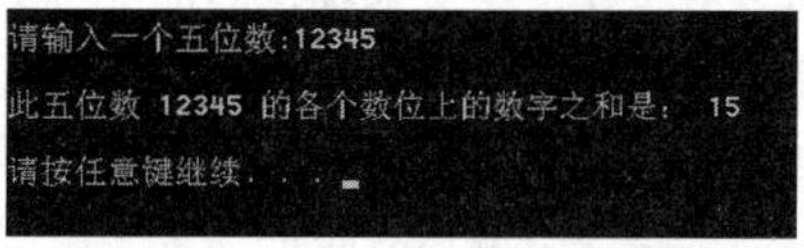

图 3–1　实验项目 1 运行结果

【实验项目 2】编写程序，从键盘输入整型数据的秒数，然后进行时间换算，输出换算后的小时、分、秒。

实验项目分析：本实验项目是对算术运算符与算术表达式的进一步练习和强化，初学者首先要掌握算术运算在程序设计算法中的应用，这是最基本的。在实验项目中强调了变量的命名采用“见名识义”，所以定义整型变量 hours、minutes、seconds。将秒转换为小时可以采用整数除法，计算结果取整数赋给 hours 变量。再用 seconds 除以 60 求模，得到转换为小时后余下的秒数，下一步再用此余数除以 60 得到分 minutes，之后再用 seconds 除以 60 求模得到转换为分后剩余的秒数。

源程序如下：

```
#include <stdio.h>
#include <stdlib.h>
int main()
{
    int seconds,hours,minutes;
    printf("\n please enter the number of seconds\n");
    scanf("%d",&seconds);
    printf("%d seconds ie equal to:",seconds);
    hours=seconds/3600;
    seconds=seconds%3600;
    minutes=seconds/60;
    seconds=seconds%60;
    printf("%d hours %d minutes %d seconds\n",hours,minutes,seconds);
    system("pause");
    return 0;
}
```

程序运行结果如图 3–2 所示。输入秒数为 456，运行后得到结果为 0 小时 7 分钟 36 秒。

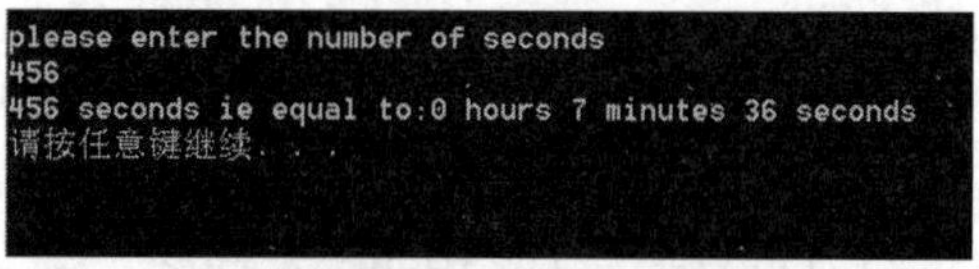

图 3–2　实验项目 2 运行结果

【实验项目 3】编写程序，练习关系运算符的使用，要求用 printf( )函数输出关系运算的结果。

实验项目分析：关系运算的结果只有 true 或 false 两个值，以 1 表示 true，以 0 表示 false，所以关系运算的结果以整数形式表示。

源程序如下：

```
#include <stdio.h>
#include <stdlib.h>
int main()
{
```

```
    int a,b;
    scanf("%d,%d",&a,&b);          /*以整数形式输入 a、b 值*/
    printf("%d\n",a==b);
    printf("%d\n",a>b);
    printf("%d\n",a<b);
    system("pause");
    return 0;
}
```

输入 a、b 的值，运行结果如图 3-3 所示。

图 3-3　实验项目 3 运行结果

【实验项目 4】编写程序，练习关系运算符的使用，要求用 printf( )函数输出逻辑运算的结果。

实验项目分析：从运行情况分析，输入 a、b 的值分别是 10 和 1，那么 a==b 的值为 0，a>b 的值为 1，(a==b)&&(a>b)即 0&&1 的结果为 0，第一个 printf( )函数输出 0；a>=2 的值为 1，b<4 的值为 1，所以(a>=2)||(b<4)即 1||1 的值为 1，第二个 printf( )函数输出 1；a 的值为 10，即非 0，!a 的值为 0，最后一个 printf( )函数输出为 0。

源程序如下：

```
#include <stdio.h>
#include <stdlib.h>
int main()
{
    int a,b,c;
    scanf("%d,%d",&a,&b);      /*以整数形式输入 a、b 值*/
    printf("%d\n",(a==b)&&(a>b));
    printf("%d\n",(a>=2)||(b<4));
    printf("%d\n",!a);
    system("pause");
    return 0;
}
```

运行程序，输入两个整数后按【Enter】键，运行结果如图 3-4 所示。

图 3-4　实验项目 4 运行结果

【实验项目 5】编写程序，从键盘输入两个整型变量，利用输出函数练习自增、自减运算符的使用。

源程序如下：

```
#include <stdio.h>
#include <stdlib.h>
int main()
{
    int i,j;
    scanf("%d,%d",&i,&j);          /*假设输入 1,2，那么 i=1,j=2*/
    printf("%d,%d\n",i++,j++);    /*自增在后，则先使用再自增，输出 1、2 后 i=2,j=3*/
    printf("%d,%d\n",i--,j--);    /*自减在后，则先使用再自减，输出 2，3 后 i=1，j=2*/
    printf("%d,%d\n",++i,++j);    /*自增在前，则先自增再使用，i=2，j=3 后输出*/
    printf("%d,%d\n",--i,--j);    /*自减在前，则先自减再使用，i=1，j=2 后输出*/
    printf("%d,%d\n",i,j);        /*i=1,j=2*/
    system("pause");
```

```
    return 0;
}
```

图 3–5　实验项目 5 运行结果

输入“1,2”后程序的运行结果如图 3–5 所示。

【**实验项目 6**】编写程序，从键盘输入两个整型变量，练习赋值运算符及混合运算表达式的使用。

实验项目分析：通过此实验项目，实践混合运算中运算符优先级的概念，在((a=a+6,a*3),a+16)的运算中，括号的优先级最高，逗号运算符优先级最低，低于赋值运算符。所以先计算 a=a+6，得出 a=6，算式相当于((a=6,18),22)，那么运算最终结果是 22，输出 22；在运算((b>a||a>3)&&a==6);中“>”级别高于“||”，“==”级别高于“&&”，首先计算 b>a，结果是 1，而 a>3 的结果也是 1，1 与 1 的“||”运算结果为 1，然后计算 a==6，计算结果是 1，最后计算 1 和 1 的“&&”运算，结果为 1。

源程序如下：

```
#include <stdio.h>
#include <stdlib.h>
int main()
{
    int a,b;
    scanf("%d,%d",&a,&b);                    /*以整数形式输入 a、b 值*/
    printf("%d \n",a=(b=10));                /*赋值运算从右至左，a=10，b=10*/
    printf("%d \n",a=b=6);                   /*a=6，b=6*/
    printf("%d \n",a+=a);                    /*a=a+a，a=12*/
    printf("%d \n",a-=a*=a);                 /*首先计算 a=a*a，然后计算 a=a-a，结果 a=0*/
    printf("%d \n",((a=a+6,a*3),a+16))    /*逗号运算*/;
    printf("%d \n",(b>a||a>3)&&a==6);     /*混合运算>级别高于||，==高于&&*/
    system("pause");
    return 0;
}
```

程序运行结果如图 3–6 所示。

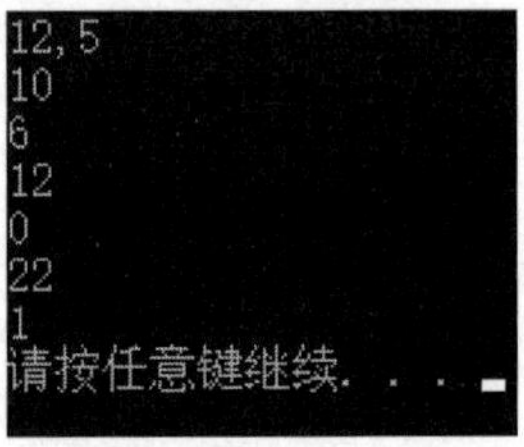

图 3–6　实验项目 6 运行结果

五、实验作业

1. 编写程序，输入一个四位数，将它的各个数位倒序输出。例如输入 1234，输出 4321。

2. 假设我国的 GDP 年增长率为 10%，计算 10 年后 GDP 与现在相比增长多少倍。计算公式为 $P=(1+r)^n$，r 为年增长率，n 为年数，P 为与现在相比增长的倍数。

提示：*在主函数之前加#include "math.h"，计算时可利用库函数 pow(x,y)计算 x^y。*

3. 编写程序，从键盘输入年份，判断是否是闰年，是输出“YES”，不是输出“NO”。

提示判断闰年的条件：年份能被 4 整除且不能被 100 整除，或者能被 400 整除。

4. 编写程序，解决鸡兔同笼问题。

已知笼中鸡兔总头数为 35，总脚数为 94，编程计算鸡兔各有几只。

方法一：设鸡有 x 只，兔有 y 只，a 为头的总数，b 为脚的总数。假设全是鸡，则算出脚的总数是 2*a，则与给出的脚数的差为 b–2*a，可算出兔的数量为(b–2*a)/2。所以，y=(b–2*a)/2；x=a–y。

方法二：根据题意列二元一次方程求解得 x=(4*a–b)/2，y=(b–2*a)/2。

5. 编写程序，已知某学生参加考试，共有 10 道考题，每做对一题得 10 分，错了扣 5 分，该学生做了所有的题，得了 70 分，输出计算他做对了多少道题。

6. 编写程序，已知有 300 只足球，分别装在 2 只木箱和 6 只纸箱里，如果 2 只纸箱和 1 只木箱装的足球一样多，计算并输出每只木箱、每只纸箱各装多少只足球。

7. 编写程序，已知有面值 5 元、10 元的钞票共 100 张，总值为 800 元。编程求这两种钞票各多少张。

8. 编写程序，从键盘输入三个不同的整型数据，用条件运算符与条件表达式对这三个整数进行从大到小排列并从屏幕上输出。

六、实验报告要求

结合实验准备方案、实验过程记录和实验作业，掌握 C 语言的常用运算符与表达式的基本操作方法，总结自增与自减运算符操作的基本方法。

认真书写实验报告，分析自己在编译过程中出现的错误，并说明原因。

实验 4 编译预处理与常用库函数

编译预处理是指在系统对源程序进行编译之前，对程序中某些特殊命令行的处理。预处理程序将根据源代码中的预处理命令修改程序。使用预处理功能，可以改善程序的设计环境，提高程序的通用性、可读性、可修改性、可调试性、可移植性，易于模块化。

通过调用库函数，可以方便用户调用系统预先编制好的功能函数，从而提高编程效率，增加程序的功能。

本实验主要介绍带参数的宏和不带参数的宏的定义与使用、宏的取消、文件包含等使用方法，同时介绍常用库函数的调用方法。

一、实验学时

2 学时。

二、实验目的和要求

（1）掌握不带参数的宏（即符号常量）定义；

（2）掌握带参数的宏定义；

（3）了解文件包含的使用；

（4）了解常用的函数库；

（5）了解并掌握常用库函数的使用。

三、实验要点概述

1. 符号常量（不带参数）的宏定义

用一个指定的标识符（即名称）来代表一个字符串，其一般形式为：

```
#define 标识符 字符串
```

其中，“define”为宏定义命令；“标识符”为所定义的宏名；“字符串”可以是常数、表达式、格式串等。

2. 带参数的宏定义

带参数的宏（简称带参宏）定义的一般形式为：

```
#define 宏名(形参表) 字符串
```

其中，字符串中包含括号中所指定的参数。

带参宏调用的一般形式为：

```
宏名(实参表);
```

3．文件包含

文件包含是指一个源文件可以将另一个源文件的全部内容包含进来，即将另外的文件包含到本文件之中。C 语言提供了#include 命令用来实现文件包含的操作。文件包含命令行的一般形式为：

```
#include <包含文件名>
```

或

```
#include "包含文件名"
```

其中：

（1）使用双引号：包含文件名中可以包含文件路径，系统首先到当前目录下查找被包含文件，如果没找到，再到系统指定的“包含文件目录”（由用户在配置环境时设置）去查找。

（2）使用尖括号：直接到系统指定的“包含文件目录”去查找。

4．C 标准函数库

C 语言提供了极为丰富的库函数，这些函数都被分门别类地包含在不同的库中。库函数由 C 编译环境提供，用户无须定义，只需在程序前包含有该函数原型的头文件，即可在程序中直接调用。常用的函数库有：

（1）字符判断和转换函数库；

（2）输入/输出函数库；

（3）字符串函数库；

（4）动态存储分配（内存管理）函数库；

（5）数学函数库；

（6）日期和时间函数库；

（7）其他函数库。

5．常用的库函数

常用的库函数如下：

（1）输入/输出函数：printf( )、scanf( )、putchar( )、getchar( )、putc( )、fprintf( )、fscanf( )。

（2）数学函数：sin( )、cos( )、sqrt( )、log( )、pow( )、exp( )、fabs( )。

（3）字符串函数：strcat( )、strcmp( )、strlen( )、strncmp( )、strncpy( )。

（4）字符判断和转换函数：isalpha( )、isdigit( )、isspace( )、tolower( )、toupper( )。

（5）动态存储分配（内存管理）函数：calloc( )、free( )、malloc( )、realloc( )。

四、实验项目

【实验项目 1】输入圆柱体的底面半径和高，求圆柱体的体积。要求使用无参宏定义圆周率。圆周率取 3.1416，输出结果保留 2 位小数。

实验项目分析：在本实验项目中，需要用到圆柱体的底面半径 r、高 h 和体积 v 三个变量。圆柱体的底面半径 r 和高 h 通过键盘输入，圆柱体的体积使用公式 v=PI*r*r*h 求得。实验要求圆周率使用无参宏定义，即：

```
#define  PI  3.1416
```

源程序如下：

```
#include <stdio.h>
#include <stdlib.h>
#define PI 3.1416
int main()
{
    double r,h,v;
    printf("Enter r:\n");
    scanf("%lf",&r);
    printf("Enter h:\n");
    scanf("%lf",&h);
    v=PI*r*r*h;
    printf("v=%.2lf\n",v);
    system("pause");
    return 0;
}
```

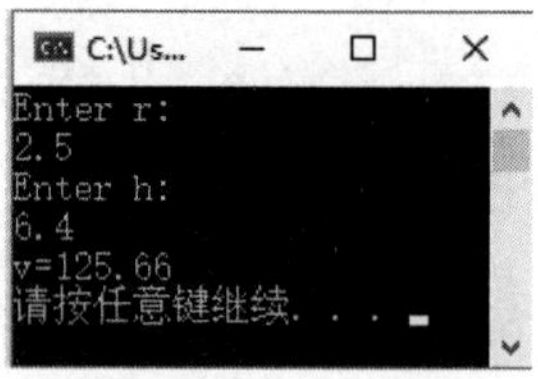

图 4-1 实验项目 1 运行结果

程序运行结果如图 4-1 所示。

【实验项目 2】有如下三个宏定义，试分析三者之间的区别。

```
#define F(x) x*x
#define G(x) (x)*(x)
#define H(x) ((x)*(x))
```

实验项目分析：

（1）当 x 的值为 5 时，F(5)、G(5)与 H(5)的输出结果相同吗？

根据宏定义和宏展开的规定，对三个宏展开：

F(x)=5*5=25

G(x)=(5)*(5)=25

H(x)= ((5)*(5))=25

可以看出，三者的结果是相同的。

（2）当 x 的值为 2+3 时，F(2+3)、G(2+3)与 H(2+3)的输出结果相同吗？

F(x)=2+3*2+3=11

G(x)=(2+3)*(2+3)=25

H(x)= ((2+3)*(2+3))=25

可以看出，后两个的结果相同，但与第一个的结果是不同的。

（3）当 x 的值为 2+3 时，100/F(x)、100/G(x)与 100/H(x)的输出结果相同吗？

100/F(x)=100/2+3*2+3=59

100/G(x)=100/(2+3)*(2+3)=100

100/H(x)=100/((2+3)*(2+3))=4

可以看出，三者的结果都不一样。

请读者分析出现以上三种情况的原因，并在使用时注意这三种写法的区别以避免出错。可以说，第三种写法是安全的，即其计算结果与期望结果一样。

注意：对于带参数的宏，谨记“原样替换，不做计算”的原则。

该实验项目的源程序如下：

```
#include <stdio.h>
#include <stdlib.h>
#define F(x) x*x
#define G(x) (x)*(x)
#define H(x) ((x)*(x))
int main()
{
    printf("F(5)=%d\n",F(5));
    printf("G(5)=%d\n",G(5));
    printf("H(5)=%d\n",H(5));
    printf("F(2+3)=%d\n",F(2+3));
    printf("G(2+3)=%d\n",G(2+3));
    printf("H(2+3)=%d\n",H(2+3));
    printf("100/F(2+3)=%d\n",100/F(2+3));
    printf("100/G(2+3)=%d\n",100/G(2+3));
    printf("100/H(2+3)=%d\n",100/H(2+3));
    system("pause");
    return 0;
}
```

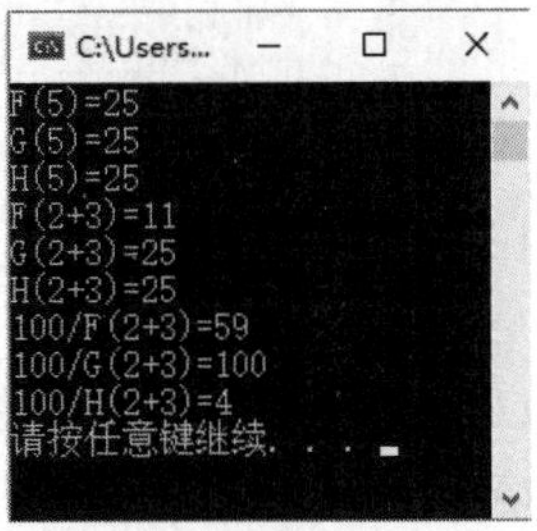

本实验的运行结果如图 4-2 所示。

图 4-2　实验项目 2 运行结果

【实验项目 3】有以下两个函数，将这两个函数分别放在头文件 intAdd.h 和 intSub.h 中，以供主函数调用。

```
int add(int x,int y)
{
    return(x+y);
}

int sub(int x,int y)
{
    return(x-y);
}
```

实验项目分析：在 Visual Studio 2019 中，建立头文件的方法之一是，在当前项目的“解决方案资源管理器”窗口中，右击“头文件”项，在弹出的快捷菜单中选择“添加”→“新建项”命令，如图 4-3 所示，会弹出“添加新项”对话框，如图 4-4 所示。

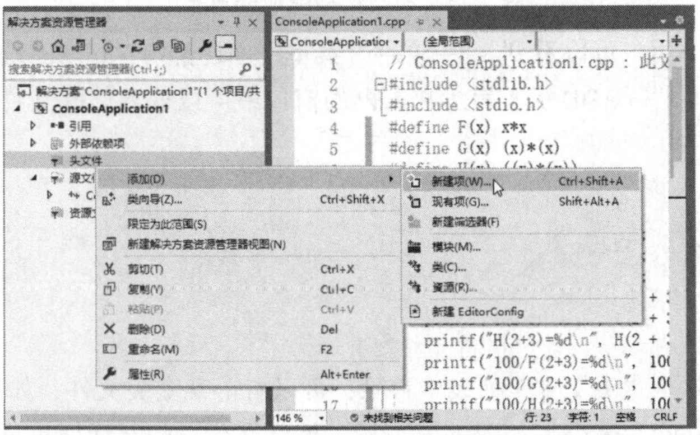

图 4-3　选择“添加”→“新建项”命令

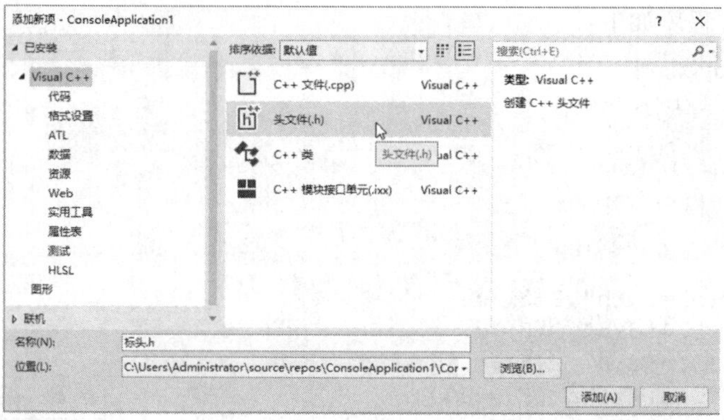

图 4-4 “添加新项”对话框

在图 4-4 中，左侧选择“Visual C++”，右侧选择“头文件”，在下面的“名称”文本框中，默认是“标头.h”，用户可根据需要输入指定的头文件名，如此处输入“intADD.h”，在“位置”框中选择某个位置（默认位置是当前项目文件夹，与当前的 CPP 文件在同一文件夹内），最后单击“添加”按钮。系统会打开图 4-5 所示的头文件代码输入窗口。

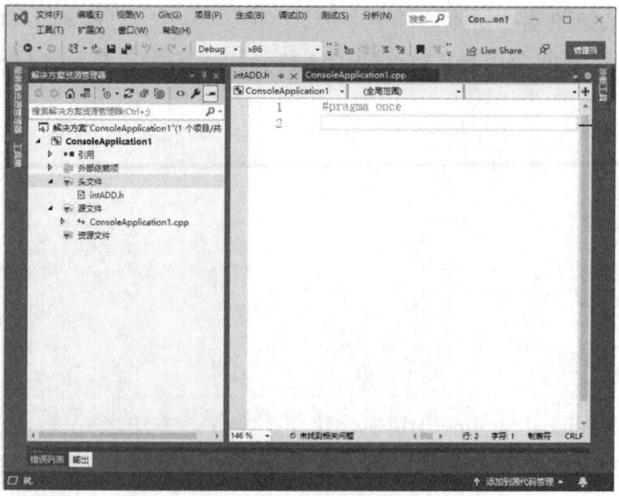

图 4-5 头文件代码输入窗口

在图 4-5 的左侧，用户可以看到，“头文件”菜单下面已经有“intADD.h”头文件了。右侧窗口的标题栏显示的也是“intADD.h”，表示在右侧的窗口中可以输入此头文件的代码了，输入后的代码如图 4-6 所示。

例如：

```
int add(int x,int y)
{
    return(x+y);
}
```

若想把某个头文件从“头文件”列表中移除，可以右击某个头文件，如“intADD.h”，在弹出的快捷菜单中选择“移除”命令，如图 4-6 所示，然后在弹出的对话框（见图 4-7）中根据需要单击“移除”或“删除”按钮。

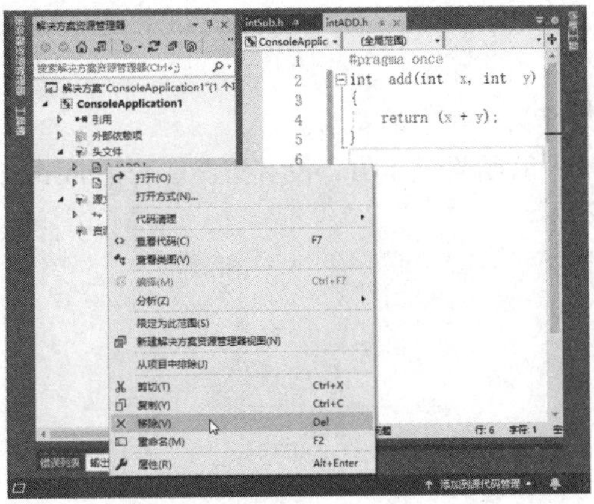

图 4-6　选择“移除“命令

图 4-7　“移除”或“删除”对话框

程序清单如下：

主函数：

```
#include <stdio.h>
#include <stdlib.h>
#include "intAdd.h"
#include "intSub.h"

int main()
{
    int x,y;
    printf("Enter x:\n");
    scanf("%d",&x);
    printf("Enter y:\n");
    scanf("%d",&y);
    printf("%d+%d=%d\n",x,y,add(x,y));
    printf("%d-%d=%d\n",x,y,sub(x,y));
    system("pause");
    return 0;
}
```

头文件 intADD.h 源程序：

```
intadd(intx,inty)
{
    return(x+y);
}
```

头文件 intSUB.h 源程序：

```
intsub(intx,inty)
{
    return(x-y);
}
```

本实验的运行结果如图 4-8 所示。

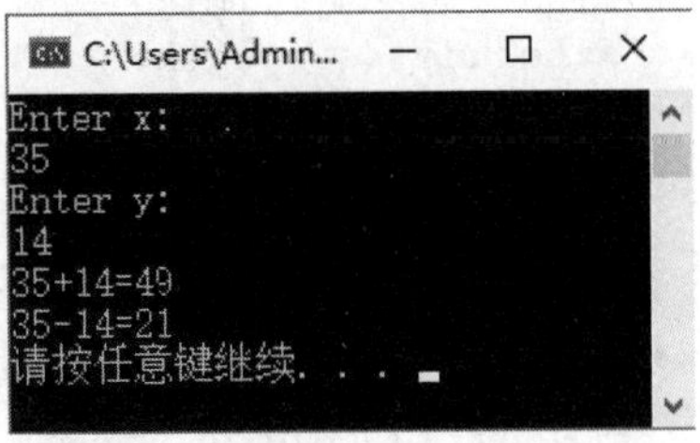

图 4-8　实验项目 3 运行结果

【实验项目 4】输入一个数，对其进行数学函数的运算并输出结果。

实验项目分析：本项目主要是练习常用数学函数的使用。

在使用时要注意：

（1）要包含的头文件是 math.h。

（2）调用时函数参数的类型和取值要满足函数定义中参数的要求。

例如，在调用对数函数 log( )时，若写为 log (5)，其结果是 1.61，没有错误。若是 log(−5)，则系统会输出错误的结果： log(-5)=-nan(ind)

```
#include <stdio.h>
#include <stdlib.h>
#include <math.h>

int main()
{
    double x;
    printf("Enter x:\n");
    scanf("%lf",&x);
    printf("sin(x)=%.2lf\n",sin(x));          //此处的 x 表示弧度
    printf("cos(x)=%.2lf\n",cos(x));          //此处的 x 表示弧度
    printf("log(x)=%.2lf\n",log(x));          //此处要求 x>0
    printf("log10(x)=%.2lf\n",log10(x));      //此处要求 x>0
    printf("sqrt(x)=%.2lf\n",sqrt(x));        //此处要求 x>0
    printf("exp(x)=%.2lf\n",exp(x));
    printf("fabs(x)=%.2lf\n", fabs(x));

    system("pause");
    return 0;
}
```

当输入 5.0 时，运行结果如图 4-9 所示。

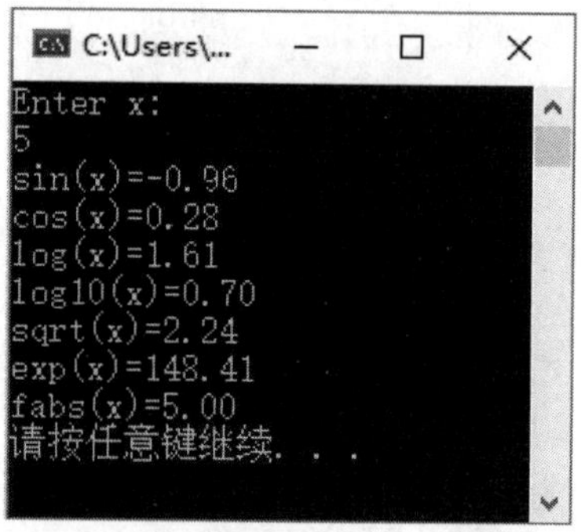

图 4-9　实验项目 4 运行结果

【实验项目 5】输入两个字符串，对其进行字符串函数的运算。

实验项目分析：本实验项目主要是练习字符串的操作。在调用字符串函数时，注意以下三点：

（1）要包含的头文件是 string.h。

（2）串的赋值不能用“=”，只能用 strcpy( )函数，相应地，串的比较也不能用关系运算符进行比较，这是因为串名表示的是串的起始位置，而不是串中的内容。

（3）在存放串的内容时，需要注意字符的个数与串所占用的空间之间的关系。如本实验项目中，串 a 的空间为 20 字节，但最多只能存储 19 个有效的字符。这是因为串的最后一个符号肯定是串的结束标志'\0'。

```
#include <stdio.h>
#include <stdlib.h>
#include <string.h>

int main()
{
    char a[20],b[20],c[40];                       //定义了 3 个串
    printf("Enter string a:\n");
    scanf("%s",a);//此处的 a 前面没有"&"，输入时串中间不能包含空格，字符个数不超过 19 个
    printf("Enter string b:\n");
    scanf("%s",b);                                //要求同 a
```

```
    printf("strlen(a)=%d\n",strlen(a));
    printf("strlen(b)=%d\n",strlen(b));
    printf("strcmp(a,b)=%d\n",strcmp(a,b));          //a>b 返回大于 0 的值，a=b 返回 0
                                                     //a<b 返回小于 0 的值
    printf("c1=%s\n",strcpy(c,a));
    printf("c2=%s\n",strcat(c,b));
    system("pause");
    return 0;
}
```

当给字符串 a 输入“aaaaaaaaa”，字符串 b 输入“bbbbbbbbbb”时，运行结果如图 4-10 所示。

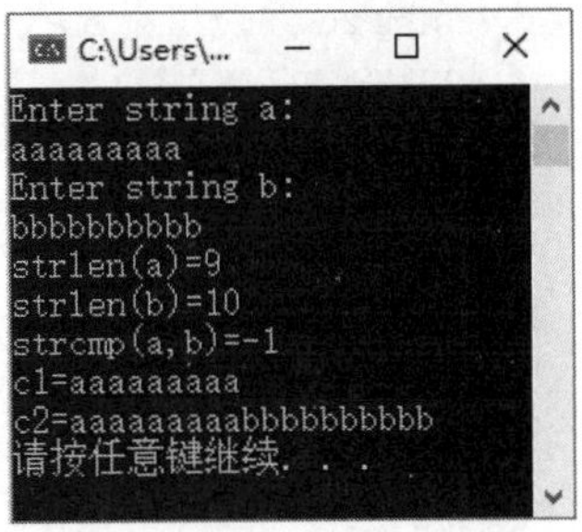

图 4-10　实验项目 5 的运行结果

【实验项目 6】输入一个字符，对其进行字符判断和转换函数的运算。

实验项目分析：本实验项目主要是练习字符的操作。在调用字符函数时，注意以下两点：

（1）要包含的头文件是 ctype.h。

（2）若是判断函数，其结果不是真、假值，而是用“非 0”值和“0”值来表示真和假。

程序中 isalpha('a')的值是 2；isdigit('8')的值是 4，用的是 2 或 4 来表示“真”，而假值肯定是用 0 表示的。例如，isdigit('a')和 isalpha('8')的结果都是 0。

```
#include <stdio.h>
#include <stdlib.h>
#include <ctype.h>

int main()
{
    char c;
    printf("Enter x:\n");
    scanf("%c",&c);
    printf("isalpha(c)=%d\n",isalpha(c));      //判断字符是否是字母字符
    printf("isdigit(c)=%d\n",isdigit(c));      //判断字符是否为数字字符
    printf("isspace(c)=%d\n",isspace(c));      //判断字符是否为空格字符
    printf("tolower(c)=%d\n",tolower(c));      //把字母字符转换为小写
    printf("toupper(c)=%d\n",toupper(c));      //把字母字符转换为大写

    system("pause");
    return 0;
}
```

当输入‘a’时，运行结果如图 4-11 所示。当输入‘8’时，运行结果如图 4-12 所示。

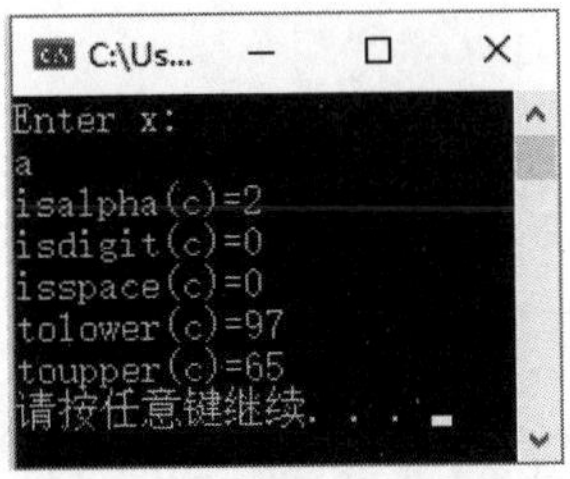

图 4-11　实验项目 6 运行结果 1

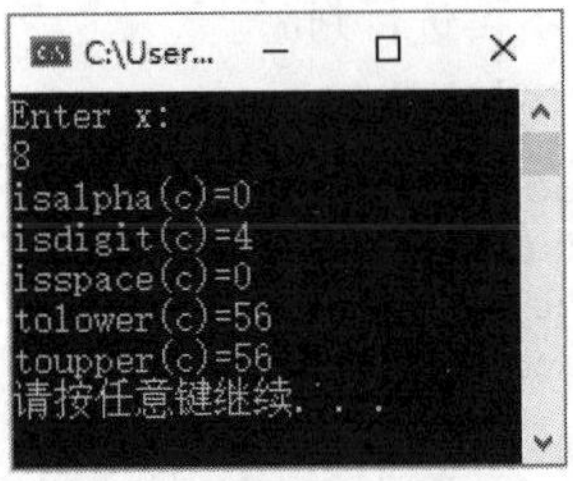

图 4-12　实验项目 6 运行结果 2

【实验项目 7】 编写一个小程序：练习 1～99 之间两个整数的加法运算。

实验项目分析： 在本实验项目中，首先利用随机函数来产生两个 1～99 之间的整数（假设为 a 和 b），然后利用计算机的 “+” 运算计算出结果（假设为 c）。再利用输入语句输入练习者计算的结果（假设为 d）。最后判断 c 和 d 的关系，若两者相等产，则提示 “OK!”，否则提示 “ERROR!”。

为了使每次运行产生的随机数不一样，要利用时间相关函数，所以要加上头文件 time.h。

```
#include <stdio.h>
#include <stdlib.h>
#include <time.h>
int main()
{
    int a,b,c,d;
    srand(time(0));
    a=1+rand()%99;
    b=1+rand()%99;
    c=a+b;
    printf("%d+%d=",a,b);
    scanf("%d",1&d);
    if(c==d)                        //判断 c 和 d 是否相等
        printf("OK!\n");            //c 和 d 相等，则输出 OK!
    else
        printf("ERROE!\n");         //c 和 d 不相等，则输出 ERROE!

    system("pause");
    return 0;
}
```

程序的两次运行结果分别如图 4-13 和图 4-14 所示。程序运行时，先输出计算的式子，如 “44+1=”，然后由练习者输入自己的计算结果，如 “55”，然后计算机进行判断并输出相应的结果。

图 4-13 实验项目 7 运行结果 1

图 4-14 实验项目 7 运行结果 2

在上面的程序中，只能根据随机产生的两个整数进行加法运算，那么，能否进行其他算术运算呢？答案是可以的。分析如下：可利用产生的随机数（1～4 之间）对应相应的运算符。如 “1” 对应 “+”，“2” 对应 “-”，“3” 对应 “*”，“4” 对应 “/”。

请读者注意，在进行除法算法时，要考虑分母是否为 0 的情况，由于此处的数据是在 1～99 之间，所以不再进行判断。

参考程序如下：

```
#include <stdio.h>
#include <stdlib.h>
#include <time.h>
int main()
{
    int a,b,c,d,op;
    char ysf;
    srand(time(0));
```

```
    a=1+rand()%99;
    b=1+rand()%99;
    op=1+rand()%4;
    if(op==1)
    {
        ysf='+';
        c=a+b;
    }
    if(op==2)
    {
        ysf='-';
        c=a-b;
    }
    if(op==3)
    {
        ysf='*';
        c=a*b;
    }
    if(op==4)
    {
        ysf='/';
        c=a/b;
    }
    printf("%d%c%d=",a,ysf,b);
    scanf("%d", &d);
    if(c==d)
        printf("OK!\n");
    else
        printf("ERROE!\n");

    system("pause");
    return 0;
}
```

程序的四次运行结果分别如图 4-15～图 4-18 所示。

图 4-15　改进的实验项目 7 运行结果 1

图 4-16　改进的实验项目 7 运行结果 2

图 4-17　改进的实验项目 7 运行结果 3

图 4-18　改进的实验项目 7 运行结果 4

请读者进一步考虑：上面例子只能进行随机整数的随机运算，能否改进程序使其对随机实数也可以进行随机运算？

五、实验作业

1. 定义一个表示年存款利率的常量 P（P=0.05）。然后输入存款金额 m，计算出一年的利息 k。

2. 定义重力加速度 g 为常量（g=9.806 65）。然后求一个物体从静止状态开始自由下落 t 秒所下落的距离。

说明：

（1）求距离的公式为 $s=\frac{1}{2}gt^2$。

（2）忽略空气的阻力。

3. 根据以下要求编写程序。

（1）定义一个不带参数宏表示圆周率常量 PI（PI=3.14）。

（2）定义一个带参数的宏 L(r)，求圆的周长，其中要用到在（1）中定义的 PI。

（3）定义一个带参数的宏 S(r)，求圆的面积，其中要用到在（1）中定义的 PI。

在主函数中，输入圆的半径 r，利用上述宏定义，求出圆的周长和面积。

4. 有以下三个宏定义：

（1）#define A(x)   x/x

（2）#define B(x) (x)/(x)

（3）#define C(x) ((x)/(x))

上机编程计算下面式子的值：

（1）当参数 x 分别为 5、2+3 时的三个宏定义的值。

（2）把宏定义与其他计算结合，如 20/A(x)、20/B(x)、20/C(x)，分别求参数是 5、2+3 时的三个运算的值。

通过分析运算结果，结合宏定义的知识，以加深理解带参数的宏定义及宏展开的有关内容。

5. 定义一个头文件 MUL.h，在其中定义一个函数 int MUL(int x,int y)，其功能是求两数的乘积。然后在 main( )函数中调用此函数求两个数的乘积。

6. 定义一个头文件 Max2.h，在其中定义一个函数 int max2(int x,int y)，其功能是求两数的较大值。再定义一个头文件 Max3.h，在其中定义一个函数 int max3(int x,int y,int z)，其功能是调用 max2(int x,int y)函数求三数的最大值。

在主函数中输入三个整数 a,b,c，通过调用 max3( )函数求出三者中的最大值。

提示：求两个数的较大值的函数如下所示。

```
int max2(int x,int y)
{
    if(x>y)
        return x;
    else
        return y;
}
```

7. 通过键盘输入 x，然后编程求下面算式的值。

注意：在输入 x 时，不同的函数对 x 的要求及规定不同。如 sqrt(x)要求 x>=0。

（1）$x^2+3x+\frac{4}{x}$

（2）$\sin x+\frac{x+3}{x}+\cos x$

（3）$e^x\frac{2}{x}+\log 3x+\log(10+x)$

（4）$3.5^x+\sqrt[2]{\left(\frac{x^2+10}{3+x}\right)}$

（5）sqrt(fabs(x*10-25))

六、实验报告要求

结合实验准备方案和实验过程记录，总结对带参数的宏和不带参数的宏的基本使用方法，区别文件包含命令使用双引号和尖括号的不同之处。

认真书写实验报告，分析自己在编译过程中出现的错误，并说明原因。

实验 5 选择结构程序设计

选择结构可以使某一条或几条语句在流程中不被执行或被执行。本实验主要介绍使用 if 语句和 switch 语句实现选择结构，其中 if 语句一般用来实现较少的分支，如果分支较多一般采用 switch 语句。

一、实验学时

2 学时。

二、实验目的和要求

（1）掌握正确使用逻辑运算符和逻辑表达式。
（2）熟练掌握 if 语句的使用。
（3）熟练掌握多分支选择语句 switch 语句。
（4）结合项目编写，掌握调试程序的方法。

三、实验要点概述

1. 单分支选择结构

单分支选择结构的形式为：

```
if(表达式) 语句;
```

单分支选择结构流程图如图 5-1 所示。

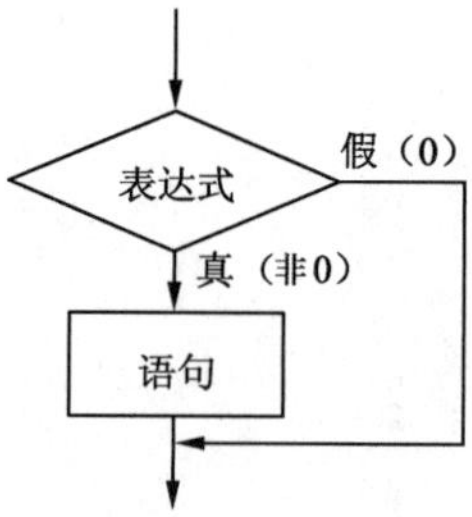

图 5-1 单分支选择结构流程图

判断表达式的值是否为真，若表达式的值非 0，则执行其后的语句；否则不执行该语句。

> 注意：
> ① 在 if 语句中，if 关键字后的表达式必须用( )括起来，且之后不加分号。
> ② 条件语句在语法上仅允许每个分支中带一条语句，而实际分支中要处理的操作往往需要多条语句才能完成，这时就要把它们用{}括起来，构成复合语句来执行。

2. 多分支选择结构

多分支 if 语句即 if...else if 形式的条件语句，其一般形式为：

```
if(表达式 1) 语句 1;
else if(表达式 2) 语句 2;
…
else if(表达式 n) 语句 n;
else 语句 n+1;
```

多分支选择结构流程图如图 5-2 所示：依次判断条件表达式的值，当出现某个值为真时，则执行其对应的语句，然后跳出整个 if 结构继续执行程序；如果所有的表达式均为假，则执行语句 n+1，然后继续执行后续程序。

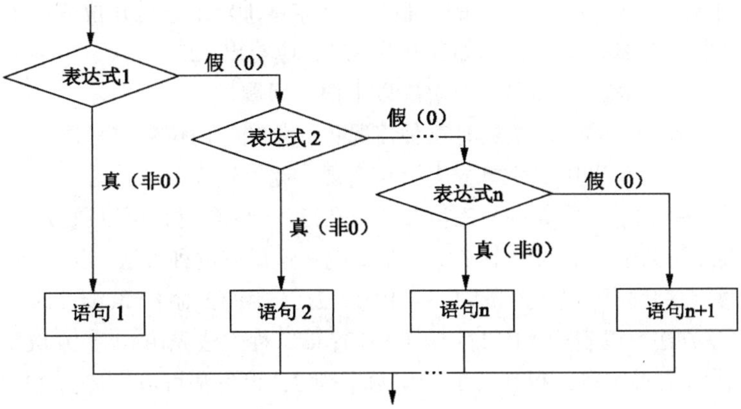

图 5-2　多分支选择结构流程图

3. 嵌套的选择结构

当有多个分支选择时，除了可以使用 if...else if 结构，还可以采用嵌套结构。

当 if 语句的执行语句又是 if 语句时，就构成了 if 语句的嵌套。

if 语句中的执行语句又是 if...else 型的，这时将会出现多个 if 和多个 else 重叠的情况，这时要特别注意 if 和 else 的配对问题。

C 语言规定：在省略花括号的情况下， else 总是与它上面最近的并且没有和其他 else 配对的 if 配对。

学习时不要被分支嵌套所迷惑，只要掌握 else 与 if 配对规则，依次匹配 if 与 else，弄清各分支所要执行的功能，嵌套结构也就不难理解了。

为了保证嵌套的层次分明和对应正确，不要省略掉“{”和“}”。另外，在书写时尽量采取分层递进式的书写格式，内层的语句往右缩进几个字符（一般为四个），使层次清晰，有助于增加程序的可读性。

4. switch 语句

switch 语句能够根据表达式的值（多于两个）来执行不同的语句。

switch 语句一般与 break 语句配合使用。其一般形式为：

```
switch(表达式)
{
    case 常量表达式 1:  语句 1;
    case 常量表达式 2:  语句 2;
    …
    case 常量表达式 n:  语句 n;
    default: 语句 n+1;
```

```
}
```

其执行过程是：计算 switch 后面表达式的值，逐个与其后的 case 常量表达式的值相比较，当表达式的值与某个常量表达式的值相等时，即执行其后的语句，然后不再进行判断，继续执行后面所有 case 后的语句。当表达式的值与所有 case 后的常量表达式均不相同时，则执行 default 后的语句。

四、实验项目

【实验项目 1】对于一个不多于三位的正整数，要求：①求出它是几位数；②分别打印出每一位数字；③按逆序打印出各位数字，例如原数为 321，应输出 123。

实验项目分析：对于该实验项目，要解决以下两个问题。

（1）选择结构的使用。输入的整数有三种情况：一位数、两位数与三位数。这个程序可以用多分支选择结构实现，也可以用三个单分支语句实现，此处选择第二种方法。

（2）求每一位上的数字。假如一个三位整数 n=123。n 的个位数可以通过对 10 取余来实现，即 123%10=3；那么 n 的十位上的数字该怎么获得呢？这里有两种方法：第一种方法先用 n 减去已经求得的个位数字 3 后再除以 10，即(123-3)/10=12，再用 12 对 10 取余，即 12%10=2，得到 n 的十位数字为 2，该方法可以表述为((123-3)/10)%10；第二种方法先用 n 对 10 取整，即 123/10=12，用 12 对 10 取余，即 12%10=2，得到 n 的十位数字为 2，该方法可以表述为 123/10%10=2。相比较而言，第二种方法较为简单。百位上的数字可以用 n 对 100 取整获得，即 123/100=1。

在 C 语言中，主要采取除以 10 取余数的办法，就可以取出个位数，然后利用整数除法，直接除以 10，就相当于舍弃了已经取出的这个数字。依此类推，就可以取出每一位数。

该实验项目利用了求余运算符“%”与整除运算符“/”。这种方法为经常使用的一种方法，需要熟练掌握。

源程序如下：

```
#include <stdio.h>
#include <stdlib.h>
int main()
{
    int x,s,a,t,h;
    printf("输入一个不多于 3 位的正整数: ");
    scanf("%d",&x);
    if(x>0&&x<=9)
    {
        s=1;
        a=x%10;
        printf("该数字是%d 位数\n",s);
        printf("该数的各位数字为: %d\n",a);
        printf("该数的逆序数字为: %d\n",a);
    }
    if(x>=10&&x<=99)
    {
        s=2;
        a=x/10;
        t=x%10;
        printf("该数字是%d 位数\n",s);
        printf("该数的各位数字为: %d, %d\n",a,t);
```

```
        printf("该数的逆序数字为: %d, %d\n",t,a);
    }
    if(x>=100&&x<=999)
    {
        s=3;
        a=x/100;
        t=(x/10)%10;
        h=x%10;
        printf("该数字是%d 位数\n",s);
        printf("该数的各位数字为: %d, %d, %d\n",a,t,h);
        printf("该数的逆序数字为: %d, %d, %d\n",h,t,a);
    }
    system("pause");
    return 0;
}
```

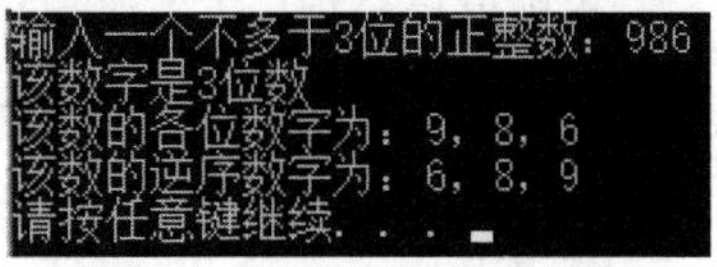

图 5-3　实验项目 1 运行结果

如果输入三位数 986，则运行结果如图 5-3 所示。

【实验项目 2】分段函数的求值，分段函数如下：

$$y=\begin{cases} x & (x<1) \\ 2x-1 & (1\leqslant x<10) \\ 3x-11 & (x\geqslant 10) \end{cases}$$

实验项目分析：用 scanf( )函数输入 x 的值，求 y 值。因为 x 有三种情况对应不同的求函数值公式，所以可采用 if...else if 分支结构实现这个程序。

运行程序，输入 x 的值（分别为 x<1、1≤x<10、x≥10 这三种情况），检查输出的 y 值是否正确。

参考程序如下：

```
#include <stdio.h>
#include <stdlib.h>
int main()
{
    int x,y;
    printf("输入 x:");
    scanf("%d",&x);
    if(x<1)
    {
        y=x;
        printf("x=%d,y=x=%d\n",x,y);
    }
    else if(x<10)
    {
        y=2*x-1;
        printf("x=%d,y=2*x-1=%d\n",x,y);
    }
    else
    {
        y=3*x-11;
        printf("x=%d,y=3*x-11=%d\n",x,y);
    }
    system("pause");
    return 0;
}
```

运行时输入不同的 x，程序运行结果如图 5-4 所示。

```
输入x:4
x=4,y=2*x-1=7
请按任意键继续. . .
```

（a）x=4

```
输入x:1
x=1,y=2*x-1=1
请按任意键继续. . .
```

（b）x=1

```
输入x:20
x=20,y=3*x-11=49
请按任意键继续. . .
```

（c）x=2

图 5-4　实验项目 2 运行结果

【实验项目 3】求一元二次方程 $ax^2+bx+c=0$ 的解。

实验项目分析：本实验项目需解决两个问题。

（1）判断 delta 是否为 0。由于实数在计算机中存储时，会有一些微小误差，比如下面两个程序。

程序 1：

```
#include <stdio.h>
#include <stdlib.h>
int main()
{
    float a;
    a=1.01;
    if(a==1.01)
    printf("ok\n");
    system("pause");
    return 0;
}
```

```
请按任意键继续. . .
```

图 5-5　程序 1 运行结果

程序运行结果如图 5-5 所示。

程序 2：

```
#include <stdio.h>
#include <stdlib.h>
#include <cmath>
int main()
{
    float a=1.01;
    if(fabs(a-1.01)<=0.00001)
    printf("a==1.01\n");
    system("pause");
    return 0;
}
```

```
a==1.01
请按任意键继续. . .
```

图 5-6　程序 2 运行结果

程序运行结果如图 5-6 所示。

分析两段程序的运行结果，发现浮点数不能精确判定是否相等，只能在一定范围内判定值大概相等。

根据上述分析，本题判断 delta 是否为 0 的方法是：判断 delta 的绝对值是否小于一个很小的数（例如 10^{-6}），即 fabs(delta)<=1e-6。

（2）多分支选择结构的实现。本题求解有以下四种情况：

- a=0，不是二次方程；
- a≠0 且 delta=0，有两个相等实根；
- a≠0 且 delta>0，有两个不等实根；

- a≠0 且 delta<0，有两个共轭复根。

可以采用 if 语句的嵌套结构：

先分为 a=0 与 a≠0 两种情况；

a≠0 时嵌套了 delta 等于零和不等于零两种情况；

其中，delta 不等于零的情况中又嵌套了大于零和小于零两种情况。

源程序如下：

```
#include <stdio.h>
#include <stdlib.h>
#include <cmath>
int main()
{
   float a,b,c,delta,x1,x2,p,q;
   printf("input a,b,c:");
   scanf("%f,%f,%f",&a,&b,&c);
   if(a==0)
      printf("a value cannot be equal to 0\n");
   else
   {
      delta=b*b-4*a*c;
      if(fabs(delta)<=1e-6)                          /*比较 delta 与 0 是否相等*/
         printf("x1=x2=%7.2f\n",-b/(2*a));           /*输出两个相等的实根*/
      else
      {
         if(delta>1e-6)                              /*求出两个不相等的实根*/
         {
            x1=(-b+sqrt(delta))/(2*a);
            x2=(-b-sqrt(delta))/(2*a);
            printf("x1=%7.2f,x2=%7.2f\n",x1,x2);
         }
         else                                        /*求出两个共轭复根*/
         {
            p=-b/(2*a);
            q=sqrt(fabs(delta))/(2*a);
            printf("x1=%7.2f + %7.2f i\n",p,q);
            printf("x2=%7.2f - %7.2f i\n",p,q);
         }
      }
   }
   system("pause");
   return 0;
}
```

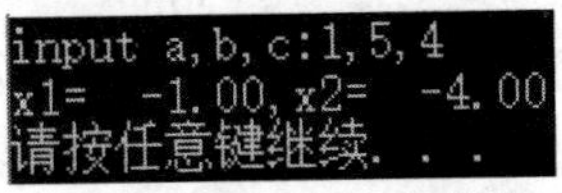

图 5-7　实验项目 3 运行结果

程序运行结果如图 5-7 所示。

【实验项目 4】给出一个百分制成绩，要求输出成绩等级 A、B、C、D、E。90 分以上为 A，81~89 分为 B，70~79 分为 C，60~69 分为 D，60 分以下为 E。

要求如下：

（1）只考虑成绩在 0~100 分之间，用 switch 语句来实现程序，并检查结果是否正确。

（2）如果输入分数为负值，如–50 分，再运行一次程序，这时显然出错。修改程序，使之能正确处理任何数据，当输入数据大于 100 和小于 0 时，提示用户“输入的数据超范围，重新输入

0~100 分内成绩”，程序结束。

源程序如下：

```
#include <stdio.h>
#include <stdlib.h>
int main()
{
    float score;
    char grade;
    printf("请输入学生成绩: ");
    scanf("%f",&score);
    switch((int)(score/10))
    {
        case 10:
        case 9:grade='A';break;
        case 8:grade='B';break;
        case 7:grade='C';break;
        case 6:grade='D';break;
        case 5:
        case 4:
        case 3:
        case 2:
        case 1:
        case 0:grade='E';break;
    }
    printf("成绩是%5.1f,相应的等级是%c\n",score,grade);
    system("pause");
    return 0;
}
```

运行时分别输入分数 98.5 与 45，运行结果如图 5-8 所示。

（a）成绩为 98.5

（b）成绩为 45

图 5-8　实验项目 4 运行结果

修改程序，说明如果输入数据出错应如何处理，使之更严谨。

此处使用了 while 语句，它为循环语句，当输入数据错误时，此循环无法结束，只有输入正确范围内的值，才会结束循环，继续向下执行。

```
#include <stdio.h>
#include <stdlib.h>
int main()
{
    float score;
    char grade;
    printf("请输入学生成绩: ");
    scanf("%f",&score);
    while(score>100||score<0)
    {
        printf("\n 输入的数据超范围，重新输入 0~100 分内成绩\n ");
        printf("请输入学生成绩: ");
```

```
        scanf("%f",&score);
    }
    switch((int)(score/10))
    {
        case 10:
        case 9:grade='A';break;
        case 8:grade='B';break;
        case 7:grade='C';break;
        case 6:grade='D';break;
        case 5:
        case 4:
        case 3:
        case 2:
        case 1:
        case 0:grade='E';break;
    }
    printf("成绩是%5.1f,相应的等级是%c\n",score,grade);
    system("pause");
    return 0;
}
```

第一次输入 890，因 890 不在[0,100]这一区间内，运行提示“输入的数据超范围，重新输入 0~100 分内成绩”，并再次提示“请输入学生成绩：”。第二次输入 89 时，数据合法，显示出成绩等级，运行结果如图 5-9 所示。

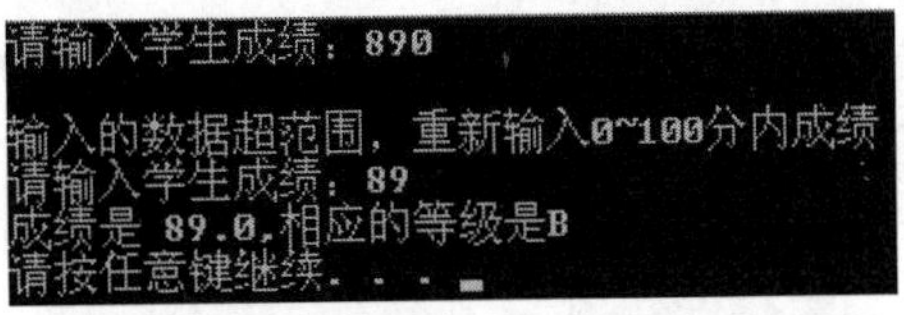

图 5-9　实验项目 4 修改后的运行结果

注意：switch 语句允许多情况执行相同的语句。例如 5，4，3，2，1，0 均执行 grade='E'; 可以写成：

```
case 5:case 4:case 3:case 2:case 1:case 0:grade='E';
```

但不能写成：

```
case 5,4,3,2,1,0: grade='E';
```

也不能写成：

```
case 5,case 4,case 3,case2,case 1,case 0: grade='E';
```

五、实验作业

1. 从键盘输入一个整数，判断该数是否能够同时被 2、3 和 5 整除。

2. 从键盘输入一个四位整数，判断该数的各位数字之和能否被 2 和 5 整除。

3. 水仙花数是指一个三位数，它的每个位上的数字的 3 次幂之和等于它本身（例如：$1^3 + 5^3 + 3^3 = 153$）。从键盘输入一个三位数，判断该数是否是水仙花数。

4. 四叶玫瑰数是指一个四位数，它的每个位上的数字的 4 次幂之和等于它本身（例如：$1^4 + 6^4 + 3^4 + 4^4 = 1\,634$）。从键盘输入一个四位数，判断该数是否是四叶玫瑰数。

5. 从键盘上输入三角形的三边长 a、b、c，判断这三边能不能组成一个三角形，若能，计算并输出三角形的面积。

提示：构成三角形的条件是，任意两边之和大于第三边；三角形面积计算公式为 area=sqrt(d*(d−a)*(d−b)*(d−c))，其中 d=(a+b+c)/2。

6. 实现下述分段函数，要求自变量与函数值均为双精度类型。

$$f(x)=\begin{cases}7x-1.2 & (x<-10)\\ 8x^2+5 & (-10\leqslant x<49)\\ 1/x-\sqrt[3]{x^2-3} & (x\text{为其他值})\end{cases}$$

7. 实现下述分段函数，要求自变量与函数值均为双精度类型。

$$f(x)=\begin{cases}\sin x & (x<7)\\ \dfrac{6\cos x}{x+3} & (7\leqslant x<25)\\ \sqrt{x-3x^3} & (\text{x为其他值})\end{cases}$$

8. 身体质量指数（Body Mass Index，BMI）在国际上常用来衡量人体肥胖程度。BMI 通过人体体重和身高两个数值获得相对客观的参数，并用这个参数所处范围衡量身体质量。

提示：体重指数 BMI=体重/身高的平方（国际单位：kg/m^2）。表 5-1 所示为 BMI 分类及我国参考标准。

表 5-1 BMI 分类及我国参考标准

BMI 分类	我国参考标准/（kg/m^2）
偏瘦	<18.5
正常	18.5 ~ 23.9
超重	≥24
偏胖	24 ~ 26.9
肥胖	27 ~ 29.9
重度肥胖	≥30

从键盘输入体重（kg）和身高（m），计算 BMI，并判断身体肥胖程度。

9. 某商场进行打折促销活动，消费金额 p 越高，折扣 d 越大，其标准如下：

$p<200$　　$d=0\%$

$200\leqslant p<400$　　$d=5\%$

$400\leqslant p<600$　　$d=10\%$

$600\leqslant p<1\,000$　　$d=15\%$

$1\,000\leqslant p$　　$d=20\%$

要求用 switch 语句编程，输入消费金额，求实际消费金额。

10. 使用 switch 语句，将一个百分制的成绩转换成五个等级：90 分以上为'A'，80 ~ 89 分为'B'，70 ~ 79 分为'C'，60 ~ 69 分为'D'，60 分以下为'E'。例如，输入 75，则显示 C。

六、实验报告要求

结合实验准备方案、实验过程记录和实验作业，总结对选择结构的基本认识和使用选择结构的应用要点。

认真书写实验报告，分析自己在编译过程中出现的错误，并说明原因。

实验 6 循环结构程序设计（1）

循环结构是结构化程序设计中一种很重要的控制结构，其特点是：在给定条件成立时，反复执行某程序段，直到条件不成立为止。给定的条件称为循环条件，反复执行的程序段称为循环体。本实验通过对 while 语句、for 语句、do...while 语句三种循环结构的使用要点进行回顾，通过五个实验项目的分析与操作，使读者掌握循环结构程序设计的方法。

一、实验学时

2 学时。

二、实验目的和要求

（1）理解 while 语句循环结构的执行过程。

（2）理解 for 语句循环结构的执行过程。

（3）理解 do...while 语句循环结构的执行过程。

（4）掌握用 while 语句、for 语句、do...while 语句实现循环的方法。

（5）掌握如何正确地设定循环条件。

三、实验要点概述

1. while 语句

while 语句的一般形式为：

```
while(表达式)
   循环体语句
```

该语句用来实现“当型”循环结构，其执行过程是：首先判断表达式的真伪，当值为真（非 0）时执行其后的语句，每执行完一次语句后，再次判断表达式的真伪，以决定是否再次执行语句部分，直到表达式为假时才结束循环，并继续执行循环程序外的后续语句。这里的语句部分称为循环体，它可以是一条单独的语句，也可以是复合语句。while 语句执行流程如图 6-1 所示。

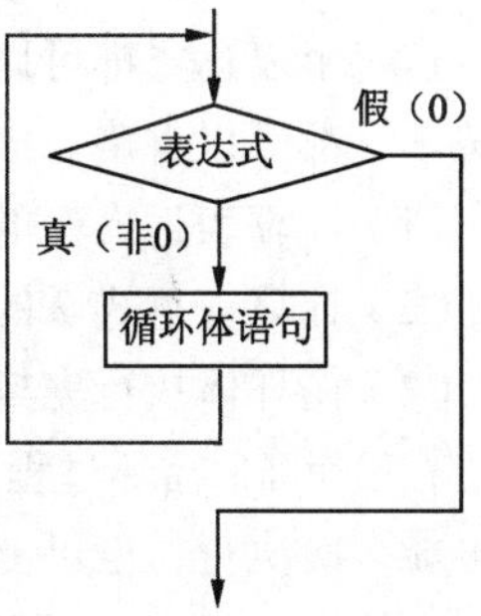

图 6-1　while 语句执行流程

在使用 while 语句编写程序时需要注意以下几点：

（1）while 后面圆括号内的表达式一般为关系表达式或逻辑表达

式，也可以是其他类型的表达式，如算术表达式等。只要表达式运算结果为非 0，就表示条件判断为“真”；运算结果为 0，就表示条件判断为“假”。例如，下面的几种循环结构，它们所反映的逻辑执行过程是等价的，均表示当 n 为奇数时执行循环体，否则退出循环。

```
while(n%2)             while(n%2==1)             while(n%2!=0)
{                      {                         {
    …                      …                         …
}                      }                         }
```

（2）循环体语句可以是一条语句，也可以是多条语句，如果循环体语句包含多条语句，则需要用一对花括号“{}”把循环体语句括起来，采用复合语句的形式。例如：

```
while(条件)
{
    语句 1;
    语句 2;
    …
}
```

（3）在 while 循环体内允许空语句。例如：

```
while((c=getchar())!='\X0D');
```

在该例子中并没有出现执行语句部分，运行时不断地判断条件，直到输入回车符为止。

（4）避免出现“死循环”。使用 while 循环一定注意要在循环体语句中出现修改循环控制变量的语句，使循环趋于结束，否则条件表达式的计算结果永远为“真”，就会出现死循环。

（5）可能出现循环体不执行。while 循环是先判断表达式的值，后执行循环体，因此，如果一开始表达式为假，则循环体一次也不执行。

2．for 语句

for 语句是 C 语言所提供的功能更强，使用更广泛的一种循环语句。其一般形式为：

```
for(表达式 1;表达式 2;表达式 3)
    循环体语句
```

在该结构中各个参数的作用如下：

表达式 1：通常用来给循环变量赋初值，一般是赋值表达式。也允许在 for 语句外给循环变量赋初值，此时可以省略该表达式。

表达式 2：通常是循环条件，一般为关系表达式或逻辑表达式。

表达式 3：通常可用来修改循环变量的值，一般是赋值语句。

这三个表达式都可以是逗号表达式，即每个表达式都可由多个表达式组成。三个表达式都是任选项，都可以省略。该语句的执行过程如下：

（1）计算表达式 1 的值。

（2）计算表达式 2 的值，若值为真（非 0）则执行循环体，否则跳出循环。

（3）循环体执行完毕，计算表达式 3 的值，转回第（2）步重复执行。

在整个 for 循环过程中，表达式 1 只计算一次，表达式 2 和表达式 3 则可能计算多次。循环体可能多次执行，也可能一次都不执行。for 语句执行过程如图 6-2 所示。

在使用 for 语句编写程序时需要注意以下几点：

（1）for 语句中的三个表达式均可以省略，但是两个分号不能省略。

如果 for 语句中的表达式 1 被省略，表达式 1 的内容可以放在 for 循环结构之前。表达式 1 的内容一般来说是给循环变量赋初值，如果在循环结构之前的程序中循环变量已经有初值，那么表达式 1 就可以省略，但第一个分号不能省。例如：

```
for(n=1;n<=30;n++)
```

可改写为：

```
n=1;
for(;n<=30;n++)
```

两者完全等价。

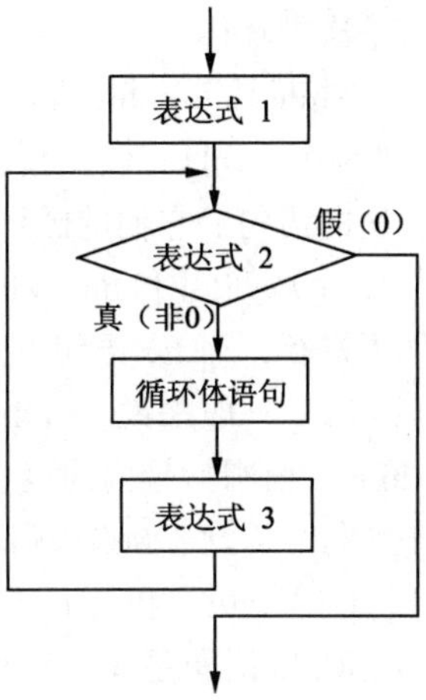

图 6-2　for 语句执行流程图

如果表达式 2 省略，就意味着每次执行循环体之前不用判断循环条件，循环就会无休止地执行下去，就形成了“死循环”，虽然编译能通过，但是程序执行时会陷入该循环中不能向下进行，在编程中要避免此类情况出现。

如果表达式 3 省略，则必须在循环体中另外添加修改循环变量值的语句，保证循环能够正常结束。例如：

```
for(n=2;n<=20;n=n+2)
    s+=n*(n+1);
```

和下面程序段完全等价：

```
for(n=2;n<=20;)
{
    s+=n*(n+1);
    n=n+2;
}
```

（2）表达式 1 和表达式 3 可以是一个简单的表达式，也可以是逗号表达式，即包含一个以上的简单表达式，中间用逗号隔开。

例如，以下程序段：

```
for(i=0,j=10;i<=j;i++,j--)
{
    …
}
```

表示在循环之初，分别对 i 和 j 赋初值 0 和 10，每一趟循环结束时，分别对 i 增 1，对 j 减 1。

3．do…while 语句

do…while 语句属于“直到型”循环，可以直观地理解为，循环体语句一直循环执行，直到循环条件表达式的值为假为止。do…while 语句的一般形式如下：

```
do
    循环体语句
while(表达式);
```

在使用 do…while 语句编写程序时需要注意以下几点：

（1）do…while 语句中“while (表达式);”后面的分号不能省略，这一点和 while 语句要区分，while 语句的“while(表达式)”后面一定不能有分号，一旦加了分号，则表示 while 循环到此结束，后面的语句是顺序结构，和循环无关。

（2）do…while 语句是先执行循环体语句，后判断表达式，因此无论条件是否成立，将至少执行一次循环体。

while 语句、for 语句和 do...while 语句三种形式虽然不同，但主要结构成分都是循环三要素，一般来说，可以互相替代。但它们也有一定的区别，使用时应根据语句特点和实际问题需要选择合适的语句。它们的区别和特点如下：

（1）while 和 do...while 语句一般实现条件循环，即无法预知循环的次数，循环只是在一定条件下进行；而 for 语句更方便于实现已知循环的初值和终值，并且已知循环步长的计数式循环。

（2）一般来说，while 和 do...while 语句的循环变量赋初值在循环语句之前，循环结束条件是 while 后面圆括号内的表达式，循环体中包含循环变量修改语句；一般 for 循环则是循环三要素集于一行。因此，for 循环语句形式更简洁，使用更灵活。

（3）while 和 for 是先测试循环条件，后执行循环体语句，循环体可能一次也不执行。而 do...while 语句是先执行循环体语句，后测试循环条件，所以循环体至少被执行一次。

四、实验项目

【实验项目 1】输入两个数 m 和 n（m>0，n>0），求它们的最大公约数和最小公倍数。

实验项目分析：求最大公约数一般采用辗转相除法来解决，最小公倍数可用（m*n/最大公约数）求得。设计算法时，要将问题考虑全面，比如本项目中的两个输入数 m 和 n，项目要求 m>0 且 n>0，所以，要对输入数据做判断，如果输入不合法，则给出相应的处理。

算法描述：

步骤 1：输入两个数，分别存放到变量 m 和 n 中。

步骤 2：判断 m 和 n 是否都大于零，若是，执行步骤 3，否则执行步骤 8。

步骤 3：分别将 m 和 n 赋给变量 m1 和 n1，m1 和 n1 用辗转相除法求取最大公约数，m 和 n 保留原值，为最后求取最小公倍数所用。

步骤 4：求余数，将 m1 除以 n1，所得到的余数存放到变量 r 中。

步骤 5：判断余数 r 是否为 0，如果余数为 0 则执行步骤 7，否则执行步骤 6。

步骤 6：辗转，将 n1 的值赋予 m1，r 的值赋予 n1，然后转向执行步骤 4。

步骤 7：输出最大公约数为 n1，输出最小公倍数为 m*n/n1，转步骤 9 执行。

步骤 8：输出“Error!”信息。

步骤 9：算法结束。

根据算法描述，设计程序流程图如图 6-3 所示。

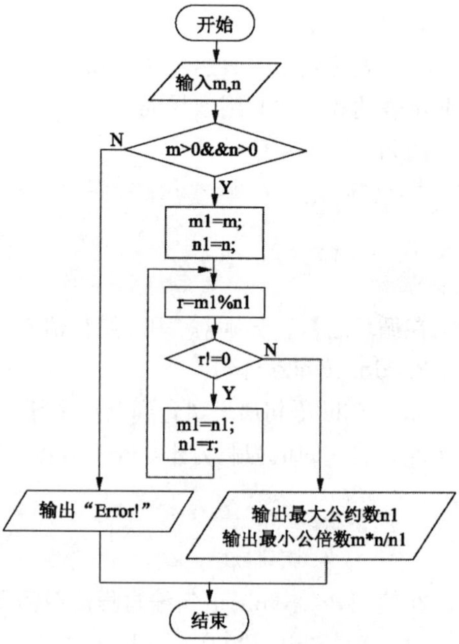

图 6-3　实验项目 1 程序流程图

参考程序：

```
#include <stdio.h>
#include <stdlib.h>
int main()
```

```
{
    int m,n;
    int m1,n1,r;        //分别表示被除数、除数以及余数
    printf("Enter two integer:\n");
    scanf("%d %d",&m,&n);

    if(m>0&&n>0)        //设置条件判断是否输入数据错误
    {
        m1=m;
        n1=n;
        r=m1%n1;
        while(r!=0)     //判断余数是否为 0，以确定是否结束循环
        {
            m1=n1;      //辗转相除
            n1=r;
            r=m1%n1;
        }
        printf("最大公约数是: %d\n",n1);
        printf("最小公倍数是: %d\n",m*n/n1);
    }
    else printf("Error!\n");
    system("pause");
    return 0;
}
```

输入如上参考程序，编译运行结果如图 6-4 所示。

如果按照输入格式正确输入参与运算的两个数据，一般能正确运行得到结果；如果在输入时格式不符合要求，比如两个操作数中间用“,”间隔，或者输入数据中存在负数，则出现错误提示，如图 6-5 所示。

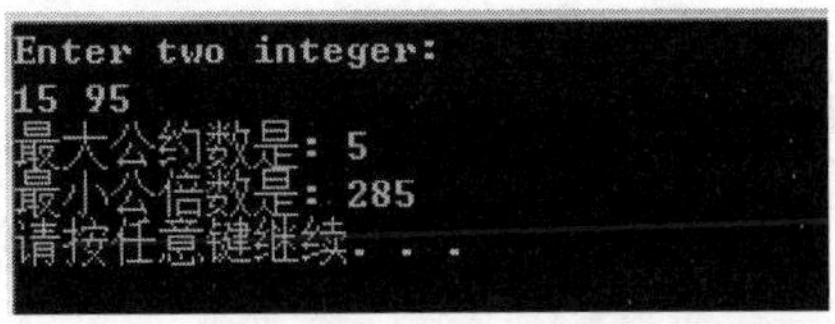

图 6-4　实验项目 1 输入正确时的运行结果

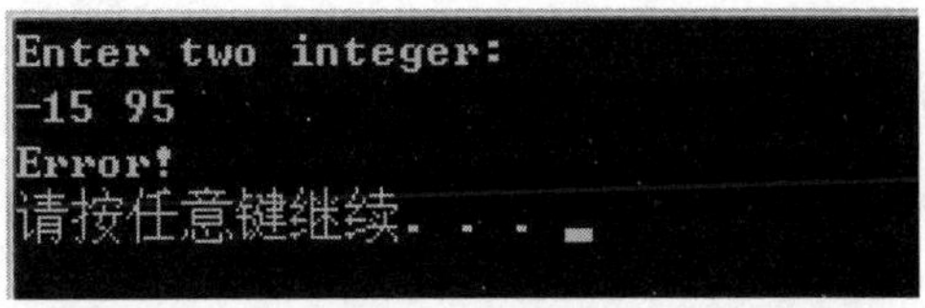

图 6-5　实验项目 1 输入错误时的运行结果

【实验项目 2】猴子吃桃问题：猴子第一天摘下若干个桃子，当即吃了一半，不过瘾，又多吃了一个，第二天早上又将剩下的桃子吃掉一半，又多吃了一个，以后每天早上都吃了前一天剩下的一半零一个，到第 10 天早上想再吃时，见只剩下一个桃子了。求第一天共摘了多少个桃子。

实验项目分析：在该问题中，已知第 9 天吃过后剩余一个桃子，且每天吃的桃子数是当时的一半又多一个，因此可以倒推求解出第一天共有多少桃子。由于每天桃子的数量都按照一定的规则变化，所以在计算的同时要对天数进行计数，考虑使用 while 循环结构解决。

设变量 x1 和 x2，并设置 x2 的初始值为 1，表示第 9 天时剩余的数量，此时 x1 表示前一天即第 8 天的桃子数量，因为前一天的桃子数是当天剩余桃子数加 1 后的 2 倍，则使用表达式(x2+1)*2 对 x1 进行赋值，并根据天数设置循环条件，最终求取到结果。

根据算法分析，设计程序流程图如图 6-6 所示。

参考程序：

```
#include <stdio.h>
#include <stdlib.h>
int main()
{
    int day,x1,x2;    //分别代表天数，前一天的桃子数量及当天的桃子数量

    day=9;
    x2=1;             //第 9 天时剩余桃子数量为 1
    while(day>0)
    {
        x1=(x2+1)*2;  //前一天的桃子数
        x2=x1;
        day--;
    }
    printf("the total is %d\n",x1);
    system("pause");
    return 0;
}
```

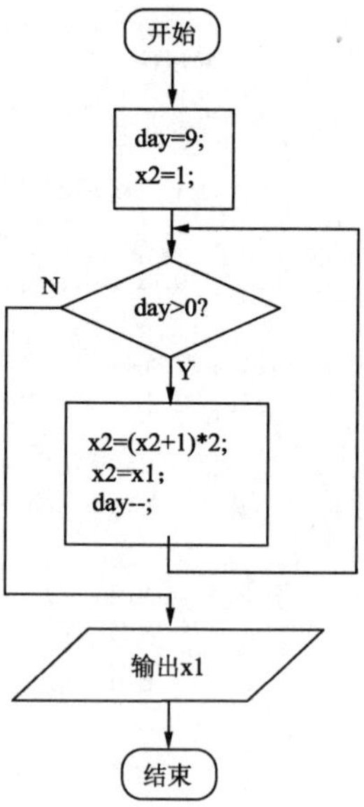

图 6-6　实验项目 2 程序流程图

程序运行结果如图 6-7 所示。也可以在循环体中增加输出函数，输出每天的桃子树，可以得出桃子数的变化为：1534、766、382、190、94、46、22、10、4、1。

图 6-7　实验项目 2 运行结果

【实验项目 3】求出并输出 1 ~ 10 000 之间符合如下特征的整数：它加上 100 后是一个完全平方数，加上 268 又是一个完全平方数。

实验项目分析：假定 i 为题目要求的整数，该整数加上 100 后得到完全平方数 m，再加 268 后得到另一个完全平方数 n。因为 m 为完全平方数，所以 m 为正整数，且 m=x*x，x 为正整数；同理，n 为正整数，且 n=y*y，y 为正整数。所以最终判断条件为 x*x==i+100 && y*y==i+268 是否为真，如果为真，表明 i 就是所求的结果。

根据算法分析，设计程序流程图如图 6-8 所示。

参考程序：

```
#include <math.h>
#include <stdio.h>
#include <stdlib.h>
int main()
{
    long int i,x,y;
    for(i=1;i<10000;i++)
    {
        x=sqrt((double)(i+100));
        //x 为 i 加上 100 后平方的结果
        y=sqrt((double)(i+268));
       //y 为 i 加上 268 后平方的结果

        /*如果一个数的平方根的平方等于该数，这说明此数是完全平方数*/
        if(x*x==i+100 && y*y==i+268)
```

```
        printf("\n%ld\n",i);
    }
    system("pause");
    return 0;
}
```

程序运行结果如图 6-9 所示。

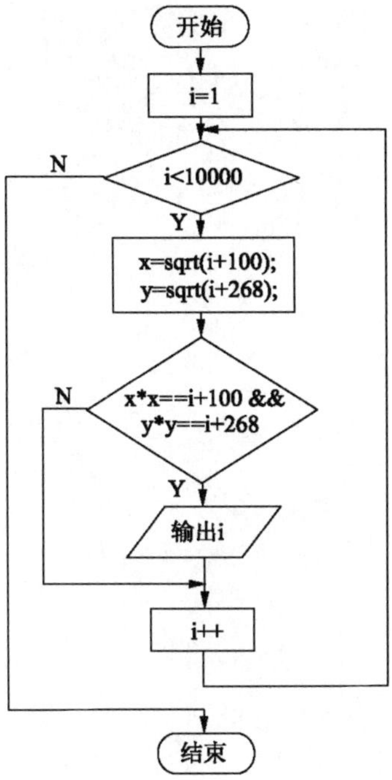

图 6-8　实验项目 3 程序流程图

图 6-9　实验项目 3 运行结果

【实验项目 4】求 sn=a+aa+aaa+aaaa+aaaaa，a 是用户输入的任意一个数字。

实验项目分析：观察该实验项目要求，发现待求和的数据存在一定的规律性，只要能拼合出一系列符合该规律的数据，进行合计运算即可。

为实现拼合数据的要求，设置变量 tn，存储第 n 项值，设置初始值为 0。首先将用户输入的整数 a 与 tn 相加求和，然后使用赋值语句“tn=tn*10”使 tn 升一个数量级再与 a 相加求和，这样依次可以求得第 n 项值 tn。设置变量 sn，存储和值。设置计数器变量 count，执行 do...while 循环时判断 count 是否计算到了 5 位数字。

根据算法分析，设计程序流程图如图 6-10 所示。

参考程序：

```
#include <stdio.h>
#include <stdlib.h>
int main()
{
    int a,count=1;
    long int sn=0,tn=0;
    printf("please input a number(1~9):");
    scanf("%d",&a);
    do
    {
```

```
        tn=tn+a;
        printf("%d\n",tn);    //输出查看每次 tn 的值
        sn=sn+tn;
        tn=tn*10;
        ++count;
    }
    while(count<=5);
    printf("a+aa+...=%ld\n",sn);
    system("pause");
    return 0;
}
```

程序运行结果如图 6-11 所示。

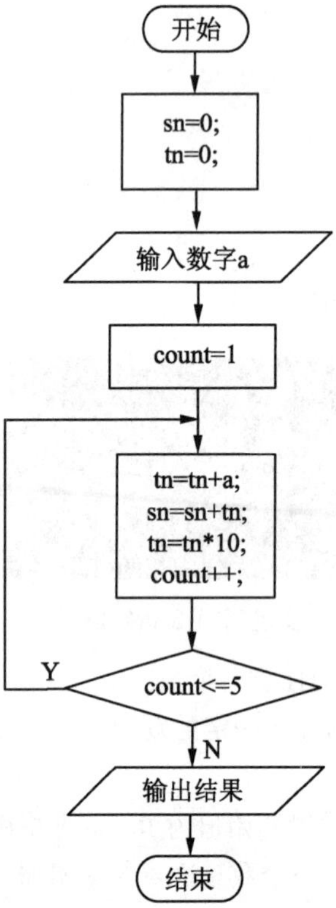

图 6-10 实验项目 4 程序流程图

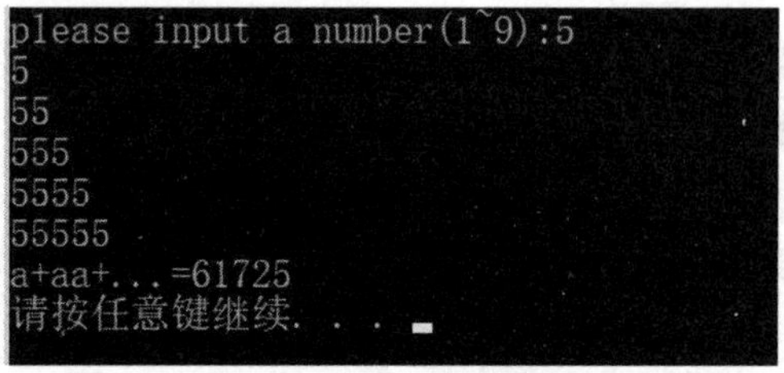

图 6-11 实验项目 4 程序运行结果图

【实验项目 5】编写程序，输入三角形的三条边长，求其面积。要求检查三条边是否满足构成三角形的条件，如不能，则给出错误提示。

实验项目分析：求三角形面积是一个非常简单的题目，但由于题目要求判断三角形三条边的长度是否符合三角形要求，因此要先进行判断，如果三边长度符合三角形要求，则计算三角形面积，如果不符合三角形要求，则继续输入，直到符合为止。这里采用 do...while 语句实施直到型循环判断。

程序运行时首先输入三条边的长度，如果出现任意两条边的长度之和小于第三条边的长度，就给出错误提示，重新输入，否则计算面积并输出显示。为了控制循环，定义一个标志变量 flag，每次准备输入三边长度时，令 flag=0，若判定“任意两边之和大于第三边”不成立，则令 flag=1，循环条件即设置为 while(flag)，以此来控制当输入不合法的三角形的边长时，继续输入，直到合法

为止。

根据算法分析，设计程序流程图如图 6–12 所示。

参考程序：

```
#include <stdio.h>
#include <stdlib.h>

int main()
{
    int flag;
    float a,b,c,s;
     do
    {
        flag=0;
        printf("Please enter a b c:");
        scanf("%f %f %f",&a,&b,&c);
        if(a>b+c || b>a+c || c>a+b)
        {
            flag=1;
            printf("您输入的边长不能构成三
角形!\n");
        }
    }while(flag);
    s=(a+b+c)/2;
    printf("S=%f\n",s=sqrt(s*(s-a)*
(s-b)*(s-c)));

    system("pause");
    return 0;
}
```

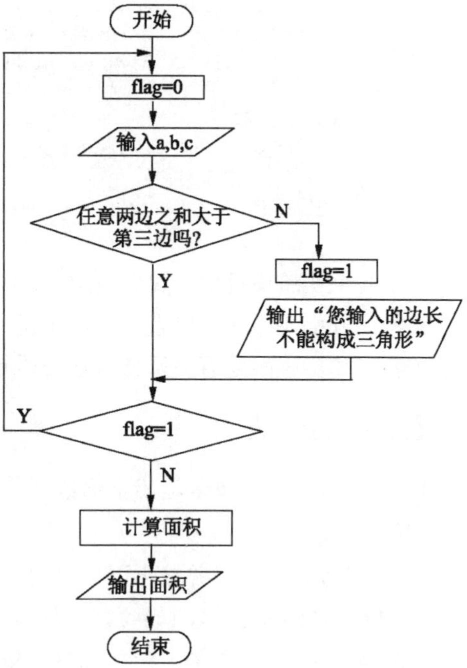

图 6–12　实验项目 5 程序流程图

运行程序，输入符合“任意两边之和大于第三边”的边长 a、b、c 的值，则直接计算出该三角形的面积，运行结果如图 6–13 所示。输入不符合条件的三边长度时，会给出提示“您输入的边长不能构成三角形!”，并且继续等待输入新的边长，直到输入正确值为止，然后计算三角形面积并输出结果，运行结果如图 6–14 所示。

图 6–13　实验项目 5 输入正确时的运行结果

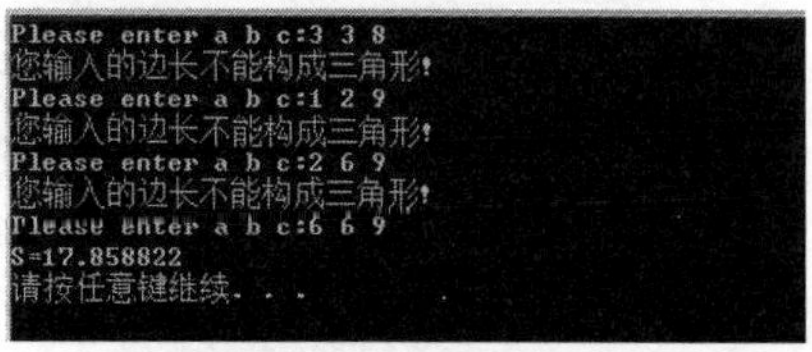

图 6–14　实验项目 5 输入错误时的运行结果

上面的算法使用的是 do...while 语句，且增加了一个标志变量 flag。如果使用 while 语句实现循环，且不想额外增加变量，则需要在循环之前先对 a、b、c 读入一次初值，然后再判断是否符合“任意两边之和大于第三边”，若不满足，则进入循环继续输入三个边长。用 while 语句编写的程序代码如下：

```
#include <stdio.h>
#include <stdlib.h>
int main()
{
    int flag;
```

```
    float a,b,c,s;
    printf("Please enter a b c:");
    scanf("%f %f %f",&a,&b,&c);
    while(a>=b+c||b>=a+c||c>=a+b)
    {
        printf("您输入的边长不能构成三角形!\n");
        printf("Please enter a b c:");
        scanf("%f %f %f",&a,&b,&c);
    };
    s=(a+b+c)/2;
    printf("S=%f\n",s=sqrt(s*(s-a)*(s-b)*(s-c)));
    system("pause");
    return 0;
}
```

以上几个实验项目中，我们使用了 while、do…while 和 for 三种循环语句，虽然形式不同，但主要结构成分都是循环三要素。一般来说，可以互相替代。但它们也有一定的区别，使用时应根据语句特点和实际问题需要选择合适的语句。

五、实验作业

1. 编写程序，计算并输出下面数列前 n（设 n=20）项的和。

```
2*3,4*5,…,2n*(2n+1),…
```

2. 编写程序，计算并输出下面数列中前 n（设 n=20）项的和，结果取 3 位小数。

```
1/(1*2),1/(2*3),1/(3*4),…,1/(n*(n+1)),…
```

3. 编写程序，计算下面数列的部分和 S，在求和过程中，当 S>0.235 时求和终止并输出 S，结果取 3 位小数。

```
1/(1*2*3),1/(2*3*4),1/(3*4*5),…,1/(n*(n+1)*(n+2)),…
```

4. 编写程序，计算并输出下面数列前 n 项（设 n=50）的和。

```
1*2,-2*3,3*4,-4*5,…,(-1)^(n-1)*n*(n+1),…    (其中,^ 表示幂运算)
```

5. 编写程序，输出所有三位数中能被 2 和 3 整除，但不能被 7 整除的数，并且输出共有多少个。
6. 编写程序，计算并输出下面数列中前 20 项中偶数项的和，结果取 3 位小数输出。

```
1/(1*2),1/(2*3),1/(3*4),…,1/(n*(n+1)),…
```

7. 编写程序，计算并输出下面数列前 20 项的和，结果保留 4 位小数。

```
2/1,3/2,5/3,8/5,13/8,21/13,…
```

8. 编写程序，计算并输出下面数列前 n 项的和（设 n=20，x=0.5），结果保留 4 位小数。（其中 sin(x)为正弦函数）

```
sin(x)/x,sin(2x)/2x,sin(3x)/3x,…,sin(n*x)/(n*x),…
```

六、实验报告要求

结合实验准备方案、实验过程记录及实验作业，总结 while 语句、do…while 语句和 for 语句的基本使用方法，它们各自的优势和区别，领会它们的使用要点，对同一个实验作业，尝试用三种语句形式实现。

认真书写实验报告，分析自己在编译过程中出现的错误，并说明原因。

实验 7 循环结构程序设计（2）

在处理实际问题时，可能在已有循环结构的循环体语句中还需要包含循环结构，这就是循环的嵌套。循环可以嵌套多层，即多重循环。在循环结构中，除了由循环变量控制循环的正常执行与结束外，可以通过 break 语句和 continue 语句控制循环异常结束。本实验通过对多重循环结构以及 break 语句和 continue 语句的使用要点进行回顾，通过多个实验项目的算法分析与程序实现，使读者掌握多重循环结构程序设计以及控制循环非正常结束的方法。

一、实验学时

2 学时。

二、实验目的和要求

（1）理解多重循环程序段中语句的执行过程。

（2）掌握多重循环嵌套时各循环变量的设置。

（3）熟练掌握双重循环的程序设计方法。

（4）理解 break 和 continue 语句的执行过程。

（5）掌握 break 和 continue 语句的使用方法。

三、实验要点概述

1. 多重循环

在循环体语句中包含另一个完整循环结构的形式称为循环的嵌套（又称双重循环）。循环的嵌套是将一个新的循环（内层循环）作为一个语句块完整地包含在上一层循环（外层循环）中，这时内层循环相当于外层循环体内的一条语句，内层循环的开始和结束都应该包含在外层循环体内。C 语言允许循环结构的多重嵌套。如果一个循环的外面有两层循环就称为三重循环，理论上嵌套层数可以是无限的。

while、do...while、for 三种循环都可以互相嵌套。一般的双重循环嵌套形式如下所示：

```
[1]   while()
      {
         …
         while()
         {
            …
         }
         …
      }
```

```
[2]   for(;;)
      {
         …
         for(;;)
         {
            …
         }
      }
```

```
[3]   do
      {  …
         do{
            …
         }while();
         …
      }while();
```

```
[4]   while()
      { …
         for(;;)
         {
            …
         }
         …
      }
```

```
[5]   for(;;)
      {  …
         while()
         {
            …
         }
      }
```

```
[6]   do
      {  …
         for(;;)
         {
            …
         }
      }while();
```

双重循环嵌套的执行过程是：首先进行外层循环的条件判断，当外层循环条件成立时顺序执行外层循环体语句，遇到内层循环，则进行内层循环条件判断，并在内层循环条件成立的情况下反复执行内层循环体语句，当内层循环因循环条件不成立而退出后，重新返回到外层循环并顺序执行外层循环体的其他语句，外层循环体执行一次后，重新进行下一次的外层循环条件判断，若条件依然成立，则重复上述过程，直到外层循环条件不成立时，退出双重循环嵌套，执行后面的其他语句。简单地说，就是外层循环执行一次，则内层循环要完整地执行一遍。如图 7-1 所示，图 7-1（a）是一个双重循环结构，图 7-1（b）是其执行流程。

使用嵌套循环时要注意，内外层循环不要使用同一个循环变量，另外，内外层之间一定要是完整的包含关系，不能有交叉情况出现。

2. break 语句

前面学习过，在 switch 结构中，用 break 语句可以使程序流程跳出分支结构，继续执行 switch 语句下面的语句。除此之外，break 语句还可以用在 while 语句、for 语句和 do...while 语句中，用于跳出循环结构。当 break 用于这三种循环语句时，可使程序跳出本层循环结构，接着执行循环体下面的语句。

```
while(表达式 1)
{
    外层循环体语句 A
    while(表达式 2)
    {
        内层循环体语句
    }
    外层循环体语句 B
}
```

（a）双重循环结构

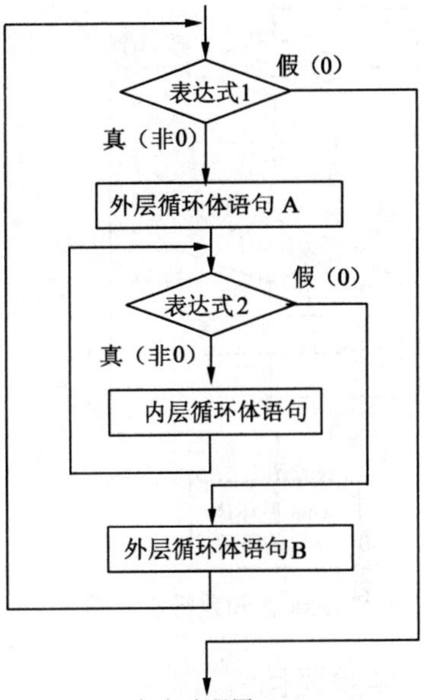

（b）流程图

图 7-1　双重循环嵌套流程图

3. continue 语句

continue 语句也可以用在三种循环语句中，其作用是结束本次循环，即跳过循环体中尚未执行的语句，接着进行下一次是否执行循环体的判断。

对于 while 和 do…while 语句，continue 语句使程序结束本次循环，跳转到循环条件的判断部分，根据条件判断是否进行下一次循环；对于 for 语句，continue 语句使程序不再执行循环体中下面尚未执行的语句，直接跳转去执行“表达式 3”，然后再对循环条件“表达式 2”进行判断，根据条件判断是否进行下一次循环。

如果有以下两个循环结构:

```
[1] while(表达式 1)
    {
       …
       if(表达式 2) break;
       …
    }
```

```
[2] while(表达式 1)
    {
       …
       if(表达式 2) continue;
       …
    }
```

两个结构的执行流程如图 7-2 和图 7-3 所示，重点关注当“表达式 2”为真时的流程转向。结构[1]使用了 break 语句，当“表达式 2”为真时，直接退出了循环。结构[2] 使用了 continue 语句，当“表达式 2”为真时，则是退出当前循环，进入下一轮循环。

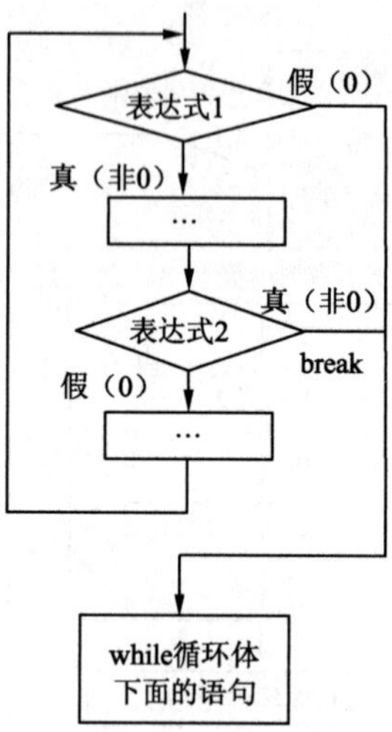

图 7-2 break 语句执行流程图

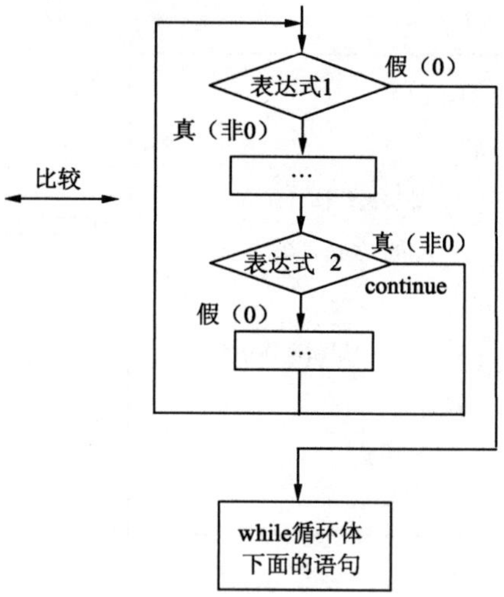

图 7-3 continue 语句执行流程图

四、实验项目

【实验项目 1】 求 1!+2!+3!+…+10!。

实验项目分析：求取阶乘的和是一道经典训练循环结构的编程题，由于既要控制累加的次数，又要求出不同数字的阶乘，所以考虑使用循环嵌套。

求某个数字的阶乘，可以设置变量 t 存放第 i 项阶乘值，初始值为 1。设置控制循环变量 j 从 1 开始，到 i 结束，循环过程中反复执行 t*j 赋予 t，此内层循环求得 i 的阶乘。由于题目要求得到从 1 的阶乘累加到 10 的阶乘，因此外层循环控制变量 i 的变化范围为 1～10，设置累加和变量 s，将内层循环求得的阶乘 t 不断累加到 s 上，得到最终结果 s。

由于阶乘的数量级递增得很快，为了容纳更大的取值范围，定义 t 和 s 为 double 类型。

根据算法分析，设计程序流程图如图 7-4 所示。

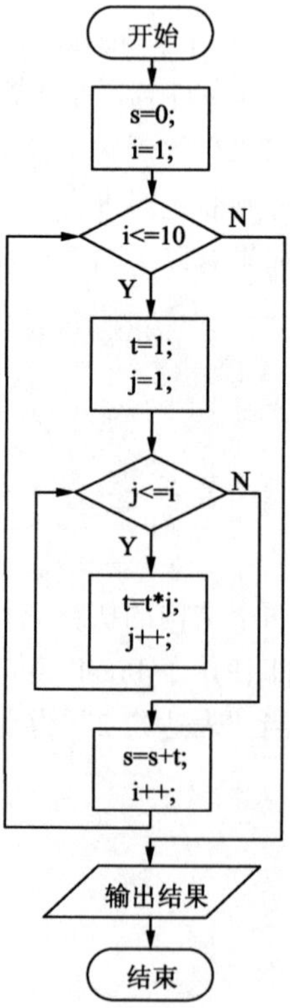

图 7-4 实验项目 1 程序流程图

参考程序：

```
#include <stdio.h>
#include <stdlib.h>
int main()
{
    int i,j;
    double s=0,t;

    for(i=1;i<=10;i++)
    {
        j=1;
        t=1;
        while(j<=i)
        {
            t=t*j;
            j++;
```

```
        }
        s=s+t;
    }
    printf("1!+2!+3!+...+10!=%.0lf\n",s);

    system("pause");
    return 0;
}
```

程序运行结果如图 7-5 所示。

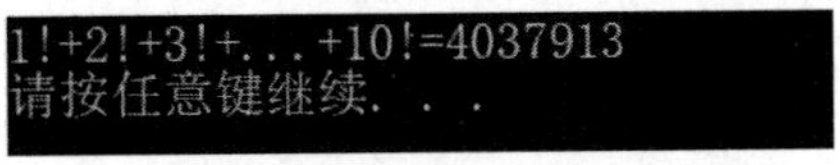

图 7-5　实验项目 1 运行结果

算法优化：考虑到第 n 项的阶乘和第 n-1 项的阶乘之间存在递推关系 n!=n*(n-1)!，可以将上面算法改进，省去内层 while 循环，t 的值通过上一次循环的值递推求出。改进后代码如下：

```
#include <stdio.h>
#include <stdlib.h>
int main()
{
    int i;
    double s=0,t=1;

    for(i=1;i<=10;i++)
    {
        t=t*i;
        s=s+t;
    }
    printf("1!+2!+3!+...+10!=%.0lf\n",s);

    system("pause");
    return 0;
}
```

可以看到，改进后的程序结构精简了许多，循环次数也从 1+2+…+10=55 次精简到了 10 次，程序执行效率大大提高，所以算法设计将影响到程序的可读性、执行效率和可维护性。

【实验项目 2】求 s=1+(1+2)+(1+2+3)+⋯+ (1+2 + ⋯+n)，n 要求从键盘输入。

实验项目分析：题目要求由键盘输入正整数 n，然后计算要求的结果。观察规律，发现给定 n 后，可以通过 n 控制外层循环，实现最终的 n 个数字相加求和。而进一步观察发现，每个参与求和的数据又是一个可以通过循环实现求和的数字，由此确定内层循环，得到最终结果。

根据算法分析，设计程序流程图如图 7-6 所示。

参考程序：

```
#include <stdio.h>
#include <stdlib.h>
int main()
{
    int i,j,n,s=0;
    printf("请输入一个正整数:");
    scanf("%d",&n);
    for(i=1;i<=n;i++)
```

```
        for(j=1;j<=i;j++)
            s+=j;
    printf("1+(1+2)+…+(1+2+…+n)=");
    printf("%d\n",s);
    system("pause");
    return 0;
}
```

程序运行效果如图 7-7 所示。

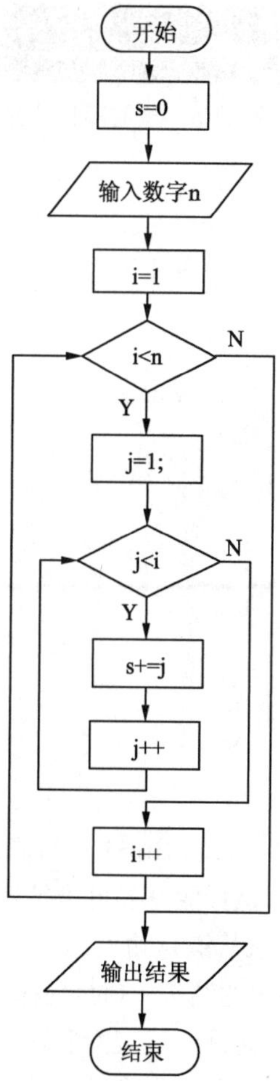

图 7-6　实验项目 2 程序流程图

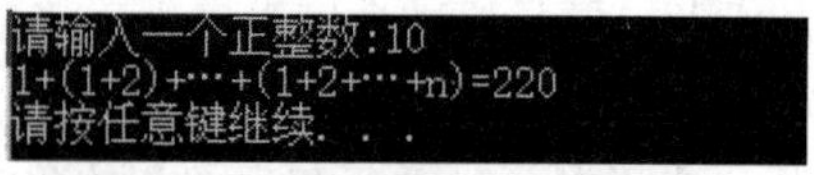

图 7-7　实验项目 2 运行结果

请同学们按照实验项目 1 的算法优化思路修改本项目的程序，将双重循环精简为一重循环。

【实验项目 3】数字 1、2、3、4，能组成多少个互不相同且无重复数字的三位数？请打印输出。

实验项目分析：对该类问题求解时，可以考虑使用穷举法。程序要求得到三位数，而每位可取的值是 1～4 中的任何一个，因此三个数位可分别使用 i、j、k 作为循环变量，取值范围均为 1～4，但需要控制的是无重复出现，所以控制条件为“i != k && i != j && j != k”，只要满足该条件就符合要求，设计三重循环实现三位数的组合。

为了控制输出结果时的美观程度，可以设置变量 m，该变量初始值为 0，每找到一个满足要求的结果，该值进行自加 1 操作，当该值是 5 的倍数时控制换行，这样就可以控制每行输出 5 个数据，视觉效果更好。该做法在很多程序中都可以应用。

根据算法分析，设计程序流程图如图 7-8 所示。

参考程序：

```
#include <stdio.h>
#include <stdlib.h>

int main()
{
    int i,j,k,m=0;

    printf("\n");
    for(i=1;i<5;i++)
        for(j=1;j<5;j++)
            for(k=1;k<5;k++)
            {
                if(i!=k&&i!=j&&j!=k)
                {
                    printf("%d%d%d",i,j,k);
                    printf("\t");
                    m++;
                    if(m%5==0) printf("\n");
                }
            }
    printf("\n");

    system("pause");
    return 0;
}
```

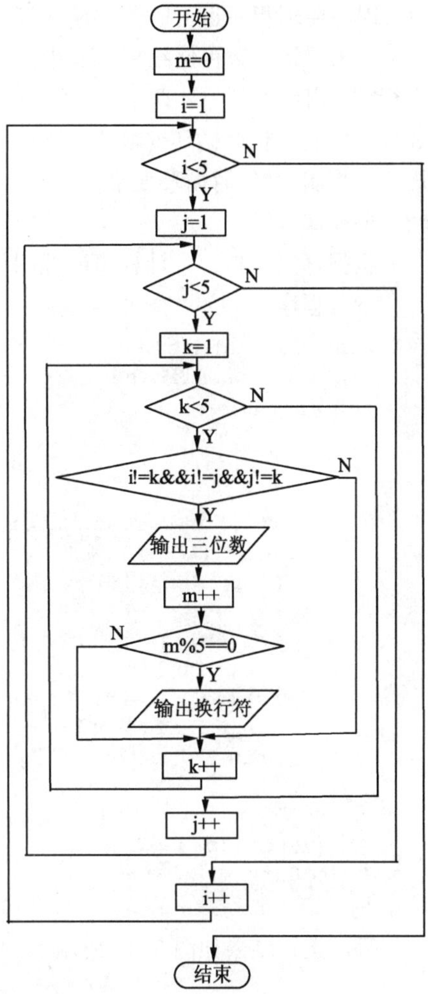

图 7-8　实验项目 3 程序流程图

程序运行结果如图 7-9 所示。

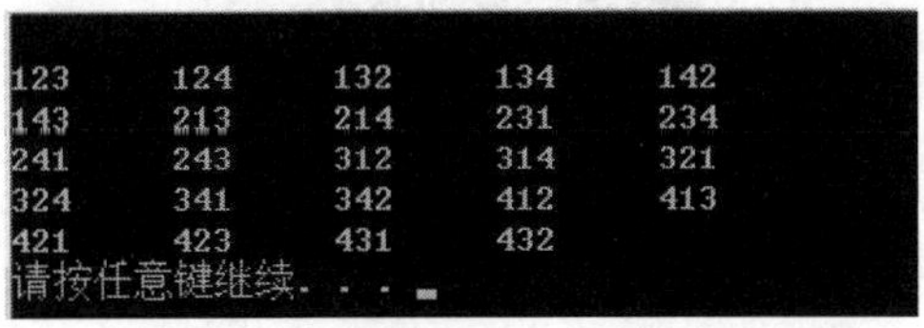

```
123     124     132     134     142
143     213     214     231     234
241     243     312     314     321
324     341     342     412     413
421     423     431     432
请按任意键继续. . .
```

图 7-9　实验项目 3 运行结果

【实验项目 4】输入 n 值，输出如下所示高为 n 的等腰三角形。

```
     *
    ***
   *****
  *******
 *********
***********
```

n=6 时的等腰三角形

实验项目分析：题目要求输出等腰三角形，首先观察图形发现规律：每行“*”前的空格数量恰好为所在行数减去 1，每行中“*”的个数都是奇数且数量逐行增加，其数目恰好为所在行 i 的 2 倍减去 1，知道该规律之后，就可以设计循环编写程序。

因为要求程序运行时首先输入等腰三角形行数，所以使用 scanf( )函数将行数存储在变量 n 中。外层循环从 1 到 n 控制输出行数，内层循环需要两个，分别控制每行空格数目和“*”的数目；控制空格时循环变量从 1 到 n–i，符合空格每行递减的规律，控制“*”时循环变量从 1 到 2*i–1，同样符合每行“*”输出的规律。

根据算法分析，设计程序流程图如图 7–10 所示。

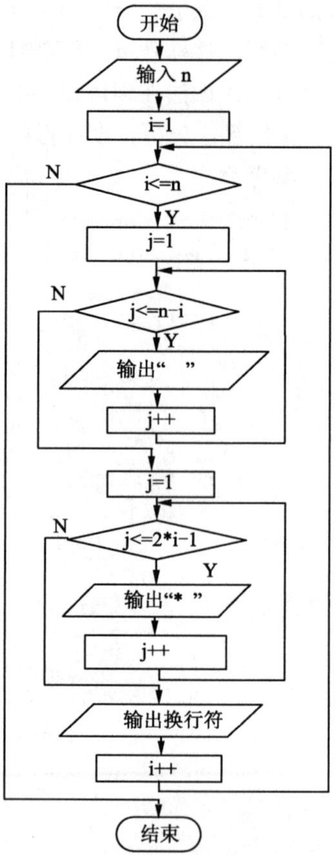

图 7–10 实验项目 4 程序流程图

参考程序：

```
#include <stdio.h>
#include <stdlib.h>
int main()
{
    int i,j,n;

    printf("\n Please Enter n:");
    scanf("%d",&n);
    for(i=1;i<=n;i++)
    {
        for(j=1;j<=n-i;j++)
            printf("  ");
        for(j=1;j<=2*i-1;j++)
            printf("* ");
        printf("\n");
    }

    system("pause");
    return 0;
}
```

程序运行结果如图 7–11 所示。.

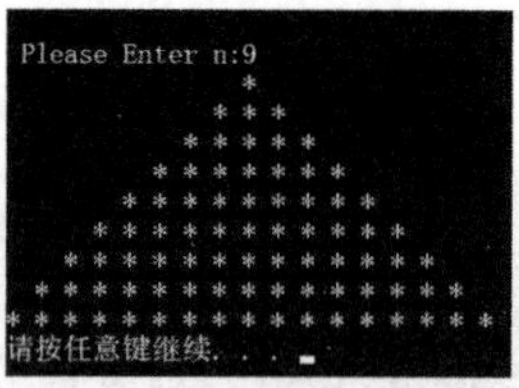

图 7–11 实验项目 4 运行结果

【实验项目 5】输出 1 000 以内个位数字是 6 且能被 3 整除的所有数，要求每行输出 6 个数据。

实验项目分析：首先观察满足要求数据的特点，1 000 以内个位数字为 6，可以将循环变量设置为从 0 到 1000 采用穷举法尝试，并且在尝试过程中进行末位数字是否为 6 的判断。这样设计算法，非常直观易懂，但是能不能进一步优化算法，使运行效率更高些呢？可以考虑算法改进，将循环变量设置为从 0 到 99，在循环体内首先进行扩大 10 倍并且加 6 的运算，这样就可以得到所有满足要求的数据。用这些数据进行是否整除 3 的判断，一旦满足就打印出来，否则跳过当前数据，继续进行循环体。根据这种特点，采用 continue 语句可以满足要求。

算法改进前，循环次数为 1 001 次，算法改进后，循环次数为 100 次，程序执行效率提高了 90%。

根据算法分析，设计程序流程图如图 7–12 所示。

参考程序：

```
#include <stdio.h>
#include <stdlib.h>
int main()
{
    int i,j,count=0;

    for(i=0;i<=99;i++)
    {
        j=i*10+6;
        if(j%3!=0)
            continue;
        else
        {
            printf("%d\t",j);
            count++;
            if(count%6==0)
                printf("\n");
        }
    }
    printf("\n");

    system("pause");
    return 0;
}
```

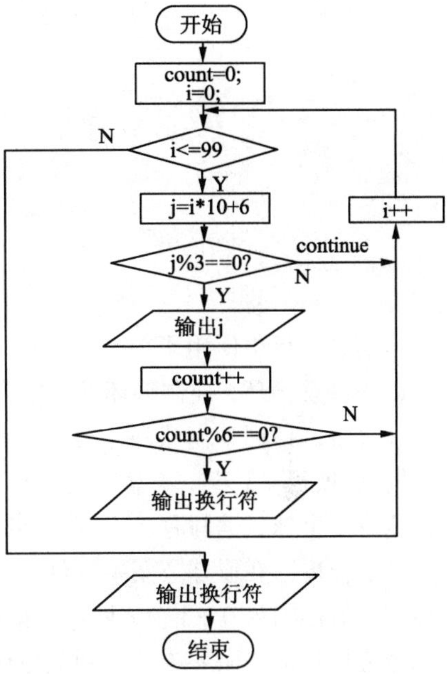

图 7-12　实验项目 5 程序流程图

程序运行结果图如 7-13 所示。

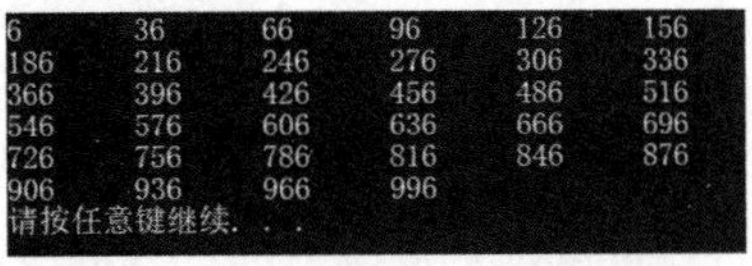

```
6       36      66      96      126     156
186     216     246     276     306     336
366     396     426     456     486     516
546     576     606     636     666     696
726     756     786     816     846     876
906     936     966     996
请按任意键继续. . .
```

图 7-13　实验项目 5 运行结果

本实验项目中使用了 continue 语句。continue 语句和 if 语句配合使用，可以实现某种情况下中止本次循环，使循环体内下面的语句本次不执行。请同学们认真体会，灵活掌握 continue 语句的使用。

【实验项目 6】编写程序求出 555555 的约数中最大的三位数是多少。

实验项目分析：要求出约数中最大的三位数，可以使用穷举法，用 for 循环逐一测试。因为是求最大的约数，可以从 999 向 100 从大到小进行测试，一旦测试出约数，立刻通过 break 语句结束循环，并打印输出结果。

根据算法分析，设计程序流程图如图 7-14 所示。

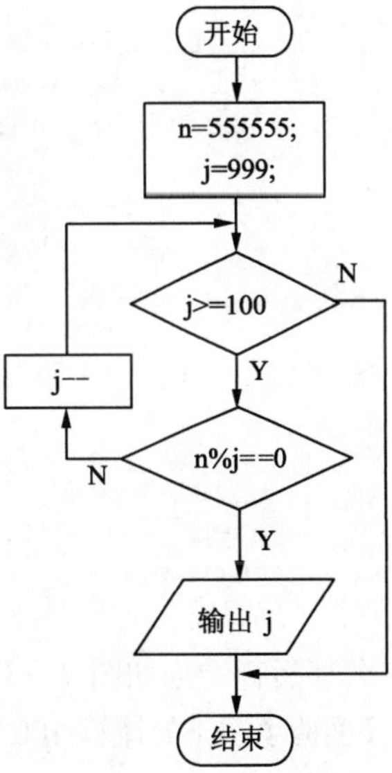

图 7-14　实验项目 6 程序流程图

参考程序：

```
#include <stdio.h>
#include <stdlib.h>
int main()
{
```

```
    int j,n=555555;

    for(j=999;j>=100;j--)          //可能取值范围在 999~100 之间，从大到小穷举
        if(n%j==0)                 //若能够整除 j，则 j 是约数，输出结果，结束循环
        {
            printf("The max factor with 3 digits in %ld is: %d.\n",n, j);
            break;                 //控制退出循环
        }

    system("pause");
    return 0;
}
```

本实验项目中使用了 break 语句，break 语句和 if 语句配合在循环体中使用，可以实现某种情况下终止本重循环，控制循环异常结束的情况。break 语句和 continue 语句的使用，使循环控制结构更加灵活，请同学们认真体会。

【实验项目 7】若一个盒子里放有 10 个球，其中有 3 个红色球、4 个白色球、3 个蓝色球，从中任意取 6 个球，编写程序求解一共有多少种可能的取球方案。

算法分析：在取球方案中，红色球的取值范围为 0～3 个，白色球的取值范围为 0～4 个，蓝色球的取值范围为 0～3 个，且符合三种球的总和为 6 个。可以考虑用双重循环，分别对红色球和白色球进行穷举法循环测试，则蓝色球的取值即可确定为 6 减去红白两色球的和，然后判断若蓝色球的值在 0～3 的范围之内，则说明该红、白、蓝色球组合是可能的取球方案之一。

参考程序如下：

```
#include <stdio.h>
#include <stdlib.h>

int main()
{

    int i,j,k,count=0;
    printf("          红球  白球  蓝球\n");
    printf("--------------------------------\n");
    for(i=0;i<=3;i++)              //i 为红球个数
        for(j=0;j<=4;j++)          //j 为白球个数
        {
            k=6-i-j;               //k 为蓝球个数
            if(k>=0&&k<=3)
            {
                count++;
                printf("方案%2d:  %5d%5d%5d\n",count,i,j,k);
            }
        }

    system("pause");
    return 0;
}
```

程序运行结果如图 7-15 所示。

【实验项目 8】计算 100 以内所有素数的和。

实验项目分析：通过对各种循环结构的学习，掌握各种循环结构的特点及适用条件，以便更

好地解决问题。但在实际应用中，有些问题可以用多种循环结构实现，达到同样的效果，本实验项目将使用不同的循环结构实现。

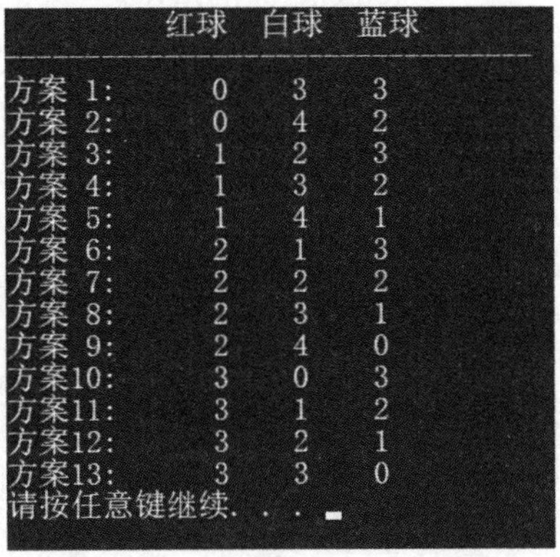

图 7-15　实验项目 7 运行结果

算法分析：由于题目要求是 100 以内所有素数的和，所以要使用循环对 2～100 之间的数用穷举法逐一判断是否是素数，如果是素数则进行求和运算，得到满足要求的结果。而判断某个数据是否为素数，需要用从 2 到该数的平方根之间的数逐一进行整除判断，如果该范围内没有整除该数的数，则说明该数是素数。综上两点，解决该题目需使用两重循环嵌套实现。

参考程序一：用两重 for 循环实现。

```
#include <stdio.h>
#include <stdlib.h>
#include <math.h>
int main()
{
    int i,j,s=0,k;

    for(i=2;i<=100;i++)              //设置循环产生 2~100 之间的数
    {
        k=int(sqrt(i));
        for(j=2;j<=k;j++)            //用 2~i 的平方根之间的数去除 i
            if(i%j==0)break;         //有能整除 i 的 j，说明 i 不是素数，退出
        if(j>k) s=s+i;               //i 是素数，因为 2~i/2 没有 i 的因子
    }
    printf("100 以内素数之和为: %d\n", s);

    system("pause");
    return 0;
}
```

程序运行结果如图 7-16 所示。

图 7-16　实验项目 8 运行结果

参考程序二：外层用 while 循环，内层用 for 循环实现。

```
#include <stdio.h>
#include <stdlib.h>
#include <math.h>
int main()
{
    int i,j,s=0,k;
```

```
    i=2;
    while(i<=100)                          //设置循环产生 2~100 之间的数
    {
        k=int(sqrt(i));
        for(j=2;j<=k;j++)                  //用 2~i 的平方根之间的数去除 i
            if(i%j==0)  break;             //有能整除 i 的 j，说明 i 不是素数，退出
        if(j>k)  s=s+i;                    //i 是素数，因为 2~i/2 没有 i 的因子
        i++;
    }
    printf("100 以内素数之和为: %d\n",s);

    system("pause");
    return 0;
}
```

参考程序三：内外层都用 while 循环实现。

```
#include <stdio.h>
#include <stdlib.h>
#include <math.h>
int main()
{
    int i,j,s=0,k;

    i=2;
    while(i<=100)                       //设置循环产生 2~100 之间的数
    {
        k=int(sqrt(i));
        j=2;
        while(j<=k)                     //用 2~i 的平方根之间的数去除 i
        {
            if(i%j==0)  break;          //有能整除 i 的 j，说明 i 不是素数，退出
            j++;
        }
        if(j>k)s=s+i;                   //i 是素数，因为 2~i/2 没有 i 的因子
        i++;
    }
    printf("100 以内素数之和为: %d\n",s);

    system("pause");
    return 0;
}
```

请读者从以上三种代码的实现中，理解 for 语句和 while 语句使用时的特点，主要是对循环变量赋初值和循环变量增加步长两个要素的处理。

在使用多重循环嵌套结构解决问题时，一定要对程序的逻辑结构进行清晰的分析，明确哪些语句放在循环体外，哪些语句放在第一重循环内，哪些语句放在第二重循环内，放错一重位置，则对程序执行流程产生很大的影响，从而造成问题得不到正确的求解。

五、实验作业

1. 编写程序，使用双重循环输出如下图形。

```
      1
    2 2 2
```

```
    3 3 3 3 3
  4 4 4 4 4 4 4
```

2. 编写程序，使用双重循环输出如下图形。

```
      A
    A B C
  A B C D E
A B C D E F G
```

3. 编写程序，使用双重循环输出如下图形。

```
 ********
* *******
** ******
*** *****
**** ****
***** ***
****** **
******* *
********
```

4. 编写程序，输入 n 值，输出 n 行的菱形。假设 n=4，则输出如下图形。

```
   *
  * * *
 * * * * *
* * * * * * *
 * * * * *
  * * *
   *
```

5. 编写程序，计算下面数列的和，当第一次出现的和值能被 7 整除且大于 1 000 时求和终止并输出结果。

```
1*3,3*5,5*7,7*9,…,(2*n-1)*(2*n+1),…
```

6. 编写程序，计算下面数列的和，当某项（n/(n+1)）的值大于 0.99 时（该项参与求和）求和终止并输出结果，要求结果保留 3 位小数。

```
1/2,2/3,3/4,4/5,…,n/(n+1),…
```

7. 编写程序，输出所有三位数中的素数，每行输出 5 个，并且输出三位数中素数的个数。

8. 编写程序，输出所有四位数的水仙花数。四位水仙花数即该数每个数字位的 4 次方之和等于这个数本身的数。

六、实验报告要求

结合实验准备方案、实验过程记录及实验作业，总结多重循环结构、break 语句和 continue 语句的基本使用方法，领会它们的使用要点，对同一个作业，尝试用多种循环形式实现。

认真书写实验报告，分析自己在编译过程中出现的错误，并说明原因。

实验 8 函数的定义与调用

本实验通过对函数定义、参数值传递、函数调用及变量存储类型等内容进行回顾，通过五个实验项目的分析与操作，使读者掌握函数及变量存储类型等相关内容。

一、实验学时

2 学时。

二、实验目的和要求

（1）掌握函数的定义及调用方法。
（2）掌握函数实参与形参的对应关系，以及“值传递”的方式。
（3）掌握数组元素作为函数实参的用法。
（4）掌握变量的存储类型，理解变量的作用域和生存周期。

三、实验要点概述

1. 函数的定义

C 语言的函数包括标准库函数和自定义函数，无论使用哪种函数都必须先声明。

库函数开发者一般将函数的声明以扩展名为.h 的源程序形式发布，所以在使用库函数时，需要在当前源文件的头部添加“#include "头文件名称"”或“#include <头文件名称>”。

函数定义的一般格式为：

```
返回值类型 函数名(形式参数列表)          /*函数头*/
{                                        /*函数体*/
    变量声明
    函数实现过程
}
```

函数的参数有两种，定义函数时的参数称为形式参数（简称形参），调用函数时称为实际参数（简称实参），实参和形参必须一一对应，即数据类型、数量及顺序必须一致。

函数返回值类型是指返回给主调函数的运算结果的值类型，如果函数没有返回值则返回值类型为 void。如果函数有返回值，在函数定义中通过 return 语句将一个确定的值带回到主调函数中。return 语句使用格式如下：

```
return(表达式);
```

或

```
return 表达式;
```

或

```
return;
```

return 语句不仅能把返回值带回到主调函数，还能将程序控制从被调函数转到主调函数，并且会释放掉函数体中定义的局部变量和函数形参所占的存储空间。例如：

```
int fun(int a,int b)
{
    int c;
    c=a+b;
    return c;
}
```

上述代码定义了一个返回值为整型的函数，名称为 fun，该函数具有两个形参，整型变量 a 和整型变量 b，在函数体中，定义了一个局部变量 c，用来保存两个形参的和。函数通过 return 语句返回的是变量 c，即将两个整数的和作为函数返回值带回到主调函数。

2．函数的调用

函数定义之后就可以被其他函数调用，调用形式一般为：

```
函数名(实参列表)
```

在调用函数时，首先要注意所调用的函数是否有返回值。如果函数没有返回值，则函数调用就要是一条独立的语句，不能写在表达式中。如果函数有返回值，则函数调用可以出现在表达式中，还可以作为另一个函数调用的实参出现，在这些情况下，其实是用函数的返回值参与二次计算。例如，有如下两个函数定义：

```
int f1(int a)
{
    return a*a;
}
void f2(int a)
{
    printf("%d\n", a);
}
```

函数 f1( )有返回值，函数 f2( )无返回值，这两个函数的调用形式是不一样的。

主函数的代码如下：

```
int main()
{
    int a,s;
    scanf("%d",&a);
    s=f1(a);
    f2(a);
    printf("%d\n",s);
    system("pause");
    return 0;
}
```

在主函数中定义的实参名称为 a，对函数 f1( )的调用放在了赋值语句“s=f1(a);”中，即将 f1( )函数的返回值赋给变量 s。其实，这条语句可以和后面的输出语句合并，仅用一条语句“printf("%d\n", f1(a));”表示，运行效果是完全一样的，此时就是把函数调用的返回值作为 printf( )函数的实际参数了。对函数 f2( )的调用只能采用语句“f2(a);”的形式。

另外，如果被调函数的定义出现在主调函数之前可以直接调用，否则需要对被调函数进行声明，格式如下：

```
函数返回值类型  函数名(数据类型 1[参数名 1][,数据类型 2[参数名 2]]…);
```

在进行被调函数声明时，可以省略参数名。

3．参数“值传递”

调用函数时函数的实参向形参传递数据的方式采用传值方式，是将实参变量的值的副本传递给形参，函数的调用不影响实参的原值。因为在内存中，实参与形参对应的是不同的存储单元。只有在函数被调用时，才给形参分配存储单元，并将实参对应的值传递给形参，调用结束后，形参所占的存储单元被释放掉，存储在其中的值也就无法再使用。实参单元在函数调用结束后仍会保留原值。

在被调用函数中无论如何修改形参的值，都不会影响主调函数的实参的值。

4．变量的存储类型

变量的存储类型决定了它的生存周期、作用域和链接。变量的存储类型共有四种：自动(auto)、静态（ static)、外部（ extern ）和寄存器（ register)。

1）自动（ auto ）

自动变量使用 auto 关键字定义，一般在函数内部及复合语句中定义的变量都是自动存储类型的。该存储类型的变量存储在动态存储区，所在块被执行时获得存储空间，当块结束后释放所占的存储空间。这种类型变量的作用域即使用范围也就被限定在了定义其的函数内或复合语句内。

2）静态（ static ）

静态变量使用 static 关键字定义，根据定义变量语句位置的不同，可分为静态局部变量和静态全局变量。一般来说，在函数内部使用 static 关键字定义的变量是静态局部变量，在函数外部定义的是静态全局变量。不管是静态局部变量还是静态全局变量，它们均存储在静态存储区，生存期是整个程序期。但是，由于在定义时使用了关键字 static，因此对它们的作用域做了限定，静态局部变量的作用域被限定在定义其的函数内，静态全局变量的作用域被限定在定义其的源文件内。

3）外部（ extern ）

外部变量使用 extern 关键字定义，定义语句只能出现在函数外部，存储在静态存储区。外部变量和静态全局变量的生存期一样，都是整个程序期，但是，作用域不会被限定在定义其的源文件中，而是整个源程序。需要注意的是，在定义点之前或其他源文件中使用外部变量前一定要进行外部变量说明。

4）寄存器（ register ）

寄存器变量使用 register 关键字定义，该种类型的变量所分配到的存储单元在 CPU 中。一般情况下，将需要频繁访问的变量声明为寄存器类型，以便于提高程序的执行效率。

上述四种存储类型的变量由于作用域不同，又可分为局部变量和全局变量。其中自动变量、寄存器变量和静态局部变量是局部变量，而外部变量和静态全局变量是全局变量。

四、实验项目

【实验项目 1】编写程序，输入一个一元二次方程的三个系数，输出此方程的两个实根。

实验项目分析：此程序中要用到数学函数 sqrt( )，这是个标准库函数，其函数的声明包含在

“math.h”头文件中，要想使用这个函数，就要在程序开始包含这个头文件。

源程序如下：

```
#include <stdio.h>
#include <stdlib.h>
#include <math.h>                         /*包含数学库函数声明的头文件 */
int main()                                /*求一元二次方程根的程序 */
{
   float a,b,c;                           /*一元二次方程的三个系数 */
   double delt,x1,x2;                     /*一元二次方程的两个根分别是 x1 和 x2 */
   scanf("%f,%f,%f",&a,&b,&c);
   delt=sqrt(b*b-4*a*c);
   x1=(-b+delt)/(2*a);
   x2=(-b-delt)/(2*a);
   printf("x1=%f,x2=%f\n",x1,x2);
   system("pause");
   return 0;
}
```

程序运行结果如图 8-1 所示。

本实验项目中使用了数学函数，是标准库函数，必须在使用前进行声明。

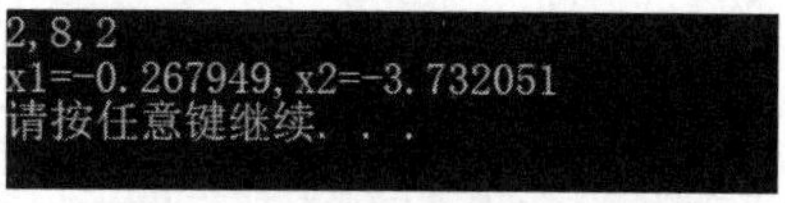

图 8-1　实验项目 1 运行结果

【实验项目 2】编写程序，要求将计算一个整数 m 的 n 次方的过程编写为函数，通过调用此函数求-2 和 3 的 0～9 次方并输出。

实验项目分析：初学者编写函数，最容易迷惑的就是参数的个数。此题中求整数 m 的 n 次方，显然需要主调函数传递两个实参，所以定义函数时至少要有两个形参。求-2 和 3 的 0～9 次方，那么主调函数中也要有一个循环，在循环中调用自定义函数。

源程序如下：

```
#include <stdio.h>
#include <stdlib.h>
int power(int m,int n)                    /*编写函数计算整数 m 的 n 次方*/
{
   int p=1;
   int i;

   for(i-0;i<n;i++)
   {
      p*=m;
   }
   return p;
}
int main()
{
   int i;
   for(i-0;i<10;i++)                      /*求-2 和 3 的 0-9 次方并输出*/
      printf("%d%6d%6d\n",i,power(-2,i),power(3,i));
   system("pause");
   return 0;
}
```

程序运行结果如图 8-2 所示。

此程序中如果调用函数语句在函数定义语句之前，那么必须在调用语句之前进行函数声明。

源程序可改写成如下形式：

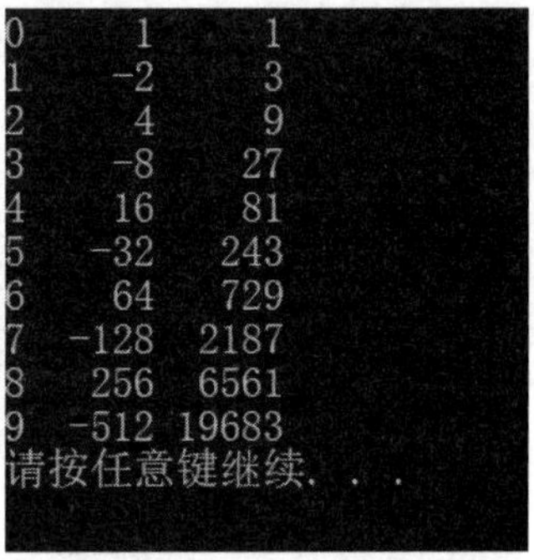

图 8-2　实验项目 2 运行结果

```
#include <stdio.h>
#include <stdlib.h>
int main()
{
    int i;
    int power(int m,int n);  /*函数说明*/
    for(i=0;i<10;i++)        /*求-2和3的0-9次方并输出*/
        printf("%d%6d%6d\n",i,power(-2,i),power(3,i));
    system("pause");
    return 0;
}
int power(int m,int n)       /*编写函数计算整数m的n次方*/
{
    int p=1;
    int i;
    for(i=0;i<n;i++)
    {
        p*=m;
    }
    return p;
}
```

【实验项目 3】编写程序，求一个数据区间内所有素数的个数。

实验项目分析：通过分析题目，编写函数计算一个数据区间内素数的个数，然后在主函数中输入数据区间的开始及结束数据作为实参传递给自定义函数。编写程序时，要考虑所有可能性，如果输入的第一个数据比第二个大，那么就进行一次数据交换，保证这个区间开始的数据比结束的数据小；如果开始的数据小于 3，那么只有一个素数是 2；如果以偶数作为开始数据，那么把开始的数据加 1。

源程序如下：

```
#include <stdio.h>
#include <stdlib.h>
#include <math.h>
int num(int x,int y);        /*函数声明*/
int main()
{
    int a,b,c;
    printf("input two integer:");
    scanf("%d%d",&a,&b);
    c=num(a,b);
    printf("num=%d\n",c);
    system("pause");
    return 0;
}
int num(int x,int y)
{
    int i,j,k,n=0;
```

```
    if(y<x){k=x;x=y;y=k;}              /*保证 x<y*/
    if(x<3){n=1;x=2;}                  /*3 以内只有一个素数即 2*/
    if(x%2==0)x++;                     /*如果 x 是偶数，那么从比 x 大 1 的数开始*/
    for(i=x;i<=y;i=i+2)
    {
        k=(int)sqrt((float)i);         /*求出素数循环的终值*/
        for(j=2;j<=k;j++)
            if(i%j==0)break;           /*不是素数跳出循环*/
        if(j>k)n++;                    /*是素数，计数增 1*/
    }
    return n;
}
```

程序运行结果如图 8-3 所示。

图 8-3　实验项目 3 运行结果

【实验项目 4】编写程序，求两个数的最大公约数和最小公倍数，要求使用全局变量。

实验项目分析：将求最大公约数和最小公倍数的部分编写成两个自定义函数，那么需要在主调函数中传递两个实参，所以定义函数时至少要有两个形参。全局变量是在程序运行过程中都起作用的变量，如果在程序开始处定义，那么在函数中都可以使用。求最小公倍数要用到此两个数的最大公约数，将存储最大公约数和最小公倍数的变量声明成全局变量，就可以在自定义函数中存储返回值并在主调函数中进行结果输出了。

源程序如下：

```
#include <stdio.h>
#include <stdlib.h>
int h,l;                    /*定义全局变量*/
int main()
{
    void hcf(int,int);      /*说明 hcf()函数*/
    void lcd(int,int);      /*说明 lcd()函数*/
    int m,n;
    printf("please input m,n: \n");
    scanf("%d, %d",&m,&n);
    hcf(m,n);
    lcd(m,n);
    printf("H.C.F=%d\n",h);
    printf("L.C.D=%d\n",l);
    system("pause");
    return 0;
}
void hcf(int m,int n)       /*定义求最大公约数的函数*/
{
    int t, r;
    if(n>m)
    {
        t=n;
        n=m;
        m=t;
    }
    while((r=m%n)!=0)
    {
```

```
            m=n;
            n=r;
        }
        h=n;
    }
    void lcd(int m,int n)    /*定义求最小公倍数的函数*/
    {
        l=m*n/h;
    }
```

程序运行结果如图 8-4 所示。

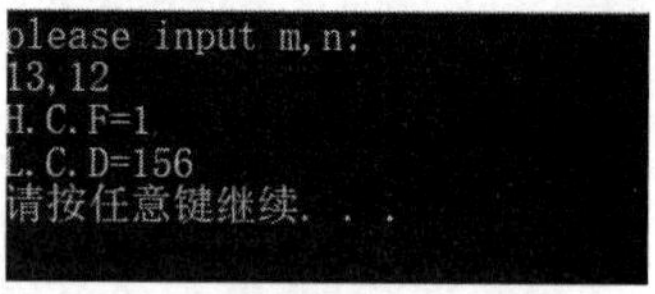

图 8-4 实验项目 4 运行结果

【实验项目 5】编写程序，求出所有在正整数 M 和 N 之间能被 3 整除但不能被 5 整除的数的个数，其中 M < N。

实验项目分析：通过分析题目，编写函数求一个数据区间内满足条件的数的个数，然后在主函数中输入数据区间的开始及结束数据作为实参传递给自定义函数。编写程序时，要考虑所有可能性，如果输入的 M 值比 N 值大，要进行一次数据交换，保证满足 M<N。

源程序如下：

```
#include <stdio.h>
#include <stdlib.h>
int main()
{
    int f(int m,int n);        //函数说明
    int M,N,gs;
    printf("input M:");
    scanf("%d",&M);
    printf("input N:");
    scanf("%d",&N);
    gs=f(M,N);
    if(M>N)
        printf("[%d, %d]之间满足条件数的个数是: %d\n",N,M,gs);
    else
        printf("[%d, %d]之间满足条件数的个数是: %d\n",M,N,gs);
    system("pause");
    return 0;
}
int f(int m,int n)
{
    int t,i,q=0;
    if(m>n)                    //交换
    {
        t=m;
        m=n;
        n=t;
    }
    for(i=m;i<=n;i++)
        if(i%3==0&&i%5!=0)    //条件判断
            q++;
    return q;
}
```

程序运行结果如图 8-5 所示。

图 8-5　实验项目 5 运行结果

五、实验作业

1. 编写函数，实现判断一个正整数是否能同时被 2 和 7 整除，如果能整除，则返回 1，否则返回 0。在主函数中调用此函数找出 200～1 000 之间所有满足条件的数并输出。

2. 编写函数，实现求[1,n]内的奇数的和。在主函数中输入 n 值，然后调用该函数计算结果并输出。

3. 四叶玫瑰数是指四位数各位上的数字的四次方之和等于本身的数。编写函数，判断某个四位数是不是四叶玫瑰数，如果是则返回 1，否则返回 0。在主函数中调用此函数找出所有的四叶玫瑰数并输出。

4. 编写函数，计算一个正整数的各位数字之和。在主函数中调用此函数，输出所输入的正整数的各位数字之和。

5. 编写计算阶乘的函数。在主程序中调用该函数计算 s=m!+n!+k!的值。其中，m、n、k 的值从键盘输入。

6. 编写函数，计算一个正整数 n 的所有因子之和，不包括 1 和 n。在主函数中调用此函数，输出[30,40]内每个数值的因子之和。

六、实验报告要求

结合实验准备方案和实验过程记录，总结对函数定义与调用的基本认识，进一步分析函数参数的值传递，并认真体会变量的存储类型之间的区别。

认真书写实验报告，分析自己在编译过程中出现的错误，并说明原因。

实验 9 函数的传址引用与递归调用

本实验通过对指针、函数传址调用、函数递归调用及内部函数与外部函数等内容进行回顾，通过五个实验项目的分析与操作，使读者掌握指针的使用及不同函数的设计等相关内容。

一、实验学时

2 学时。

二、实验目的和要求

（1）掌握指针变量的定义与使用。
（2）掌握函数参数传递的另一种方法：传址。
（3）掌握函数的递归调用。
（4）掌握内部函数与外部函数的简单应用。

三、实验要点概述

1. 指针变量

要说明指针变量首先要理解指针的概念。以前访问变量都通过变量名的方式进行“直接访问”，还有一种“间接访问”变量的方式，就是将存储变量的地址存放在一个变量中，通过取得变量的地址再访问变量的方式。在 C 语言中，一个变量的地址称为该变量的指针，而存放这个变量地址的变量称为指针变量，指针变量中所存储的值就是指针。

指针变量的定义形式为：

```
类型说明符  *指针变量名,…;
```

通过指针变量定义，不仅定义了指针变量的名字，而且还指明了指针变量所指向的变量的类型。

例如：

```
int *pt;
```

该定义语句表示定义了一个指向整型变量的指针变量，指针变量的名字是 pt。在使用过程中，首先要给指针变量 pt 赋值，即明确指针的指向，也就是要把某一变量的存储地址赋给 pt，并且该变量的数据类型只能是整型的。

2. 指针运算符

在 C 语言中，指针相关运算符有* 和 &两个。& 是取地址运算符，* 是指针运算符，也称间接访问运算符。& 运算符通常用于变量、数组元素等，运算的结果为运算对象所对应的存储空间的首地址。对于 * 运算符，其通常用于指针变量、数组名等，运算的结果为运算对象所指向的对象。需要注意，当 * 出现在指针变量定义中时，其不再表示为运算符，而是指针变量定义的标志。例如：

```
int x=10,*pt;
pt=&x;
*pt=20;
```

上述代码的第一条语句定义了整型变量 x 和整型指针变量 pt。第二条语句是通过&运算符取得变量 x 的地址赋给 pt，即使 pt 指向 x。第三条语句是通过*运算符取得 pt 所指向的对象 x，并为其赋值 20。

3. 函数的传址引用

传址方式是将主调函数中某一数据存储区的地址通过函数参数传递给被调函数，主调函数和被调函数共同访问一段数据区。如果函数的调用采用传址方式，则在函数体中对形参所做的修改结果会影响到主调函数中的实参。

对于数组来说，数组名其实就是指针，存放的是数组第一个元素的首地址。数组作为函数的参数，在调用时只需写数组名，定义时不必写数组的大小。

4. 函数的递归调用

函数的递归调用是函数嵌套调用的一种，在实际处理问题过程中，如果该问题能够转化为与原问题解决方法相同的子问题时就可以利用递归对问题进行简化。递归函数通常代码比较简洁，可读性较好，在设计算法过程中，要注重运算规律的总结与归纳，而且也要注意递归终止条件的设计。

5. 内部函数和外部函数

在 C 语言中可将函数分为内部函数和外部函数。一般情况下定义的函数都是外部函数，可以被其他函数调用，即使主调函数在其他文件中。如果在函数定义时使用了关键字 static，那么此时该函数就是内部函数，其也只能在被定义文件中使用。

外部函数的定义格式为：

```
extern 返回值类型 函数名(形式参数列表)
{
    变量声明
    函数实现过程
}
```

外部函数在定义时使用关键字 extern，extern 可以省略。在函数定义点后可以直接调用外部函数，如果在定义点之前或定义文件外调用则需要使用 extern 作外部函数说明。

内部函数的定义格式为：

```
static 返回值类型 函数名(形式参数列表)
{
    变量声明
    函数实现过程
}
```

如果在程序设计过程中，不希望其他文件访问某个函数，则可以把其定义为内部函数。

四、实验项目

【实验项目 1】 编写程序，输入两个整数，将两个整数交换位置后输出。

实验项目分析：此问题涉及函数参数的传址应用，之前的实验中主要练习的是函数参数的传值应用，函数的执行不影响实参数据。而此程序中，函数的执行要影响实参数据，就要用到参数的传址应用。将指针作为实参传递的是变量的地址，也就是说，实参和形参共用一个相同的地址，调用函数交换两个地址中的数据，当然也就会将实参数据进行了改变。

源程序如下：

```
#include <stdio.h>
#include <stdlib.h>
void swap(int *p1,int *p2)
{
    int temp;
    temp=*p1;
    *p1=*p2;
    *p2=temp;
}
int main()
{
    int x,y;
    printf("请输入两个整数: \n");
    scanf("%d,%d",&x,&y);
    printf("x=%d,y=%d\n",x,y);
    swap(&x,&y);
    printf("交换后: \n");
    printf("x=%d,y=%d\n",x,y);
    system("pause");
    return 0;
}
```

程序运行结果如图 9-1 所示。

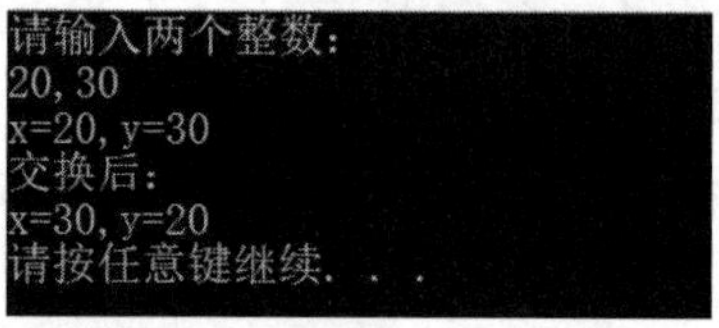

图 9-1　实验项目 1 运行结果

【实验项目 2】 编写程序，实现计算一个正整数的所有数位中值为偶数的数位所构成的新数，新数中的数位高低按原数排列，即高位仍在高位，低位仍在低位。例如，整数 37825 的转换结果为 82。

实验项目分析：在设计函数时，设置了两个形式参数，一个表示要转换的原数，一个表示转换之后的结果。由于转换之后的结果值是要带回到主调程序中的，所以将该参数设置为指针变量的形式，这样在函数中对其所指向的变量做的任何修改都能将结果带回到主调程序。

源程序如下：

```
#include <stdio.h>
#include <stdlib.h>
#include <math.h>
int main()
{
    void evennum(int m,int*q);    //函数说明
    int data,result;
    printf("input data:");
```

```
    scanf("%d",&data);
    evennum(data,&result);
    if(result==0)
        printf("所输入的数值中的偶数位值为 0 或不含偶数位! \n");
    else
        printf("所输入的数值中的偶数位组成的新数为: %d\n",result);
    system("pause");
    return 0;
}

void evennum(int m,int*q)
{
    int d,n=0;
    *q=0;
    while(m>0)
    {
        d=m%10;
        if(d%2==0)
        {
            *q=*q+d*pow(10.0,n);
            n=n+1;
        }
        m=m/10;
    }
}
```

当所输入的数值中包含偶数位且不全为零时程序运行结果如图 9-2（a）所示。

当所输入的数值中不包含偶数位或只包含为零的偶数位时程序运行结果如图 9-2（b）所示。

```
input data:123456
所输入的数值中的偶数位组成的新数为: 246
请按任意键继续. . .
```

（a）包含偶数位（不全为零）

```
input data:1110
所输入的数值中的偶数位值为0或不含偶数位!
请按任意键继续. . .
```

（b）不包含偶数位或只包含为零的偶数位

图 9-2　实验项目 2 运行结果

【实验项目 3】有五个人坐在一起，问第五个人多少岁，他说比第四个人大 2 岁。问第四个人年龄，他说比第三个人大 2 岁。问第三个人，又说比第二人大两岁。问第二个人，说比第一个人人两岁。最后问第一个人，他说是 10 岁。编写程序，计算第五个人的年龄。

实验项目分析：利用递归的思想，递归分为回推和递推两个阶段。要想知道第五个人年龄，需知道第四个人的年龄。要知道第四个人的年龄，需要知道第三个人的年龄，依此类推，推到第一个人，第一个人的年龄为 10 岁，再往回推，求第二个人的年龄……最后得到第五个人的年龄。

源程序如下：

```
#include <stdio.h>
#include <stdlib.h>
int age(int n);
int main()
{
    printf("第五个人的年龄是: %d\n",age(5));
    system("pause");
    return 0;
}
```

```
int age(int n)
{
    int c;
    if(n==1)
        c=10;
    else
        c=age(n-1)+2;
    return(c);
}
```

程序运行结果如图 9-3 所示。

```
第五个人的年龄是：18
请按任意键继续. . .
```

图 9-3　实验项目 3 运行结果

【实验项目 4】编写函数，计算任意整数 n 的阶乘。要求在主函数中输入整数 n，输出 n 的阶乘。

实验项目分析：根据阶乘公式 n!=n*(n−1)!，可见求 n!的问题可以转化为求(n−1)!的问题，求(n−1)!的问题可以转化为求(n−2)!的问题，依此类推，n 的值依次递减，越来越小，直到 n 为 1 时，阶乘值为 1，即 1！=1。那么，回推可以依次得到 2!、3!……最终可得到 n!。由此得到计算 n!的递推公式为 fac(n)=n * fact(n−1)。

源程序如下：

```
#include <stdio.h>
#include <stdlib.h>
double fac(int n)
{
    double m=1;
    if(n==0||n==1)
    {
        m=1;
    }
    else
    {
        m=n*fac(n-1);
    }
    return m;
}

int main()
{
    int n=0;
    double m=1;
    printf("input n:");
    scanf("%d", &n);
    m=fac(n);
    printf("%d!=%.0f\n",n,m);
    system("pause");
    return 0;
}
```

程序运行结果如图 9-4 所示。

```
input n:6
6!=720
请按任意键继续. . .
```

图 9-4　实验项目 4 运行结果

【实验项目 5】在文件 file1.cpp 中编写计算 1+2+…+n 前 n 项中奇数项和的求和函数，在文件 file2.cpp 的主函数中通过键盘输入 n 值并调用该函数进行计算，输出计算结果。

源程序如下：

```
//file1.cpp
extern int sum(int m)
{
   int i,s=0;
   for(i=1;i<=m;i=i+2)
      s=s+i;
   return s;
}

//file2.cpp
#include <stdio.h>
#include <stdlib.h>
int main()
{
   extern int sum(int m);          //函数说明
   int n,s;
   printf("input n:");
   scanf("%d",&n);
   s=sum(n);                       //调用 file1.cpp 中的函数
   printf("1+2+…+%d 的奇数项的和是: %d\n", n,s);
   system("pause");
   return 0;
}
```

程序运行结果如图 9-5 所示。

图 9-5　实验项目 5 运行结果

五、实验作业

1. 编写函数，分别计算两个整数的平方值，并将结果值通过参数返回。在主函数中调用此函数并输出结果。

2. 编写函数，将三个整数按从小到大的顺序排序。在主函数中调用该函数对三个数排序，输出排序前后的结果。

3. 编写函数，计算一个正整数中去除 0 之后的新值。在主函数中调用此函数并输出去除 0 前后的数值。

4. 编写递归函数计算从 1 加到 n 的和。在主函数中输入 n 值并调用此函数，输出计算结果。

5. 编写递归函数计算下列数列第 n 项的值。在主函数中调用该函数计算数列前 20 项的和并输出计算结果。

$$f(n)=\begin{cases}2 & (n=1)\\ 3 & (n=2)\\ f(n-1)+f(n-2) & (n\geqslant 3)\end{cases}$$

6. 在文件 f1.cpp 中编写函数，计算[200,500]内能同时被 3 和 5 整除的数的个数，在文件 f2.cpp 的主函数中调用该函数并输出计算结果。

六、实验报告要求

结合实验准备方案和实验过程记录，总结对函数参数传递的传址方式及函数的递归调用的基本认识，传值方式与传址方式的区别。

认真书写实验报告，分析自己在编译过程中出现的错误，并说明原因。

实验 10 一维数组及其指针运算

本实验通过对一维数组的定义、一维数组元素的引用、一维数组的初始化以及一维数组的指针运算等内容进行回顾，通过五个实验项目的分析与操作，使读者掌握一维数组及其指针运算的相关内容。

一、实验学时

2 学时。

二、实验目的和要求

（1）掌握一维数组的定义、初始化方法。
（2）了解并掌握一维数组元素的引用方法。
（3）了解并掌握一维数组与指针。

三、实验要点概述

1. 一维数组的定义

一维数组的定义格式如下：

```
类型说明符 数组名 [常量表达式];
```

其中，类型说明符是任一种基本数据类型或构造数据类型。数组名是用户定义的标识符，该标识符遵循用户自定义标识符的命名规则。方括号中的常量表达式表示数组元素的个数，又称数组长度。定义一个具有 10 个整型数据的一维数组 array 可写为：

```
int array[10];
```

通常情况下，在程序开始部分，使用符号常量定义数组的长度，以保证程序的通用性和易修改性。数组 array 可描述为：

```
#define N 10
int array[N];
```

2. 一维数组元素的引用

在 C 语言中，数组元素只能逐个引用，不能一次引用数组中的全部元素。数组元素的引用形式为：

```
数组名[下标];
```

下标的范围从 0 到(数组长度-1)，上例中的数组 array，使用的数组元素可描述为：

```
array[i](i∈[0,数组长度-1])
```

3．一维数组的初始化方法

（1）一般初始化操作。将一系列的值置于一对花括号内，值与值之间使用逗号分隔开来。例如：

```
#define N 5
int  array[N]={0,1,2,3,4};
```

初始化列表给出的值依次赋值给数组的各个元素，array[0]被赋值为 0，array[1]被赋值为 1……array[4]被赋值为 4。

如果初始值的个数大于数组定义中定义的数组的长度，则为语法错误。例如：

```
#define N 5
int  array[N]={0,1,2,3,4,5};          //不合法
```

如果初始值的个数小于数组定义中定义的数组的长度，则仅对前几个数组元素进行初始化。例如：

```
#define N 5
int  array[N]={0,1,2};
```

数组 array 的前三个数组元素 array[0]、array[1]、array[2]分别被初始化为 0、1、2，而数组 array 的后两个数组元素 array[3]、array[4]分别被初始化为 0。

当对全部数组元素进行初始化操作时，可以不指定数组长度。例如：

```
int  array[ ]={0,1,2,3,4};
```

这是因为虽然数组的定义中并没有给出数组的长度，但是编译器具有把所容纳的所有初始值的个数设置为数组长度的能力。

（2）静态存储的数组的自动初始化操作。一维静态存储的数组定义形式为：

```
static  类型说明符 数组名 [常量表达式];
```

例如：

```
static int array[5];
```

一维静态存储的数组只在程序开始执行之前初始化一次。

（3）利用输入函数 scanf( )逐个输入数组中的各个元素。例如：

```
#define N 5
…
int array[N];
…
for(int i=0;i<N;i++)            /*该循环使用输入函数为每个数组元素赋值*/
{
    printf("Enter array[%d]:\t",i);
    scanf("%d",&array[i]);     /*&array[i]表示数组元素 array[i]的地址*/
}
```

4．一维数组的数组名的值

一维数组的数组名的值是一个指针常量，也就是数组中第一个数组元素的地址。

5．作为函数参数的一维数组的组名的使用方法

作为函数参数的一维数组的数组名使用方法有以下四种：

（1）实参与形参都用数组名。例如：

```
int main()                          定义 Output()函数:
{
    int array[10];                  void Output(int p[ ],int n)
    …                               {
    Output(array,10);                  …
    …
    return 0;                       }
}
```

形参 int p[ ]表示 p 所指向对象的指针变量，int p[ ]等价于 int *p。

由于形参数组名接收了实参数组的首地址，因此可以理解在函数调用期间，形参数组与实参数组共用一段内存空间。

（2）实参用数组名，形参用指针变量。例如:

```
int  main()                         定义 Output()函数:
{
    int array[10];                  void Output(int *p,int n)
    …                               {
    Output(array,10);                  …
    …
    return 0;                       }
}
```

函数开始执行时，p 指向 array[0]，即 p=&array[0]。通过 p 值的改变，可以指向数组 array 中的任一元素。

（3）实参与形参都用指针变量。例如：

```
int  main()                         定义 Output()函数:
{
    int array[10],*ptr=array;       void Output(int *p,int n)
    …                               {
    Output(ptr,10);                    …
    …
    return 0;                       }
}
```

如果实参用指针变量，则这个指针变量必须有一个确定的值。先使实参指针变量 ptr 指向数组 array，ptr 的值是&array[0]，然后将 ptr 的值传给形参指针变量 p，p 的初始值也是&array[0]。通过 p 值的改变可以使 p 指向数组 array 的任一元素。

（4）实参用指针变量，形参用数组名。例如，

```
int main()                          定义 Output()函数:
{
    int array[10],*ptr=array;       void Output(int p[],int n)
    …                               {
    Output (ptr,10);                   …
    …                               }
    return 0;
}
```

实参 ptr 为指针变量，它使指针变量 ptr 指向数组 array。形参为数组名 p，实际上将 p 作为指针变量处理，可以理解为形参数组 p 和 array 数组共用同一段内存单元。在函数执行过程中可以

使 p[i]的值变化，而它也就是 array[i]。

实参数组名代表一个固定的地址，或者说是指针型常量，而形参数组并不是一个固定的值。作为指针变量，在函数调用时，它的值等于实参数组首地址，但在函数执行期间，它可以再被赋值。

四、实验项目

【实验项目 1】八个学生计算机基础的成绩分别为：78, 58, 69, 87, 96, 74, 81, 60。将这八个学生计算机基础成绩存储在一维数组 grade 中，求这八个学生的平均成绩以及大于平均成绩的人数。

实验项目分析：先定义一维数组 grade，在定义数组时直接将实验中所给的八个数据写在一对花括号{ }中，直接进行初始化；然后使用循环结构求这八个学生的总成绩，从而求得平均成绩；再次使用循环，逐一用数组元素和平均值进行比较，最终求得大于平均成绩的人数。

源程序如下：

```
#include <stdio.h>
#include <stdlib.h>
#define N 8
int main()
{
    int grade[N]={78,58,69,87,96,74,81,60};
    int sum=0;
    int cnt=0;
    int i;
    for(i=0;i<N;i++)
        sum+=grade[i];
    double avg=(double)sum/N;
    for(i=0;i<N;i++)
        if(grade[i]>avg)
            cnt++;
    printf("%.1lf\n",avg);
    printf("%d\n",cnt);
    system("pause");
    return 0;
}
```

图 10-1　实验项目 1 运行结果

程序运行结果如图 10-1 所示。

【实验项目 2】从键盘输入 10 个整数，将这 10 个整数按照从小到大的顺序进行输出，每行输出 5 个数组元素。

实验项目分析：本实验先要定义一个具有 10 个整型元素的一维数组 array，然后使用循环通过 scanf( )函数输入数据；再对这 10 个整数进行排序，排序可使用冒泡排序法，其思想是：将相邻两个数组元素进行比较，如果前者大于后者则将两个数组元素交换位置，即数值小的数组元素在前，数值大的数组元素在后。相邻两个数组元素可描述为 array[i]和 array[i+1]，因 i+1 也为下标，故 0≤i+1≤9，从而求得 i 的最大值为 8，上述过程可使用如下程序段进行描述：

```
#define N 10
int  array[N];
int  i,temp;
…
for(i=0;i<N-1;i++)
if(array[i]>array[i+1])
{
```

```
    temp=array[i];
    array[i]=array[i+1];
    array[i+1]=temp;
}
```

这仅为一趟排序，通过一趟排序可找到该数组中的最大值。通常有 N 个数组元素的数组需要 N–1 趟这样的比较。

数组是一组有序变量的集合，在使用循环变量处理数组问题时，通常循环变量的初始值为 0；如果输出一个数组元素计数变量 cnt 加 1，那么循环变量和计数变量 cnt 相差 1，可使用（循环变量+1）代替计数变量 cnt。每输出 5 个数据，就需要输出一个换行符。上述过程可用如下程序段描述：

```
for(i=0;i<N;i++)
{
    printf("%6d",array[i]);
    if((i+1)%5==0)
        printf("\n");
}
```

通过上述分析，该实验项目源程序如下：

```
#include <stdio.h>
#include <stdlib.h>
#define N 10
int main()
{
    int array[N];
    int i,j,temp;
    for(i=0;i<N;i++)
    {
        printf("Enter NO.%d number:\n",i+1);
        scanf("%d",&array[i]);
    }
    for(j=0;j<N-1;j++)
        for(i=0;i<N-1-j;i++)
        if(array[i]>array[i+1])
        {
            temp=array[i];
            array[i]=array[i+1];
            array[i+1]=temp;
        }

    for(i=0;i<N;i++)
    {
        printf("%6d",array[i]);
        if((i+1)%5==0)
            printf("\n");
    }
    system("pause");
    return 0;
}
```

程序运行结果如图 10-2 所示。

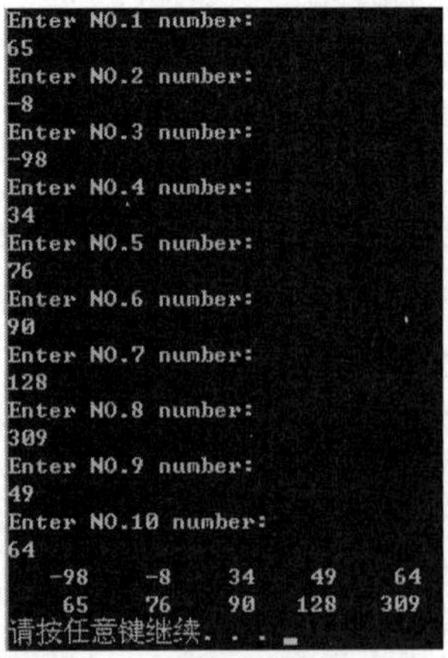

图 10-2 实验项目 2 运行结果

【实验项目 3】使用随机函数初始化一个具有 20 个元素的一维数组，使其值在 60～205 间，输出这 20 个数组元素，每行输出 5 个。

实验项目分析：使用随机函数初始化一个一维数组，通常要使用 rand( )函数，为了使 rand( )的结果更“真”一些，也就是令其返回值更具有随机性（不确定性），C 语言在 stdlib.h 中提供了 srand( )函数，通过该函数可以设置一个随机数种子，一般用当前时间的毫秒数作为参数。通过 time(NULL)可以获取到当前时间的毫秒值（该函数位于 time.h 中）。因此使用 rand( )函数的流程可以总结为：

（1）调用 srand(time(NULL))设置随机数种子。

（2）调用 rand( )函数获取一个或一系列随机数。

需要注意的是，srand( )只需要在所有 rand( )调用前，被调用一次即可，没必要调用多次。

源程序如下：

```
#include <stdio.h>
#include <stdlib.h>
#include <time.h>
#define N 20
int main()
{
    int array[N];
    srand(time(NULL));
    for(int i=0;i<N;i++)
    {
        array[i]=60+rand()%(205-60+1);
        printf("%5d",array[i]);
        if((i+1)%5==0)
            printf("\n");
    }
    system("pause");
    return 0;
}
```

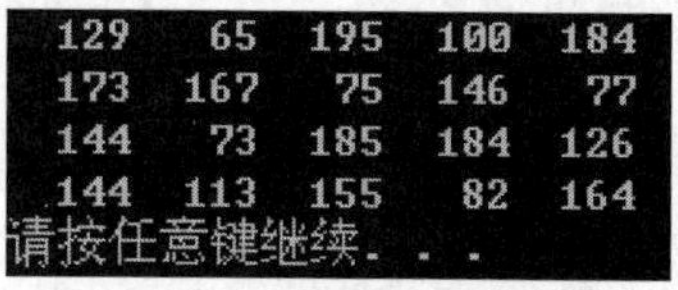

图 10-3　实验项目 3 运行结果

程序运行结果如图 10-3 所示。

【实验项目 4】一个具有 12 个数组元素的一维整型数组 array 按照从小到大的顺序排序，array[12] = {12,17,23,29,35,37,41,49,52,53,59,108}。从键盘输入一个整数 x，查找 x 是否在该数组中，若在该数组中，输出 x 在该数组中的位置，否则输出“不在数组 array 中”。要求：使用指针表示一维数组元素。

实验项目分析：该实验项目涉及一维数组和指针之间的关系。一维数组的数组名表示的是该数组中第一个数组元素的存储地址，是一个指针常量，而不是指针变量，因此数组名的值是不能修改的。数组元素和数组元素的地址既可使用下标法表示，也可使用指针法表示。若有以下程序片段：

```
#define N  10
int array[N];
int *ptr=array;
```

数组元素使用下标法和指针法表示如下：

下标法：　array[i]　　　（0≤i<N）

指针法：　*(array+i)　　（0≤i<N）

　　　　　*(ptr+i)　　　（0≤i<N）

　　　　　*ptr　　　　　（array≤ptr≤array+N−1）

数组元素地址使用下标法和指针法表示如下：

下标法：&array[i] （0≤i<N）

指针法：array+i （0≤i<N）

ptr+i （0≤i<N）

ptr （array≤ptr≤array+N−1）

冒泡排序法在实验项目 3 中已经讲过，不再赘述。折半查找法的基本思想是：设 N 个有序数据（从小到大）存放在数组 array[0]至 array[N−1]中，要查找的数据为 x。用变量 bottom、top 和 mid 分别表示查找数据下界、上界和中间位置，mid=(bottom+top)/2，折半查找的算法如下：

（1）x==a[mid]，则已找到退出循环，否则进行下面的判断。

（2）x<a[mid]，x 必定落在 bottom ~ mid−1 范围之内，即 top=mid−1。

（3）x>a[mid]，x 必定落在 mid+1 ~ top 范围之内，即 bottom=mid+1。

（4）在确定了新的查找范围后，重复进行以上比较，直至找到，或者 bottom≤top。

源程序如下：

```
#include <stdio.h>
#include <stdlib.h>
#define N 12
int main()
{
    int array[N]={12,17,23,29,35,37,41,49,52,53,59,108};
    int x;
    int location;
    int bottom=0;
    int top=N-1;
    int mid;
    int flag=0;
    printf("Enter a number:\n");
    scanf("%d",&x);
    while(bottom<=top)
    {
        mid=(bottom+top)/2;
        if(*(array+mid)==x)
        {
            location=mid;
            flag=1;
            break;
        }
        else if(*(array+mid)>x)
            top=mid-1;
        else
            bottom=mid+1;
    }
    if(flag==0)
        printf("不在数组 array 中! \n");
    else
        printf("%d 在数组中的位置是: %d\n ",x,location+1);
    system("pause");
    return 0;
}
```

当输入 37 时，运行结果如图 10-4 所示。

图 10-4　实验项目 4 运行结果

【实验项目 5】使用随机函数初始化一个具有 30 个整型数据的一维数组，使每个数组元素的值都在 30～690 内。要求：

（1）编写输出函数，输出该一维数组，每行输出 6 个数组元素。

（2）编写函数，求该一维数组的最大值。

在主函数中调用以上两个函数。

实验项目分析：一维数组的数组名的值是一个指向该数组第一个元素的指针，当一个一维数组的数组名作为函数参数传递给另外一个函数时，实质上传递的是该指针的副本。函数通过这个指针复制所执行的间接访问操作，就可以修改和调用程序中的数组元素。通常使用实参用数组名，形参用指针变量的形式。例如：

```
int  main()
{
     int array[10];
     …
    Output(array,10);
    …
    return 0;
}
```

定义 Output()函数：

```
void Output(int *p,int n)
{
    …
}
```

函数开始执行时，p 指向 array[0]，即 p=&array[0]。通过 p 值的改变，可以指向数组 array 中的任一元素。

源程序如下：

```
#include <stdio.h>
#include <stdlib.h>
#include <time.h>
#define N 30
void Output(int *p,int n);
int  maxArray(int *p,int n);
int main()
{
   int array[N],i;
   srand(time(NULL));
   for(i=0;i<N;i++)
      array[i]=30+rand()%(690-30+1);
   Output(array,N);
   printf("the max is %d\n",maxArray(array,N));
   system("pause");
   return 0;
}

void Output(int *p,int n)
{
   int i;
   for(i=0;i<n;i++)
   {
      printf("%5d",*(p+i));
      if((i+1)%6==0)
         printf("\n");
   }
}
```

```
int  maxArray(int *p,int n)
{
    int i,max=*p;

    for(i=1;i<n;i++)
        if(*(p+i)<max)
            max=*(p+i);
    return max;
}
```

程序运行结果如图 10-5 所示。

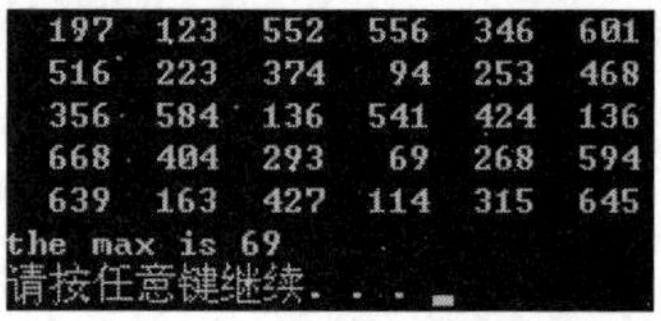

图 10-5 实验项目 5 运行结果

五、实验作业

1. 设有以下两组数据：

A：87、97、96、45、23、65、78、50

B：21、32、54、36、47、37、38、55

编写程序，把上面两组数据分别赋给两个数组，然后把两个数组中对应下标的元素相加，并把相应结果放入第三个数组 C，输出这三个数组，并求第三个数组 C 中个位数字是偶数的个数。

2. 10 名学生计算机基础的成绩分别为 78,58,69,87,96,74,81,60,28,46。编写程序输出这 10 名学生的及格人数和及格率。

3. 从键盘输入 10 名学生的英语成绩数据，求其中的最高分、最低分和平均分。

4. 从键盘输入 10 名学生的高等数学成绩数据，将成绩从高到低排序，输出排序前后这 10 名学生的成绩。

5. 使用随机函数初始化一个具有 16 个元素的一维数组，使其值在 0～120 之间，输出这 16 个数组元素，每行输出 4 个。求该数组中的最大值并输出该值。

6. 使用随机函数初始化一个具有 20 个元素的一维数组，使其值在 27～255 之间，输出这 20 个数组元素，每行输出 5 个。查找该数组中是否存在 109 这个数，如果存在，输出 109 第一次出现的位置。

7. 将一个有 10 个元素的数组中的值（整数）按逆序重新存放。

例如，原始顺序为：80,6,5,4,1,25,79,126,69,201；

逆序重置后的顺序为：201,69,126,79,25,1,4,5,6,80。

8. 已知一个一维数组（数据自定且不重复），然后从键盘上输入一个数 x，若 x 在数组中存在，则删除该元素，并输出删除后的数组。

例如，若数组的数据为 12,34,64,37,89,88,97,99,x 为 37，则结果为 12,34,64,89,88,97,99。

9. 编写一个函数，实现一维数组的求和。编写主函数调用该函数，计算数组 Array（数值依次为 69,12,36,95,106,78,64,-12,36）的和。

10. 编写一个函数，该函数可以实现统计一维数组中小于数组元素平均值的元素个数。编写主程序调用该函数，统计数组 A（数据为 3521,5647,6849,5962,4567,2361,1247,5241,1246,326,159,7523）中小于平均值的元素个数。

11. 编程实现使用冒泡排序法对具有 12 个数组元素的一维整型数组 array[12] = {96,35,12,58,78,90,587,21,0,-65,106,52}按照由大到小的排序进行排序，输出排序前后的数组，并查找 90 是否在该数组中，若在该数组中，输出 90 在该数组中的位置，否则输出“90 不在数组 array 中”，要求：使用指针在函数中实现排序和查找的功能，在主函数中调用这两个函数。

12. 编写一个函数，该函数可以实现对数值型数组的逆序。逆序的含义是把数组的元素值前后颠倒。例如，数组为 23,54,67,43,17,51，逆序的结果为 51,17,43,67,54,23。编写主程序，数组初始化方式不限，并输出，然后调用该函数实现倒序后再输出倒序的结果。

六、实验报告要求

结合实验准备方案、实验过程记录及实验作业，总结对一维数组及其指针运算的基本方法，区别一维数组元素使用下标法和指针法的不同之处。

认真书写实验报告，分析自己在编译过程中出现的错误，并说明原因。

实验 11 二维数组及其指针运算

本实验通过对二维数组的定义、二维数组元素的引用、二维数组的初始化以及二维数组的指针运算等内容进行回顾，通过三个实验项目的分析与操作，使读者掌握二维数组及其指针运算的相关内容。

一、实验学时

1 学时。

二、实验目的和要求

（1）掌握二维数组的定义、初始化方法。

（2）理解并掌握二维数组元素的引用方法。

（3）了解二维数组与指针。

三、实验要点概述

1．二维数组的定义

二维数组的定义形式如下：

```
类型说明符 数组名[常量表达式1][常量表达式2];
```

类型说明符是任一种基本数据类型或构造数据类型。数组名是用户定义的标识符，该标识符遵循用户自定义标识符的命名规则。方括号中的常量表达式为整型常量或者计算的结果为整型数值的表达式。常量表达式 1 设置二维数组的行数，常量表达式 2 设置二维数组的列数。

定义一个 2 行 3 列的整型数组 array，其定义如下：

```
#define R  2
#define C  3
int array[R][C];
```

数组 array 所具有的数据元素为 array[0][0]、array[0][1]、array[0][2]、array[1][0]、array[1][1]、array[1][2]。

2．二维数组元素的引用形式

同一维数组一样，二维数组也必须先定义再引用。只能逐个引用二维数组中的元素；不能一次引用二维数组中的全部元素。二维数组元素的引用形式为：

```
数组名[行下标][列下标]
```

说明：

（1）下标可以是整型常量或者是表达式。例如：

```
array[1][2],array[2-1][1*1]
```

（2）数组元素可以出现在表达式中，也可以被赋值。例如：

```
array[1][1]=100
array[1][2]=array[0][0]/4;
```

（3）在引用数组元素时，注意下标值必须在定义的数组大小范围内。例如：

```
int matrix[4][5];
…
for(i=0;i<4;i++)
  for(j=0;j<5;j++)
    if(matrix[i][j]%2==0)
…
```

3．二维数组的初始化

主要有以下两种：

（1）使用初始化列表。编写初始化列表有两种形式。第一种形式是给出完整的初始值列表，例如：

```
int matrix[2][3]={1,2,3,4,5,6};
```

二维数组的存储顺序是根据最右侧的下标率先变化的原则确定的，所以这条初始化语句等价于下列赋值语句：

```
matrix[0][0]=1;  matrix[0][1]=2;  matrix[0][2]=3;
matrix[1][0]=4;  matrix[1][1]=5;  matrix[1][2]=6;
```

第二种形式是基于二维数组实际上是复杂元素的一维数组这个概念。例如：

```
int two_dim[4][3];
```

可以把 two_dim 看作包含 4 个元素的一维数组。为了初始化这个包含 4 个元素的一维数组，使用一个包含 4 个初始值的初始化列表：

```
int two_dim[4][3]={■,■,■,■};
```

但是，该数组的每个元素实际上都是包含 3 个元素的整型数组，所以每个■的初始化列表都应该是一个由一对花括号包围的 3 个整型值，将■使用这类列表替换，产生如下代码：

```
int two_dim[4][3]={{0,1,2},
                   {3,4,5},
                   {6,7,8},
                   {9,10,11}};
```

如果没有花括号，只能在初始化列表中省略最后几个初始值。因为中间元素的初始值不能省略。使用这种方法可以为二维数组中的部分数组元素赋值，每个值初始列表都可以省略尾部的几个初始值，同时每一维初始列表各自都是一个初始化列表。

（2）自动计算数组长度。在二维数组中，只有第一维才能根据初始化列表默认提供，第二维必须显式地写出，这样编译器就能推断出第一维的长度。例如：

```
int two_dim[][3]={{0,1},
                  {3},
```

```
            {},
            {9,10,11}  };
```

编译器只要统计一下初始化列表中所包含的初始值的个数，就能推断出第一维的长度。

4. 二维数组的数组名

二维数组的数组名是一个指向数组的指针。

5. 作为函数参数的二维数组的数组名的使用方法

作为函数参数的二维数组的数组名主要有以下三种方法：

（1）用二维数组的数组名作为函数的形参或者实参进行数组元素的地址传递。

（2）用行指针变量作为函数的参数。

（3）以二维数组的第一个元素的地址为实参，形参使用指针形式。

四、实验项目

【实验项目 1】一个 4 行 4 列的二维数组，按行输出该二维数组并求该数组主对角线上所有数组元素之和。

```
12   56   78   96
25   63   91   36
16   53   88   95
77   55   33   66
```

实验项目分析：对于二维数组的处理可使用双重循环来实现，通常内层循环用来控制列，外层循环用来控制行。在输出二维数组时，按行输出，每输出一行，需使用 printf("\n ");语句输出一个换行符。主对角线上元素的特征是行号和列号相等。如果该二维数组定义为 array[4][4]，用循环变量 i 和 j 分别控制行和列，当 i==j 时，对应的数组元素为 array[i][j]。

源程序如下：

```
#include <stdio.h>
#include <stdlib.h>
#define R 4
#define C 4
int main()
{
    int array[R][C]={{12,56,78,96},
                      {25,63,91,36},
                      {16,53,88,95},
                      {77,55,33,66}
                    };
    int i,j,sum=0;
    for(i=0;i<R;i++)
    {
        for(j=0;j<C;j++)
        {
            printf("%5d",array[i][j]);
            if(i==j)
                sum+=array[i][j];
        }
        printf("\n");
    }
   printf("sum=%d\n",sum);
   system("pause");
```

```
    return 0;
}
```

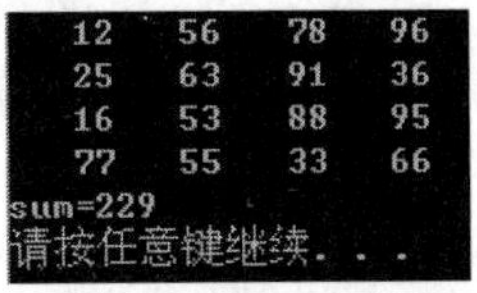

图 11-1　实验项目 1 运行结果

程序运行结果如图 11-1 所示。

【实验项目 2】一个 5 行 5 列的二维数组，求该数组中能够被 2 和 3 整除的数组元素的个数，并输出满足条件的数组元素，每行输出 4 个。

```
34    56    64    96    127
25    36    91    306    89
16    53    88    95    102
7     55    33    166    71
12    8     11    94    305
```

实验项目分析：对于二维数组的处理可使用双重循环来实现，通常内层循环用来控制列，外层循环用来控制行。如果该二维数组定义为 array[5][5]，用循环变量 i 和 j 分别控制行和列，那么能够被 2 和 3 整除的数组元素这一条件可以表示为(array[i][j]%2==0&&array[i][j]%3==0)，当这一条件为真时，输出该数组元素。如果要求能被 2 和 3 整除的数组元素的个数，且每行输出 4 个，可设置计数变量 cnt，其初始值为 0，当满足条件时 cnt 增加 1；当 cnt 能够被 4 整除时，即 cnt%4==0 为真时，使用 printf("\n ");语句输出一个换行符。

源程序如下：

```
#include <stdio.h>
#include <stdlib.h>
#define R 5
#define C 5
int main()
{
    int array[R][C]={{34,56,64,96,127},
                     {25,36,91,306,89},
                     {16,53,88,95,102},
                     {7,55,33,166,71},
                     {12,8,11,94,305}
                    };
    int i,j,cnt=0;
    for(i=0;i<R;i++)
    {
        for(j=0;j<C;j++)
        {
            if(array[i][j]%2==0 && array[i][j]%3==0)
            {
                printf("%6d",array[i][j]);
                cnt++;
                if(cnt%4==0)
                    printf("\n");
            }
        }
    }
    printf("\n");
    printf("数组中能够被 2 和 3 整除的数组元素的个数是: %d\n",cnt);
    system("pause");
    return 0;
}
```

程序运行结果如图 11-2 所示。

图 11-2 实验项目 2 运行结果

【实验项目 3】编写函数，求 N 行 N 列的二维数组中所有元素的最小值。

```
array[4][4]={{12,56,78,96},
             {25,63,91,36},
             {16,53,88,95},
             {77,55,33,66}
            };
```

实验项目分析：在 C 语言中，二维数组的存储结构是以行序为主序的线性存储结构，因此可以二维数组的第一个元素的地址为基准，依次确定每个数组元素的存储位置。假设 R 行 C 列的二维数组 array，则数组元素 array[i][j]（$0 \leq i \leq R-1$，$0 \leq j \leq C-1$），以该数组第一个元素的地址为基准，其存储地址为 array[0]+C*i+j，通过间接访问操作，array[i][j]可以表示为*(array[0]+C*i+j)。

源程序如下：

```
#include <stdio.h>
#include <stdlib.h>
#define R 4
#define C 4
int max2D(int *p,int r,int c);
int main()
{
    int array[4][4]={{12,56,78,96},
                     {25,63,91,36},
                     {16,53,88,95},
                     {77,55,33,66}
                    };

    printf("%5d\n",max2D(array[0],R,C));
    system("pause");
    return 0;
}
int max2D(int *p,int r,int c)
{
    int max=*p;
    for(int i=0;i<r;i++)
        for(int j=0;j<r-i;j++)
            if(max<*(p+c*i+j))
                max=*(p+c*i+j);
    return max;
}
```

程序运行结果如图 11-3 所示。

图 11-3 实验项目 3 运行结果

五、实验作业

1. 把 50～85 这 36 个自然数按行赋给二维数组 A[6][6]，计算输出主对角线以上（含主对角线）各元素值的立方根之积。

2. 从键盘上输入 12 个整数到一个 4×3 的二维整型数组中，找出数组中的最小值及其在数组中的下标。

3. 读入 m×n（可认为 5×5）个实数放到 m 行 n 列的二维数组中，求该二维数组各行平均值，分别放到一个一维数组中，输出读入数据的二维数据和求得的一维数组。

4. 输入 5×5 的矩阵到一个二维数组中，求其主对角线元素之和及副对角线元素之和并输出。

5. 编写程序，利用随机函数产生一个二维数组 A[N][N]（N 取 10），计算数组中每一列数据的平均值。

6. 编程从键盘输入一个 5 行 5 列的二维数组数据，并找出数组中的最大值及其所在的行下标和列下标；最小值及其所在的行下标和列下标。输出格式为“Max=最大值，row=行标，col=列标”。要求使用指针实现查找最大值和最小值的功能，在主函数中调用这两个函数。

7. 编写函数，实现求数值型二维数组的上三角各元素的平方根的和（即先对上三角各元素求平方根，然后再对平方根求和）。编写主程序调用该函数，计算数组 A 的上三角元素的平方根的和。

上三角的含义：左上部分（包含对角线元素），如下二维数组的 0 元素区域即为上三角。

```
0  0  0  0  0
0  0  0  0  7
0  0  0  3  8
0  0  5  9  3
0  2  4  6  7
```

数组 A 的数据如下：

```
15  45  56  73  11
34  74  85  54  70
56  98  56  89  67
98  54  83  12  59
77  87  74  48  33
```

8. 编写函数，实现对任意数值型二维数组求它所有元素的最大值（保留 3 位小数）。已知数组 A，编写主程序针对这个数组调用以上函数得到结果并输出。

A 数组的数据如下：

```
11  52  56  67  25
45  89  54  69  89
96  63  68  79  86
98  65  63  85  78
```

9. 编写函数，实现求数值型二维数组元素中的奇数元素的平方根的和（即先对元素中的奇数求平方根，然后再对平方根求和）。编写主程序调用该函数，计算数组 A 中的奇数元素的平方根的和。

数组 A 的数据如下：

```
23  45  56  73  34
34  74  85  54  76
56  98  56  89  67
98  54  83  12  59
98  87  74  48  62
```

六、实验报告要求

结合实验准备方案、实验过程记录及实验作业，总结对二维数组及其指针运算的基本使用方法，区别二维数组元素使用下标法和指针法的不同之处。

认真书写实验报告，分析自己在编译过程中出现的错误，并说明原因。

实验 12 使用内存动态分配实现动态数组

本实验通过对动态内存分配步骤以及动态分配函数等内容进行回顾，通过两个实验项目的分析与操作，使读者掌握使用内存动态分配实现动态数组的相关内容。

一、实验学时

1 学时。

二、实验目的和要求

（1）了解动态内存分配的步骤。

（2）理解并掌握动态内存分配函数。

三、实验要点概述

动态内存分配的步骤：

（1）了解需要多少内存空间。最好使用函数 sizeof( )计算存储块的大小，不要直接写整数，因为不同平台的数据类型所占存储空间大小可能不相同。

（2）利用 C 语言提供的动态分配函数分配所需要的内存空间。可使用动态存储分配函数 malloc( )和分配调整函数 realloc( )。

malloc( )的调用形式为：

```
(类型说明符*) malloc(size);
```

“类型说明符”表示把该区域用于何种数据类型。(类型说明符*)表示把返回值强制转换为该类型指针。size 是一个无符号数。

例如：

```
pc=(int *) malloc (100);
```

表示分配 100 字节的内存空间，并强制转换为整型指针，函数的返回值为指向该整型空间的指针，把该指针赋予指针变量 pc。通常采用以下方式调用该函数：

```
int size=50;
int *p=(int *)malloc(size*sizeof(int));
if(p==NULL)
{
    printf("Not enough space to allocate!\n");
    exit(1);
}
```

realloc( )的调用形式为：

```
(类型说明符*) realloc (*(类型说明符),size);
```

realloc( )更改以前的存储分配空间。例如，int*p=(int*)realloc(ptr,size)；ptr 必须是以前通过动态存储分配得到的指针，参数 size 为现在需要的存储空间的大小。如果调整失败，返回 NULL，同时原来 ptr 指向存储空间的内容不变。如果调整成功，返回一片能存储大小为 size 的存储空间，并保证该空间的内容与原存储空间一致。

（3）使指针指向获得的存储空间，以便用指针在该空间内实施运算或操作。

（4）使用完所分配的内存空间后，释放这一空间。

函数原型是：

```
void free(void *ptr)
```

功能：释放 ptr 所指向的一块内存空间，ptr 是一个任意类型的指针变量，它指向被释放空间的首地址。被释放空间应是由 malloc( )函数所分配的空间。调用形式为：

```
free(ptr);
```

四、实验项目

【实验项目 1】从键盘输入 N 个整型数据，按照从大到小的顺序对这 N 个数据进行排序，输出排序前后的这 N 个数据。

实验项目分析：从键盘输入的 N 个数据的个数是不确定的，且需要对这 N 个数据进行排序，因此必须使用动态内存分配的方法将这 N 个数据存放于一个连续空间中，然后使用某种排序算法按照一维数组的处理方法进行排序。

源程序如下：

```
#include <stdio.h>
#include <stdlib.h>
void Output(int *p,int n);
void sortArray(int *p,int n);
int main()
{
    int N;
    printf("Enter N:\n");
    scanf("%d",&N);
    int *ptr=(int *)malloc(N*sizeof(int));
    if(ptr==NULL)
    {
        printf("Not enough space to allocate!\n");
        exit(1);
    }
    for(int i=0;i<N;i++)
    {
```

```
            printf("Enter NO.%d number:\n",i+1);
            scanf("%d",ptr+i);
        }

        printf("Before sorted:\n");
        Output(ptr,N);
        sortArray(ptr,N);
        printf("After sorted:\n");
        Output(ptr,N);
        free(ptr);
        system("pause");
        return 0;
    }
    void Output(int *p,int n)
    {
        for(int *ptr=p,i=0;ptr<p+n &&i<n;ptr++,i++)
        {
            printf("%5d",*ptr);
            if((i+1)%8==0)
                printf("\n");
        }
        printf("\n");
    }
    void sortArray(int *p,int n)
    {
        int  temp;
        for(int i=0;i<n-1;i++)
            for(int *pt=p;pt<p+n-i-1;pt++)
                if(*pt>*(pt+1))
                {
                    temp=*pt;
                    *pt=*(pt+1);
                    *(pt+1)=temp;
                }
    }
```

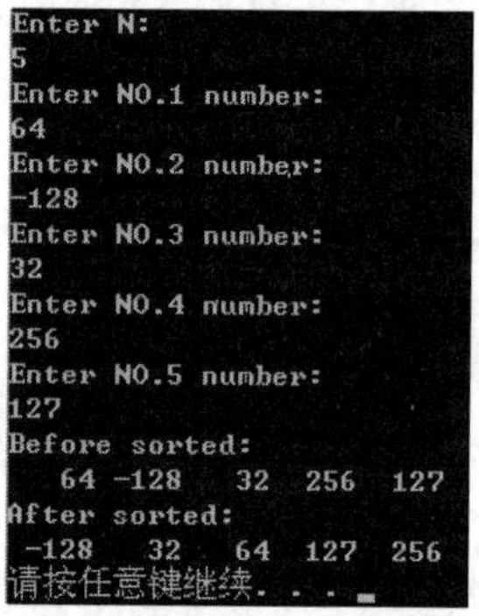

当输入 5 个数据时，程序运行结果如图 12-1 所示。

图 12-1　实验项目 1 运行结果

【实验项目 2】某集合中有 4 个整数，分别是 5,76,12,65。从键盘上输入 n（n≥1）个整数追加到该集合中。输出追加后该集合中的所有数据，并求该集合中小于平均值元素的个数。

实验项目分析：集合中已有的数据个数是固定的，但从键盘输入的 n 个数据的个数是不固定的。先要求（4+n）个元素的平均值 avg，然后再用 avg 依次与（4+n）个元素逐一比较，求出小于平均值元素的个数。通过分析，可以先使用 malloc( )函数分配 4 个整数所需要的存储单元，然后再使用 realloc( )函数调整存储空间的大小为(4+n)*sizeof(int)，至此本实验最关键的部分已经完成，剩下的任务就是输入数据后求解。

源程序如下：

```
#include <stdio.h>
#include <stdlib.h>
int main()
{
    int *p=(int *)malloc(4*sizeof(int));
    if(p==NULL)
```

```
    {
        printf("Not enough space to allocate!\n");
        exit(1);
    }
    *p=5;
    *(p+1)=76;
    *(p+2)=12;
    *(p+3)=65;
    int n;
    printf("请输入所要输入数据的个数:\n");
    scanf("%d",&n);
    int *ptr=(int *)realloc(p,(4+n)*sizeof(int));
    if(ptr==NULL)
    {
        printf("Not enough space to allocate!\n");
        exit(1);
    }
    int i,sum=0,cnt=0;
    for(i=0;i<n;i++)
    {
        printf("请输入第%d个数:\n",4+i+1);
        scanf("%d",ptr+4+i);
    }
    for(i=0;i<4+n;i++)
        sum+=*(ptr+i);
    double avg=(double)sum/(4+n);
    for(i=0;i<4+n;i++)
    {
        printf("%6d",*(ptr+i));
        if(*(ptr+i)<avg)
            cnt++;
    }

    printf("\n");
    printf("集合中小于平均值元素的个数为:%d.\n",cnt);
    free(ptr);
    system("pause");
    return 0;
}
```

当输入 4 个数据时，程序运行结果如图 12-2 所示。

```
请输入所要输入数据的个数:
4
请输入第5个数:
25
请输入第6个数:
128
请输入第7个数:
81
请输入第8个数:
256
     5    76    12    65    25   128    81   256
集合中小于平均值元素的个数为:5.
请按任意键继续. . .
```

图 12-2　实验项目 2 运行结果

五、实验作业

1. 数组 A 中存放 10 个四位十进制整数{1221,2234,2343,2323,2112,2224,8987,4567,4455,8877}，统计千位和十位之和与百位和个位之和相等的数据个数，并将满足条件的数据存入数组 B 中。

2. 集合 array={12,45,69,7,10,89,70,24}，先将数据 100 追加到该集合中，请使用动态分配函数编程实现该过程。输出追加前后集合中的数据。

3. 某集合中有三个整数，分别是 128,78,63。从键盘上输入 n（n≥1）个整数追加到该集合中。输出追加后该集合中的所有数据，并求该集合中大于平均值元素的和。

六、实验报告要求

结合实验准备方案、实验过程记录及实验作业，总结使用内存动态分配实现动态数组的基本方法，指出 malloc( )函数和 realloc( )函数使用方式的异同点。

认真书写实验报告，分析自己在编译过程中出现的错误，并说明原因。

实验 13　字符数组与字符串

C语言中并没有提供字符串数据类型，而是以字符数组的形式来存储和处理字符串。本实验主要介绍字符数组的初始化与赋值、字符数组与字符串的输入/输出，以及字符串处理函数字符指针。

一、实验学时

2 学时。

二、实验目的和要求

（1）掌握字符串的概念、定义及存储。
（2）掌握字符串的基本操作。
（3）熟悉常用的字符串操作函数。

三、实验要点概述

1. 字符数组的定义

字符数组的定义与一般数组相同。字符数组的定义格式如下：

```
char  数组名[常量表达式];                        /*一维字符数组*/
char  数组名[常量表达式 1][常量表达式 2];       /*二维字符数组*/
```

例如：

```
char  str1[30];
```

定义了一个一维字符数组 str1，共有 30 个字符数据类型的元素，占用 30 字节的内存。

```
char str2[5][10];
```

定义了一个二维字符数组 str2，共有 50 个字符元素，占用 50 字节的内存。

体会字符串结束标志'\0'的作用。

C 语言中以字符数组的形式存储和处理字符串，有了结束标志'\0'后，在程序中往往依靠检测'\0'的位置来判定字符串是否结束。

2. 字符串常量

字符串常量是由一对双引号括起来的字符序列，如"john"、"I am happy"、"-12 34"。

需要注意的是：C 语言中并没有提供“字符串”数据类型，而是以字符数组的形式来存储和处理字符串。系统对字符串常量自动加一个'\0'作为结束符。例如"C Program”共有 9 个字符，但在内存中占 10 字节，最后一个字节'\0'是系统自动加上的。

有了结束标志'\0'后，在程序中往往依靠检测'\0'的位置来判定字符串是否结束，而不是根据数组的长度来决定字符串长度。在实际应用中，人们关心的是有效字符串的长度而不是字符数组的长度。当然，在定义字符数组时应估计实际字符串长度，保证数组长度始终大于字符串实际长度。

四、实验项目

【实验项目 1】

（1）输入下面的程序并运行，观察程序运行的结果。

```
#include <stdio.h>
#include <stdlib.h>
int main()
{
    char a[10]={'I',' ','a','m',' ','a',' ','b','o','y'};
    printf("%s\n",a);      /*字符数组的输出*/
    return 0;
}
```

图 13–1　实验项目 1 运行结果

程序运行结果如图 13–1 所示。

（2）如果将字符数组 a 的大小改为 11，程序如下：

```
#include <stdio.h>
#include <stdlib.h>
int main()
{
   char a[11]={'I',' ','a','m',' ','a',' ','b','o','y'};
   printf("%s\n",a);
   return 0;
}
```

图 13–2　修改后的运行结果

再运行程序，结果如图 13–2 所示。

将此次结果与修改前的结果进行比较，发现此次正确输出了字符串。

分析得知有以下两个原因：

① 字符数组初始化时如果仅列出数组的前一部分元素（前 10 个）的初始值，则其余元素（此题中的第 11 个字符）由系统自动置字符'\0'。

② 使用 printf("%s\n",a)输出字符串，根据结束标志'\0'判定字符串结束。而修改前的字符数组中没有结束字符'\0'，所以输出了乱码。

【实验项目 2】练习使用 scanf( )函数与 printf( )函数实现字符数组的输入/输出，熟悉字符串函数 strlen( )的使用。编写程序，将字符数组 s2 中的全部字符复制到字符数组 s1 中。要求不用 strcpy( )函数，复制时'\0'也要复制过去。

实验项目分析：

scanf( )函数将输入的字符保存到字符数组中，遇到空格符或回车符终止输入操作，scanf( )函数会自动在字符串后面加'\0'。使用%s 格式控制符，与%s 对应的地址参数应该是一个字符数组名。

printf( )函数将依次输出字符串中的每个字符直至遇到字符'\0'，'\0'不会被输出。printf( )函数在输出字符串时使用%s 格式控制符，与%s 对应的地址参数必须是字符串第一个字符的地址。

字符串的长度是指从给定的字符串的起始地址开始到第一个'\0'为止。strlen( )函数返回字符串中包含的字符个数（不包含'\0'），即字符串的长度。

利用 strlen( )函数求出全部字符个数，逐一进行字符的复制，之后要多复制一个'\0'字符，以防使用 printf( )函数输出时出错。

源程序如下：

```
#include <stdio.h>
#include <stdlib.h>
#include <string.h>
int main()
{
    char s1[80],s2[80];
    int i;
    printf("Input s2: ");
    scanf("%s",s2);
    for(i=0;i<=strlen(s2);i++)  /*从第一个字符直到结束字符'\0'逐个复制*/
      s1[i]=s2[i];
    printf("s1: %s\n",s1);
    return 0;
}
```

程序运行结果如图 13-3 所示。

此题中如果将语句 for(i=0;i<=strlen(s2);i++)改为 for(i=0;i<strlen(s2);i++)，则输出时将产生乱码，如图 13-4 所示。

图 13-3 实验项目 2 运行结果

图 13-4 修改后的运行结果

请分析原因。

【**实验项目 3**】练习字符数组元素的使用。

实验项目分析：输入一个以回车符结束的字符串（有效长度少于 80），将该字符串中的字符重新排列，使原先第 1 个字符出现在最后一位，原先第 2 个字符出现在倒数第 2 位……例如：字符串"abcdef"经重排后变成"fedcba"。

该问题类似于方阵转置，即把特定位置的数组元素进行交换。

源程序如下：

```
#include <stdio.h>
#include <stdlib.h>
int main()
{
    int i,len=0;
    char s[80],temp;
    printf("Input a string(<80):\n");
    gets_s(s);
    for(i=0;s[i]!='\0';i++)
        len++;
    for(i=0;i<=len/2-1;i++)       /*交换次数为字符总个数的一半*/
    {
        temp=s[i];                /*借助一个中间变量的三步交换法*/
        s[i]=s[len-1-i];
```

```
        s[len-1-i]=temp;
    }
    for(i=0;s[i]!='\0';i++)
        putchar(s[i]);
    printf("\n");
    return 0;
}
```

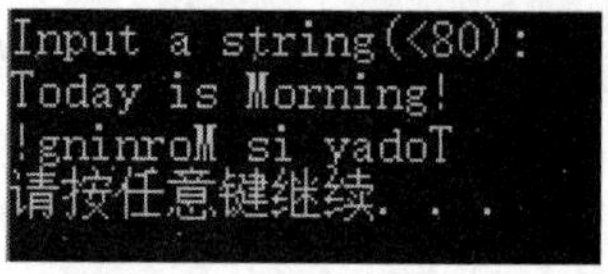

图 13-5　实验项目 3 运行结果

程序运行结果如图 13-5 所示。

思考：如果将此题中交换次数改为所有字符个数，则会出现什么结果？

【实验项目 4】理解整数与整数字符串的不同。将一个 10 位以内的整数字符串转换为整数输出。如串"123"转换为整数 123。

实验项目分析：整数字符串和整数是不同的，比如"123"是一个字符串，每个元素都是一个数字，但不能进行数值运算，而 123 是一个整数，可以进行数值运算。

两者外观形态相似，本质不同。首先，数据类型不同；其次，在内存中存储的内容也不同，一个是十进制 123 转换后的二进制的值，一个是字符'1'、'2'、'3'的 ASCII 码值。

可利用数字字符与字符'0'的 ASCII 码值之差进行计算。

源程序如下：

```
#include <stdio.h>
#include <stdlib.h>
int main()
{
    char str[10];
    double t=0;
    int i;
    printf("请输入一个数字字符串(<=10 位)");
    gets_s(str);
    for(i=0;str[i]!='\0';i++)
        t=t*10+(str[i]-'0');   /*利用数字字符与字符'0'的 ASCII 码值之差*/
    printf("result=%.0f\n",t);
    return 0;
}
```

程序运行结果如图 13-6 所示。

图 13-6　实验项目 4 运行结果

【实验项目 5】二维字符数组的使用。有 3 行文字，每行有 80 个字符，统计其中各个英文字母的个数。

实验项目分析：对于字符数组，可以使用 gets( ) 函数将整个字符数组一次输入。gets( )函数接受键盘的输入，将输入的字符串包含空格字符存放在字符数组中，直至遇到回车符时返回。

注意：回车换行符'\n'不会作为有效字符存储到字符数组中，而是转换为字符串结束标志'\0'进行存储。

可以定义一个长度为 26 的整型数组 num，分别记录 26 个英文字母的个数，比如读入的字母为'a'，则 num[0]++，读入的字母为'b'，则 num[1]++……

源程序如下：

```
#include <stdio.h>
```

```
#include <stdlib.h>
int main()
{
    char str[3][80],c;
    int cnt[26],i,j;
    for(i=0;i<26;i++)
        cnt[i]=0;
    for(i=0;i<3;i++)
    {
        printf("请输入第%d 行字符:",i+1);
        gets_s(str[i]);
    }
    for(i=0;i<3;i++)
        for(j=0;str[i][j]!='\0';j++)
        {
            c=str[i][j];
            if(c>='a'&&c<='z')
                cnt[c-'a']++;
            else if(c>='A'&&c<='Z')
                cnt[c-'A']++;
        }
    for(i=0;i<26;i++)
        printf("%c:%d\t",'A'+i,cnt[i]);
    return 0;
}
```

程序运行结果如图 13-7 所示。

```
请输入第1 行字符:January
请输入第2 行字符:February
请输入第3 行字符:March
A:4     B:1     C:1     D:0     E:1     F:1     G:0     H:1     I:0     J:1     K:0     L:0
M:1     N:1     O:0     P:0     Q:0     R:4     S:0     T:0     U:2     V:0     W:0     X:0
Y:2     Z:0     请按任意键继续. . .
```

图 13-7　实验项目 5 运行结果

【实验项目 6】 输入一个 8 位二进制字符串 a（由 1 和 0 组成），输出对应的十进制整数。例如，输入二进制字符串“10010011”，输出十进制整数 147。

实验项目分析：由于二进制字符串 a 的长度固定为 8，因此定义字符数组 char a[8]即可，每个元素对应一个二进制位；将输入的二进制字符串，存入数组 a；二进制数到十进制数的转换采取从前往后带权累加数组 a 各元素对应的数值 a[i]-'0'。

源程序如下：

```
#include <stdio.h>
#include <stdlib.h>
int main()
{
    int i,d;
    char ch,a[8];
    printf("Intput 8 位二进制字符串:");
    i=0;
    while(i<8)
    {
        ch=getchar();
```

```
        if(ch=='0'||ch=='1')
        {
            a[i]=ch;
            i++;
        }
    }
    d=0;
    for(i=0;i<8;i++)
        d=d*2+a[i]-'0';
    printf("digit=%d\n",d);
    return 0;
}
```

程序运行结果如图 13-8 所示。

图 13-8　实验项目 7 运行结果

【实验项目 7】输入两个字符串，判断第 1 个字符串是否包含第 2 个字符串。

实验项目分析：设第 2 个字符串 arr2 长度小于第 1 个字符串 arr1。从第 1 个字符开始，从 arr1 中取出一个字符与 arr2 的第 1 个字符比较，若相同，则从 arr1 中取出与 arr2 长度相等的子字符串放入中间字符数组中，判断该中间字符串与 arr2 是否相等，若不同，则从 arr1 的下一个字符再判断。

源程序如下：

```
#include <stdio.h>
#include <stdlib.h>
#include <string.h>
#define MAX 20
int main()
{
    char arr1[MAX],arr2[MAX],temp[MAX];
    int i,j,k,m,n,flag=0;
    printf("请输入第一组字符串: ");
    Gets_s(arr1);
    printf("请输入第二组字符串: ");
    gets_s(arr2);
    m=strlen(arr1);                        /*第 1 个字符串的长度*/
    n=strlen(arr2);                        /*第 2 个字符串的长度*/
    for(i=0;i<m;i++)
    {
        temp[n]='\0';                      /*初始化中间字符数组*/
        if(arr1[i]==arr2[0]) /*判断 arr1 的某个字符与 arr2 的第 1 个字符是否相同*/
        {
            k=i;
            for(j=0;j<n;j++,k++)           /*从 arr1 中取子串*/
                temp[j]=arr1[k];
            if(strcmp(temp,arr2)==0)   /*比较两个字符串是否相同*/
            {
                printf("位置: %d, 包含\n",i+1);
                flag=1;                    /*相同则变量 flag 置 1*/
                break;                     /*退出循环*/
            }
        }
    }
    if(flag==0)
```

```
        printf("不包含\n");
    return 0;
}
```

图 13-9　实验项目 7 运行结果

程序运行结果如图 13-9 所示。

【实验项目 8】对从键盘输入的两个字符串进行连接。

方法 1：不调用任何字符串处理函数，包括 strlen( )。

```
#include <ctype.h>
#include <stdio.h>
#include <stdlib.h>
#include <string.h>
int  main()
{
    char a[100],b[100];
    int i,g,m,n;
    printf("请输入一个字符串，不多于 50 个。\n");
    gets_s(a);
    printf("请输入一个字符串，不多于 50 个。\n");
    gets_s(b);
    for(i=0;i<100;i++)
    {
        if(a[i]=='\0')
        break;
    }
    g=i;
    for(i=0;i<100;i++)
    {
        if(b[i]=='\0')
        break;
    }
    m=i;
    n=g+m-2;
    for(i=0;i<n;i++)
    {
        a[g+i]=b[i];
    }
    puts(a);
    return 0;
}
```

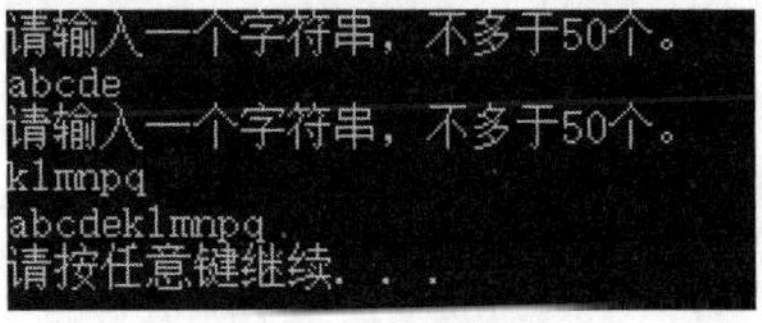

图 13-10　不调用任何字符串处理函数的运行结果

程序运行结果如图 13-10 所示。

方法 2：使用字符串处理函数。

```
#include <ctype.h>
#include <stdio.h>
#include <stdlib.h>
#include <string.h>
int main()
{
    char a[100],b[100];
    printf("请输入一个字符串，不多于 50 个。\n");
    gets_s(a);
    printf("请输入一个字符串，不多于 50 个。\n");
    gets_s(b);
    puts(strcat(a,b));
```

```
    return 0;
}
```

程序运行结果如图 13-11 所示。

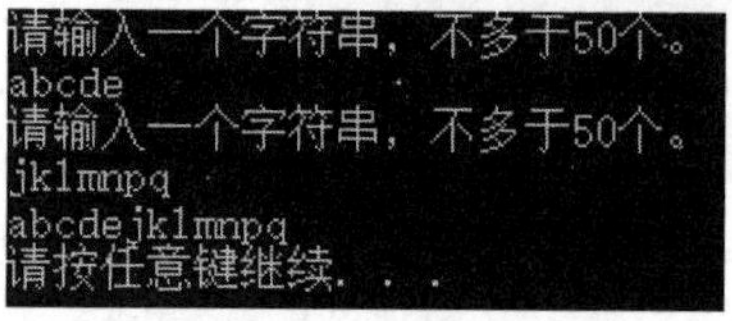

图 13-11　使用字符串处理函数的运行结果

五、实验作业

1. 实验项目 6 中，如果改为输入一个 4 位长度的十六进制字符串，如"2e3b"，要输出对应的十进制整数，上面的程序需要如何修改？

2. 对字母加密与解密。从键盘输入 6 个字符（英文字母和数字混合），将其中的英文字母进行加密输出（非英文字母不用加密）。字符的加密就是借助字符可以进行算术运算的思想来设计实现，加密的基本思想是，将原来的字符向后移动 3 位（key=3），这个操作可以通过字符加上一个整数来实现，所加的整数通过键盘输入。

六、实验报告要求

结合实验准备方案、实验过程记录和实验作业，总结对字符数组的基本认识和使用字符串函数的应用要点。

认真书写实验报告，分析自己在编译过程中出现的错误，并说明原因。

实验 14 结构与联合

本实验主要讲述 C 语言的结构体和联合（共用体），通过几个由浅入深的例子，详细讲述结构和联合的声明与引用，同时还讲述了结构数组的声明、引用以及初始化。

一、实验学时

1 学时。

二、实验目的和要求

（1）结构体的声明与引用。

（2）结构数组的声明、引用以及初始化。

（3）联合的使用。

三、实验要点概述

1. 结构的声明

结构是一种构造类型，它是由若干“成员”组成的，每个成员可以是一个基本数据类型或者又是一个构造类型。

定义一个结构的一般形式为：

```
struct 结构名
{
    成员表列
};
```

成员表列由若干成员组成，每个成员都是该结构的一个组成部分。对每个成员也必须进行类型说明，其形式为：

```
类型说明符  成员名;
```

成员名的命名应符合标识符的书写规定。例如：

```
struct stu
{
     int num;
     char name[20];
     char sex;
     float score;
```

```
};
```

在这个结构定义中，结构名为 stu，该结构由四个成员组成。第一个成员为 num，整型变量；第二个成员为 name，字符数组；第三个成员为 sex，字符变量；第四个成员为 score，浮点型变量。

2．结构的引用

引用时应遵循以下规则：

（1）不能将一个结构体变量作为一个整体进行输入和输出。只能对结构体变量中的各个成员分别进行输入和输出。

（2）对结构体变量的成员可以像普通变量一样进行各种运算。

（3）可以引用结构体变量成员的地址，也可以引用结构体变量的地址。

（4）结构体变量的初始化和其他类型变量一样，对结构体变量可以在定义时指定初始值。

3．结构数组的声明与引用

结构数组声明的方法和结构变量相似，只需说明它为数组类型即可。

例如：

```
struct stu
{
    int num;
    char name[20];
    char sex;
    float score;
}student[5];
```

定义了一个结构数组 student，共有 5 个元素，student[0] ~ student[4]。每个数组元素都具有 struct stu 的结构形式。

4．对结构数组可以作初始化赋值

例如：

```
struct stu
{
    int num;
    char name[20];
    char sex;
    float score;
}student[5]={
              {101,"Li miao",'M',45},
              {102,"Zhang ping",'M',62.5},
              {103,"He fang",'F',92.5},
              {104,"Cheng ling",'F',87},
              {105,"Wang ming",'M',58}
             };
```

当对全部元素作初始化赋值时，可以不给出数组长度。

5．联合

“联合”与“结构”有一些相似之处，但两者有本质上的不同。在结构中各成员有各自的内存空间，一个结构变量的总长度是各成员长度之和。而在“联合”中，各成员共享一段内存空间，一个联合变量的长度等于各成员中最长的长度。

四、实验项目

【实验项目 1】有两个学生，每个学生的数据包括学号、姓名、计算机基础的成绩，这两个学生的学号和姓名分别为"1001"、"Johnly"，"1002"、"Rolysa"。从键盘输入这两个学生计算机基础的成绩，要求输出这两个学生的学号、姓名、计算机基础成绩以及学生的平均成绩。

实验项目分析：在本实验中，首先要定义一个结构体，该结构体中包含三个成员，分别是学号、姓名和计算机基础的成绩，这三个成员的数据类型依次为*char、*char、int，然后声明两个结构体类型的变量，初始化这两个学生的部分数据，从键盘依次输入这两个学生计算机基础的成绩并求得这两个学生的平均成绩。

源程序如下：

```
#include <stdio.h>
#include <stdlib.h>

struct student
{
    char id[6];
    char name[12];
    int grade;
};
int main()
{
    double avg;
    struct student stu1={"1001","Johnly"};
    struct student stu2={"1002","Rolysa"};

    printf("Enter the first student's grade:\n");
    scanf("%d",&stu1.grade);
    printf("Enter the second student's grade:\n");
    scanf("%d",&stu2.grade);
    avg=(stu1.grade+stu2.grade)/2.0;
    printf("%s  %s  %d\n",stu1.id,stu1.name,stu1.grade);
    printf("%s  %s  %d\n",stu2.id,stu2.name,stu2.grade);
    printf("average=%.2f\n",avg);

    system("pause");
    return 0;
}
```

程序运行结果如图 14-1 所示。

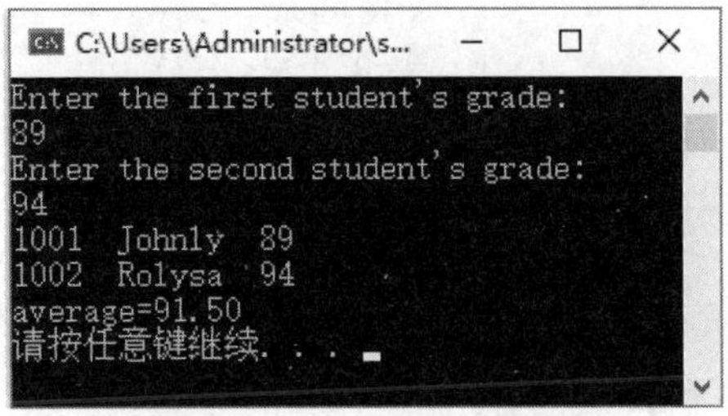

图 14-1　实验项目 1 运行结果

【实验项目 2】有五名学生，每名学生的数据包括学号、姓名、三门课的成绩，这五名学生的学号和姓名分别为：{"160701","Zhang Hong"}、{"160702","LiHui"}、{"160703", "Yu Lingming"}、{"160704","Liang Li"}和{"160705","Song Tao"}，从键盘输入五名学生的课程成绩，要求打印出学生的学号、姓名和三门课程的成绩和不及格的人次数。

实验项目分析：本实验项目所涉及的知识点为结构数组的使用，可先声明一个结构，该结构中有学号、姓名和成绩三个成员，而成绩可声明为具有三个元素的一维数组；再声明一个结构数组并对数组的部分元素进行初始化，通过循环结构输入这五个学生三门课程的成绩，同时求得不及格的人次数。最后通过循环输出这五个学生的相关信息。

源程序如下：

```
#include <stdio.h>
#include <stdlib.h>
#define N  5
#define M  3
struct student
{
    char id[8];
    char name[15];
    int  grade[M];
}stu[N]={{"160701","Zhang Hong"},
         {"160702","Li Huixin"},
         {"160703","Yu Lingming"},
         {"160704","Liang Li"},
         {"160705","Song Tao"}
        };
int main()
{
    int i,j;
    int cnt=0;
    for (i=0;i<N;i++)
    {
        printf("Enter NO.%d students' grades:\n",i+1);
        for(j=0;j<M;j++)
        {
            printf("Enter NO.%d grade:",j+1);
            scanf("%d", &stu[i].grade[j]);
            if(stu[i].grade[j]<60)
                cnt++;
        }
        printf("\n");
    }
    printf("所有学生的信息是: \n");
    printf(" 学号      姓名         成绩 1 成绩 2 成绩 3\n");
    printf("-------------------------------------------\n");
    for(i=0;i<N;i++)
    {
        printf("%-8s%-16s ",stu[i].id,stu[i].name);
        for(j=0;j<M;j++)
            printf("%5d", stu[i].grade[j]);
        printf("\n");
    }
    printf("-------------------------------------------\n");
    printf("不及格人次数为:%d\n",cnt);  system("pause");
    return  0;
}
```

程序运行结果如图 14-2 所示。

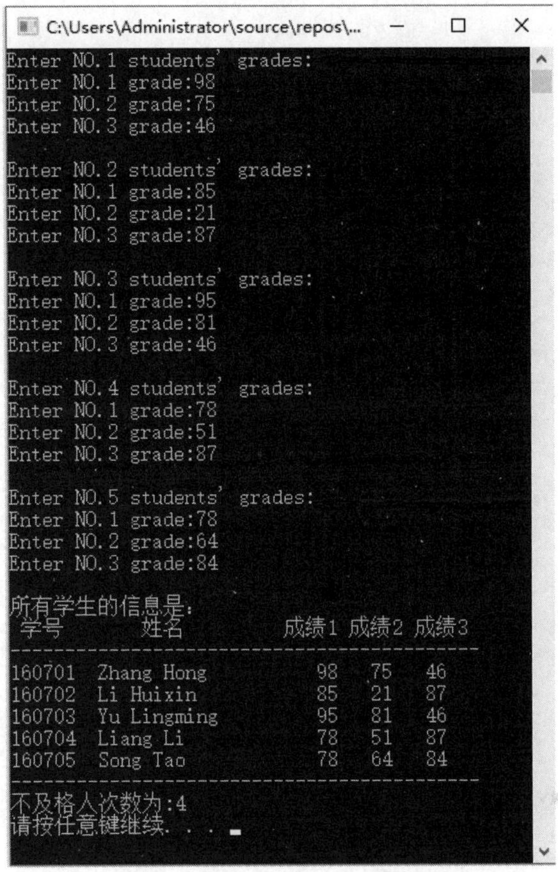

图 14-2 实验项目 2 运行结果

【实验项目 3】设有一个教师与学生通用的表格，教师数据有姓名、年龄、职业、教研室四项。学生有姓名、年龄、职业、班级四项。编程输入人员数据，再以表格输出。

实验项目分析：本实验项目中学生与教师的公共属性为姓名、年龄和职业三个，对于第四个属性，教师为教研室，学生为班级，因此可使用联合定义。

源程序如下：

```
#include <stdio.h>
#include <stdlib.h>
#define N 3
struct
{
    char name[10];
    int age;
    int job;      //0 表示学生，1 表示教师
    union
    {
        int bj;
        char office[10];
    } depa;
}body[N];
int main()
```

```
{
    int i;
    for(i=0;i<N;i++)
    {
        printf("请输入姓名:");
        scanf("%s", body[i].name);
        printf("请输入年龄:");
        scanf("%d", &body[i].age);
        printf("请输入职业:(0 表示学生,1 表示教师):");
        scanf("%d",&body[i].job);
        if (body[i].job==0)
        {
            printf("请输入班级:");
            scanf("%d",&body[i].depa.bj);
        }
        else
        {
            printf("请输入教研室:");
            scanf("%s", body[i].depa.office);
        }
    }
    printf("  姓名      年龄  职业  班级/教研室\n");
    printf("--------------------------------------------\n");
    for(i=0;i<N;i++)
    {
        if(body[i].job==0)
            printf(" %-10s %-4d  %-4d  %-10d\n",
                body[i].name,body[i].age,body[i].job,body[i].depa.bj);
        else
            printf(" %-10s %-4d  %-4d  %-10s\n",
                body[i].name,body[i].age,body[i].job,body[i].depa.office);
    }
    printf("--------------------------------------------\n");
    system("pause");
    return 0;
}
```

程序运行结果如图 14-3 所示。

图 14-3　实验项目 3 运行结果

在上面的代码中，引用每个成员的方法是：body[i].成员名。请读者考虑，通过指针如何实现上述程序？

提示： 指针的定义和初始化如下所示。

```
struct
{
    char name[10];
    int age;
    int job;      //0 表示学生，1 表示教师
    union
    {
        int bj;
        char office[10];
    } depa;
}body[N],*p=body;
```

通过指针访问的方式有两种：第一种方式是“p[i].成员名”，类似于通过数据名的引用，在引用过程中，p 的值不变，通过下标来实现引用不同的数组元素；第二种方式是每引用一个元素，p++，使 p 指向下一个元素，这样每个元素的引用方式都是*p，引用成员的方式是“(*p).成员名”或“p->成员名”。请读者使用这两种指针的方法分别实现上述程序。

五、实验作业

有以下结构定义：

```
struct course
{
    char cno[20];           //课程号
    char cname[30];         //课程名
    int kcxz;               //课程性质：0 表示考查;1 表示考试
    int xs;                 //学时
    int xf;                 //学分
};
```

1. 利用此结构，定义两门课程，输入两门课程的所有信息，然后求出这两门课程的总学时和总学分。

2. 利用此结构，定义两个变量表示两门课程，其初值要求在定义变量时初始化，然后输出学分较高的那门课程的所有信息。

3. 利用此结构，定义两个变量 a、b 表示两门课程，a 的值在定义变量时初始化，b 的课程名是 a 的课程名后面加上两个字“教程”(如 a.cname 是"计算机基础"，则 b.cname 是"计算机基础教程")，b 的其他成员的值通过输入语句实现。最后按行输出两门课程的信息，即输出时：第一行显示标题，第二行显示课程 a 的信息，第三行显示课程 b 的信息。

4. 利用此结构，定义一个含有五个课程信息的结构数组，要求其初值通过初始化完成，然后求最高学分的那门课程的信息。

要求：先按行输出所有课程的信息，然后再输出最高学分的那门课程的信息。

5. 利用此结构，定义一个含有五个课程信息的结构数组，要求其初值通过输入语句完成，然后求学时大于平均学时的那些课程的信息。

要求：先按行输出所有课程的信息，然后再输出学时大于平均学时的那些课程的信息。

6. 利用此结构，定义一个含有五个课程信息的结构数组，要求其初值通过初始化完成，然后按照学分从高到低的顺序输出所有课程的信息。

要求：先按行输出所有课程的信息，然后按照学分从高到低排序，最后输出所有课程的信息。

定义结构表示学生的成绩，其中的成绩表示方法分两种：若课程性质是考试课，则用百分制（bfz）表示；若课程性质是考查课，则用等级（dj）表示，如优秀、良好、中等、及格和不及格。

结构的定义如下：

```
struct score
{
    char sname[20];        //学生姓名
    char cname[30];        //课程名
    int kcxz;              //课程性质
    union                  //表示成绩，考试课用 bfz(百分制)，考查课用 dj（等级）
    {
        int bfz;
        char dj[6]
    } cj;
}
```

7. 定义一个包含 10 个学生成绩的结构数组，可通过初始化的形式或输入语句指定其值，然后求考试课中成绩最高的那个结构的所有信息。

要求：先按行输出所有学生的成绩信息，然后再输出成绩最高的那个结构的所有信息。

8. 定义一个包含 10 个学生成绩的结构数组，可通过初始化的形式或输入语句指定其值，然后输出考查课程中成绩在及格以上（包含及格）的所有成绩信息。

要求：先按行输出所有学生的成绩信息，然后再输出满足要求的所有结构的信息。

六、实验报告要求

结合实验准备方案和实验过程记录，总结结构体和结构数组的使用方法，区别结构体与联合的不同之处。

认真书写实验报告，分析自己在编译过程中出现的错误，并说明原因。

实验 15 记录数确定的顺序文件操作

本实验主要介绍文件的使用，包括文件的打开、读/写和关闭操作，结合选择、循环、数组、函数等相关知识，详细讲述如何利用文件进行数据的输入/输出，掌握使用文件进行数据存储的方法。

一、实验学时

2 学时。

二、实验目的和要求

（1）掌握文件的概念，了解数据在文件中的存储方式。

（2）掌握顺序文件的使用方法。

（3）利用一维数组读取文件中的数据，并对数据进行简单的操作。

三、实验要点概述

在 C 语言中，对文件的读/写都是通过调用库函数实现的，标准输入/输出函数是通过操作 FILE 类型（stdio.h 中定义的结构类型）的指针实现对文件的存取。在缓冲文件系统中定义了一个“文件指针”，它是由系统定义的结构体类型，并取名为 FILE，又称 FILE 类型指针。通常用 FILE 类型来定义指针变量，通过它来访问结构体变量。定义文件类型指针变量的一般格式为：

```
FILE *变量名;
```

例如：

```
FILE *fp;
```

表示定义了一个指针变量 fp，它是指向 FILE 类型结构体数据的指针变量。

利用标准输入/输出函数进行文件处理的一般步骤为：

1. 打开文件，建立文件指针或文件描述符与外部文件的联系

可使用 fopen( )函数打开一个文件，fopen( )函数调用形式为：

```
fopen("文件名","文件操作方式");
```

表示以指定的“文件操作方式”打开“文件名”所指向的文件。文件名要把文件的相关信息准确描述，即包含文件路径、文件名和文件扩展名。当打开的文件存储于当前目录时，文件路径可以省略。文件操作方式通常使用"r"和"w"。"r"表示打开一个文本文件，只能读取其中数据。"w"表示创建并打开一个文本文件，只能向其写入数据。例如，要打开 D 盘 student 文件夹中的 grade.dat 文件，可用 fopen("D:\\student\\grade.dat","r")。如果执行 fopen( )函数成功，则将文件的起始地址赋值给指针变量 fp；如果打开文件失败，则将返回值 NULL 赋值给 fp。以上过程可使用以下程序段描述：

```
FILE  *fp;        /*定义一个文件指针变量*/
fp=fopen("D:\\student\\grade.dat","r");     /*文件指针变量 fp 指向磁盘文件*/
if(fp==NULL)     /*以文件指针变量 fp 是否为空，来判断文件是否正常打开*/
{
   printf("Can not open file test.txt!\n");
   exit(1);
}
```

2. 通过文件指针或文件描述符进行读/写操作

对于文件读操作可使用函数 fgetc( )、fscanf( )、fread( )和 getw( )；对于文件的写操作可使用函数 fputc( )、fprintf( )、fwrite( )和 putw( )。使用最多的是 fscanf( )和 fprintf( )这两个函数。

fprintf( )函数与 printf( )函数都是输出函数，只不过输出的位置不同，printf( )函数是将数据输出到显示器，而 fprintf( )函数是将数据输出到磁盘文件。fprintf( )调用形式为：

```
fprintf(文件指针,格式字符串,输出列表项);
```

例如：

```
int x=53;
FILE *fp;
…
fprintf(fp,"%d",&53);
```

以上程序片段是将整型变量 x 按照"%d"的格式输出到 fp 所指向的文件中。

fscanf( )函数与 scanf( )函数都是输入函数，只不过获取数据的位置不同，scanf( )函数是从键盘获取数据，而 fscanf( )函数是从磁盘文件获取数据。调用形式为：

```
fscanf(文件指针,格式字符串,输入列表项);
```

假设 fp 文件中存储的数据为“49”，程序如下：

```
int m;
FILE *fp;
…
fscanf(fp,"%d",&m);
```

程序执行过程为，将文件中的整数 49 给变量 m。

3. 关闭文件，切断文件指针或文件描述符与外部文件的联系

在完成一个文件的使用后，应及时使用 fclose( )函数关闭该文件，防止文件被误用或数据丢失，同时及时释放内存，减少系统资源的占用。fclose( )函数调用形式为：

```
fclose(文件指针变量);
```

例如：

```
FILE  *fp;
fp=fopen("D:\\student\\grade.dat","r");
…
fclose(fp);
```

关闭 fp 所指向的文件，同时 fp 不在指向该文件。

四、实验项目

【实验项目 1】数据文件 intdata.dat 中存储了 10 个整型数据，将这十个整型数据中的偶数输出到 result.dat 中。

实验项目分析：通过题目分析可知，该题目使用到两个数据文件 intdata.dat 和 result.dat，intdata.dat 是要读入数据的文件，result.dat 是要写入数据的文件。根据文件操作方法要先定义两个文件指针，使用 fopen( )函数分别建立文件指针与数据文件 intdata.dat 和 result.dat 之间的联系；intdata.dat 数据文件有 10 个数据，可用循环通过 fscanf( )函数逐一读取数据到一个整型变量中，并判断所读取的数据是否为整型数据，如果是偶数，则使用 fprintf( )函数将该数据写入 result.dat 中，否则不做处理。当数据读、写完毕，要使用 fclose( )函数切断文件指针与这两个数据文件的联系。

数据文件可使用记事本打开，本题所使用的数据文件 intdata.dat 如图 15-1 所示。题目没有给出文件的存储路径，可自行定义，本实验 intdata.dat 存储在 D 盘的 grade 文件夹中，如图 15-2 所示。如果 result.dat 文件并不存在，可在程序的执行过程中自动创建，如果没有指定路径，则该文件将在当前目录下；如果要指定到某一特定的文件夹中，必须保证所使用的文件夹一定存在，否则将会产生错误。如将 result.dat 存储在 E 盘的 dataresult 文件夹中，必须确定 dataresult 文件夹一定存在，如图 15-3 所示，这是因为使用 fopen( )函数以"w"方式使用文件可以创建文件，但是不能创建文件夹。

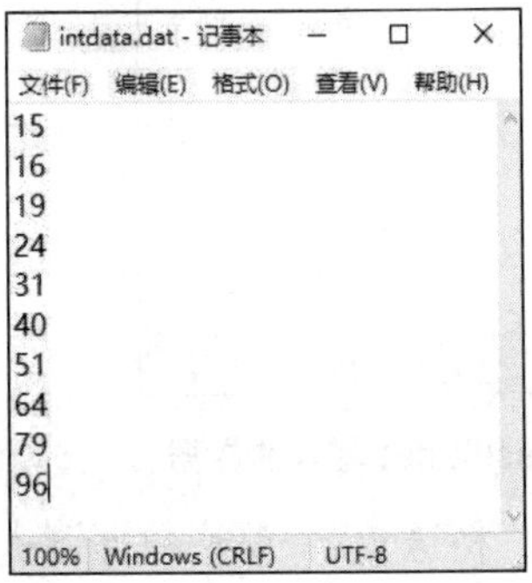

图 15-1　intdata.dat 数据文件

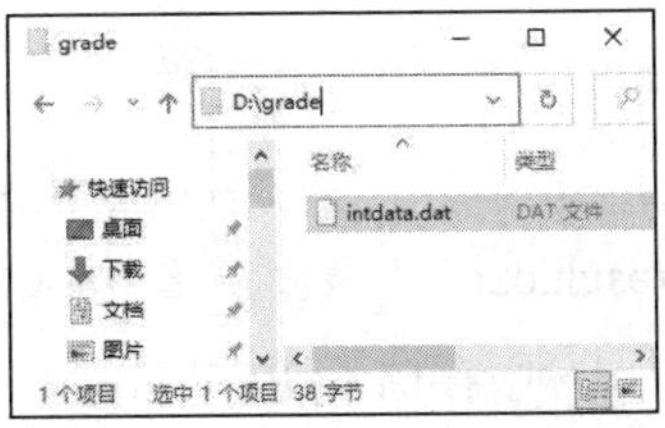

图 15-2　intdata.dat 存储位置

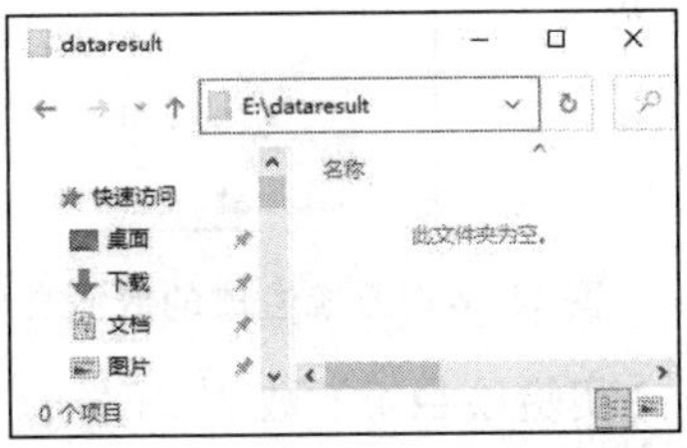

图 15-3　result.dat 存储文件夹

源程序如下：

```
#include <stdio.h>
#include <stdlib.h>
#define N  10

int main()
{
    FILE *fp,*mp;
    fp=fopen("D:\\grade\\intdata.dat","r");
    if(fp==NULL)
    {
        printf("Can not open intdata.dat\n");

        system("pause");
        exit(1);
    }
```

```
    mp=fopen("E:\\dataresult\\result.dat","w");
    if(mp==NULL)
    {
        printf("Can not open result.dat\n");
        system("pause");
        exit(1);
    }

    int i,x;
    for(i=0;i<N;i++)
    {
        fscanf(fp,"%d",&x);
        if(x%2==0)
            fprintf(mp,"%d\n",x);
    }
    fclose(fp);
    fclose(mp);

    system("pause");
    return 0;
}
```

程序执行后，在 E 盘的 dataresult 文件夹中系统自动生成数据文件 result.dat，如图 15-4 所示。使用记事本打开 result.dat，该文件中写入的数据即为该实验结果，如图 15-5 所示。

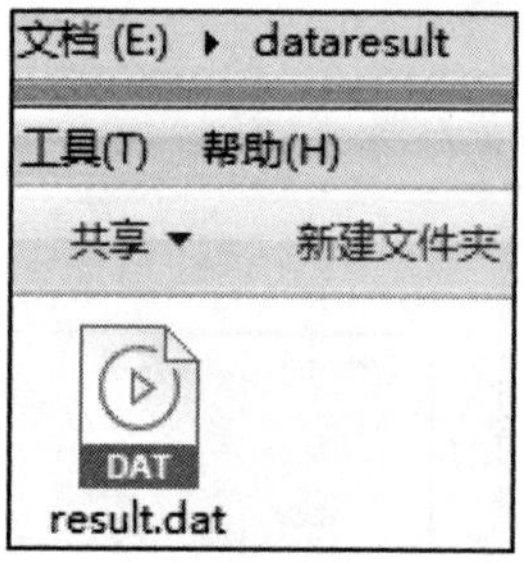

图 15-4 系统生成的数据文件 result.dat

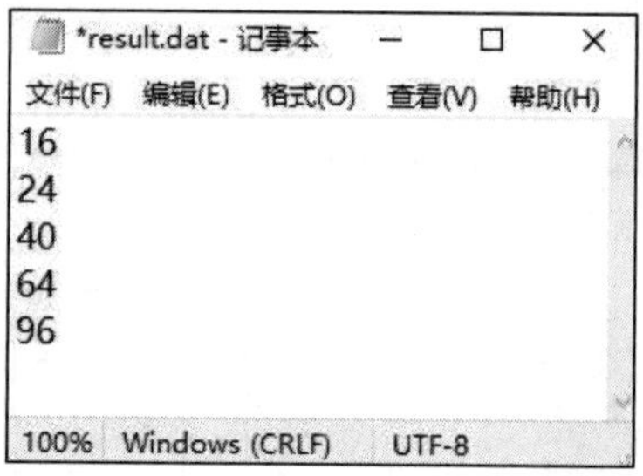

图 15-5 result.dat 写入的数据

【实验项目 2】数据文件 intdata.dat 中存储了 10 个整型数据，将这 10 个整型数据读入到一个一维数组中，并将数组元素为偶数的数据输出到 result.dat 中。

要求：使用 FUN( )函数判断一个整数是否是偶数。

实验项目分析：该实验与实验项目 1 相似，所不同的是需要将数据文件 intdata.dat 中的数据读入到一个一维数组中，使用函数 FUN( )判断一个整数是否是偶数。

因数据文件 intdata.dat 中数据个数是已知的，定义一个同样大小的整型数组，使用循环逐一读取即可。

对于函数 FUN( )，实验并没有给出参数，在编写程序前，应考虑该函数需要几个参数，每个参数的数据类型是什么，函数是否需要返回值，若需要返回值，返回值的类型又是什么。先考虑函数 FUN( )的返回值，该函数用于判断一个整数是否是偶数，其结果要么是要么不是，可以用 0 表示不是，用 1 表示是，因此 FUN( )的返回值为整型数据。因是对一个整数进行判断，所以参数仅有一个，类型为整型。经分析，FUN( )的函数原型为：

```
int FUN(int m);
```

源程序如下：

```
#include <stdio.h>
#include <stdlib.h>
#define N  10

int FUN(int m);
int main()
{
    FILE *fp,*mp;
    fp=fopen("E:\\grade\\intdata.dat","r");
    if(fp==NULL)
    {
        printf("Can not open intdata.dat\n");
        system("pause");
        exit(1);
    }

    mp=fopen("E:\\dataresult\\result.dat","w");
    if(mp==NULL)
    {
        printf("Can not open result.dat\n");
        system("pause");
        exit(1);
    }

    int array[N];
    for(int i=0;i<N;i++)
    {
        fscanf(fp,"%d",&array[i]);
        if(FUN(array[i]))
            fprintf(mp,"%d\n",array[i]);
    }
    fclose(fp);
    fclose(mp);

    system("pause");
    return 0;
}

int FUN(int m)
{
    if(m%2==0)
        return 1;
    else
        return 0;
}
```

【实验项目 3】数据文件 intdata.dat 中存储了 10 个整型数据，将这 10 个整型数据读入到一个一维数组中，并将数组元素为偶数的数据输出到 result.dat 中。

要求：使用函数 FUN( )判断一个数是否是偶数，并将该函数放在头文件 function.h 中以供主函数调用。

实验项目分析：该实验与实验项目 2 的内容相似，所不同的是需要将函数 FUN( )放在头文件 function.h 中。在 Visual Studio 2019 中，右击“头文件”（见图 15-6），在弹出的快捷菜单中选择“添加”→“新建项”命令，在弹出的对话框中选择“头文件(.h)”（见图 15-7），

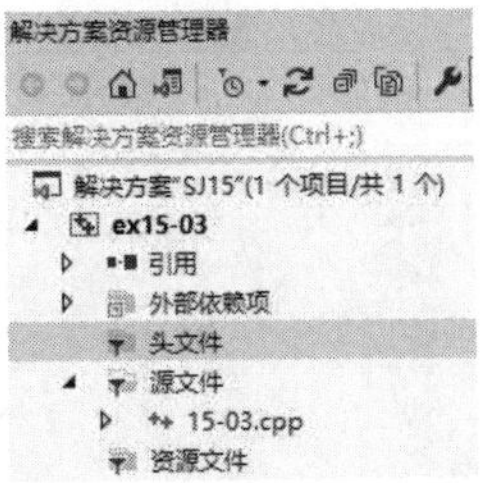

图 15-6　选中“头文件”

在“名称”文本框中输入 function.h，单击“添加”按钮（见图 15-8），弹出编辑头文件界面，将实验项目 2 中的 FUN( )函数复制到此处即可，如图 15-9 所示。function.h 存储在当前文件夹中，因此需要在主函数中使用文件包含命令。

```
#include "function.h"
```

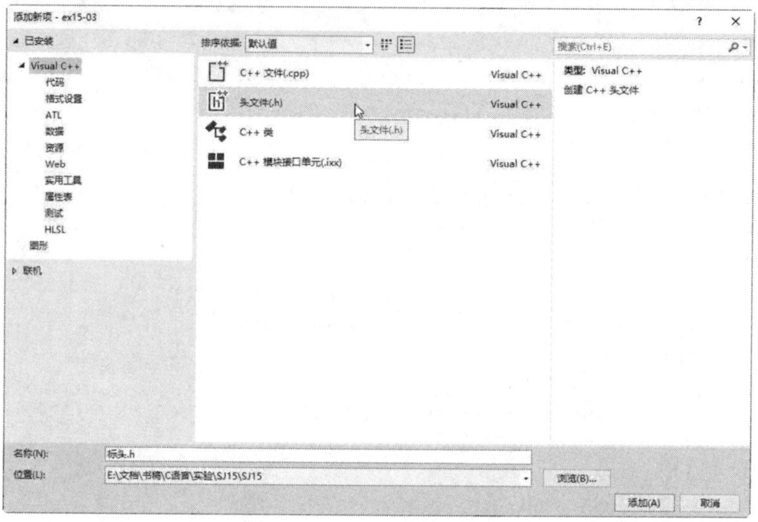

图 15-7 选中“头文件(.h)”

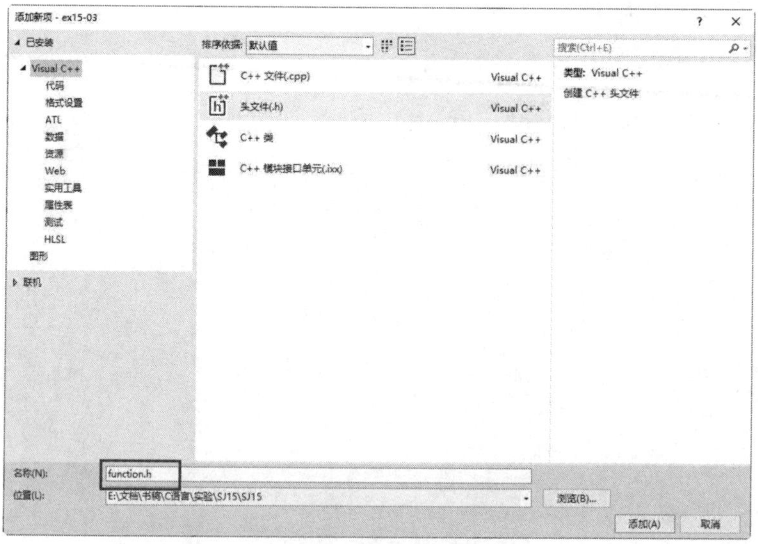

图 15-8 输入头文件名称后添加头文件

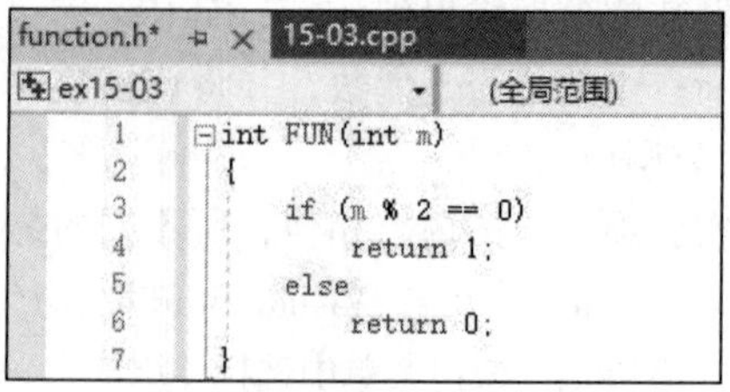

图 15-9 实验项目 3 头文件的编辑

程序清单如下：

在头文件 function.h 中的程序如下：

```
int FUN(int m)
{
    if(m%2==0)
        return 1;
    else
        return 0;
}
```

主函数中的程序如下：

```
#include <stdio.h>
#include <stdlib.h>
#include"function.h"
#define N  10

int main()
{
    FILE *fp,*mp;
    fp=fopen("E:\\grade\\intdata.dat","r");
    if(fp==NULL)
    {
        printf("Can not open intdata.dat\n");
        system("pause");
        exit(0);
    }

    mp=fopen("E:\\dataresult\\result.dat","w");
    if(mp==NULL)
    {
        printf("Can not open result.dat\n");
        system("pause");
        exit(0);
    }

    int i,array[N];
    for(i=0;i<N;i++)
    {
        fscanf(fp,"%d",&array[i]);
        if(FUN(array[i]))
            fprintf(mp,"%d\n",array[i]);
    }
    fclose(fp);
    fclose(mp);

    system("pause");
    return 0;
}
```

【实验项目 4】已知 dat1.dat 存放了 20 个整型数据。要求：

（1）将 dat1.dat 中的数据读入到数组 int array[20]中，并在屏幕上输出（每行 10 个元素）。

（2）使用如下函数对数组 array 按照由小到大的顺序进行排序。把该函数放在头文件 ISort.h 中以便在主函数中调用该函数。

```
void  sort(int *p,int num)
{
}
```

（3）把排序后的数组元素进行输出，每行输出 5 个。（在屏幕上和数据文件 d:\dat6.dat 中同时输出）

实验项目分析：该实验中用到两个数据文件，需要定义两个文件类型的指针，建立文件指针和数据文件的联系。由于数据文件 dat1.dat 中的数据个数已知（见图 15-10），定义相同大小的数组，使用循环逐一读取文件中的数据到数组中。

在头文件中实现排序，在前面章节中已学过多种，本实验应用冒泡排序算法。在主函数中使用文件包含将头文件 ISort.h 进行包含，以便正确使用函数 sort( )。

排序后的结果要使用 printf( )在屏幕上显示，使用 fprintf( )将结果写入文件 dat6.dat 中。数据文件使用完毕，用函数 fclose( )切断文件指针与数据文件的联系。

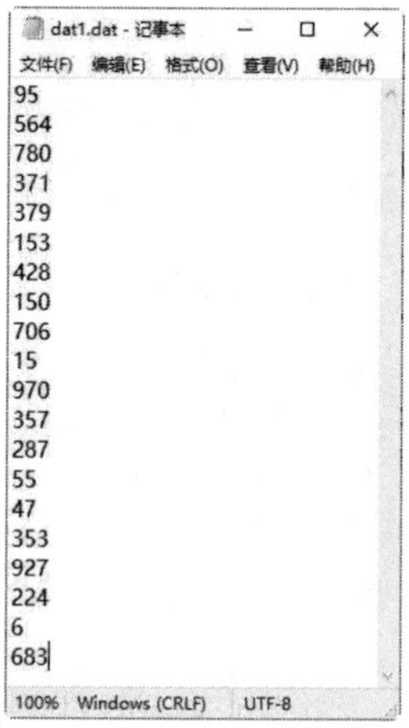

图 15-10 dat1.dat 中的数据

程序清单如下：

ISort.h 中的源程序：

```
void sort(int *p,int n)
{
    int  temp;
    for(int i=0;i<n-1;i++)
        for(int *pt=p;pt<p+n-i-1;pt++)
            if(*pt>*(pt+1))
            {
                temp=*pt;
                *pt=*(pt+1);
                *(pt+1)=temp;
            }

}
```

主函数中的源程序：

```
#include <stdio.h>
#include <stdlib.h>
#include "ISort.h"
#define N  20

int main()
{
    FILE *fp,*mp;
    fp=fopen("E:\\dat1.dat","r");
    if(fp==NULL)
    {
        printf("Can not open dat1.dat\n");
        system("pause");
        exit(0);
    }

    mp=fopen("E:\\dat6.dat","w");
```

```
    if(mp==NULL)
    {
        printf("Can not open dat6.dat\n");
        system("pause");
        exit(1);
    }

    int i,array[N];
    for(i=0;i<N;i++)
        fscanf(fp,"%d",&array[i]);
    sort(array,N);

    for(i=0;i<N;i++)
    {
        fprintf(mp,"%6d",array[i]);
        printf("%6d",array[i]);
        if((i+1)%5==0)
        {
            fprintf(mp,"\n");
            printf("\n");
        }
    }
    fclose(fp);
    fclose(mp);

    system("pause");
    return 0;
}
```

程序运行结果如图 15-11 所示。

写入数据的 dat6.dat 文件中以每行 5 列形式存储，如图 15-12 所示。

图 15-11　实验项目 4 运行结果

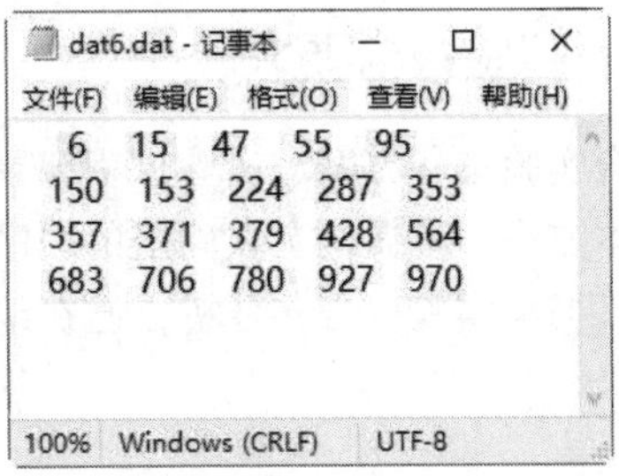

图 15-12　dat6.dat 中输出的数据

五、实验作业

1. 已知 dat1.dat 存放了一系列整型数据。要求：

（1）用 dat1.dat 中的前 100 个数据给数组 int a[100]赋值，并在屏幕上输出（每行 10 个元素）。

（2）使用如下函数求数组 a 中所有数组元素平均值。

```
double  isaver(int *p,int num)
{

}
```

（3）把该函数放在头文件 ISaver.h 中，以便在主函数中调用该函数。把所有小于平均值的数组元素（每行 10 个元素）和小于平均值的数组元素个数输出。（在屏幕上和数据文件 d:\dat6.dat 中同时输出）

2. 已知 grade.dat 存放了 20 名学生“大学计算机”课程的考试成绩（考试成绩为整型数据）。要求：

（1）将 grade.dat 中的数据赋值给数组 int grade[20]，并在屏幕上输出（每行 5 个数据）。

（2）使用如下函数求“大学计算机”课程的及格人数。

```
int  PassNum(int *p,int num)
{

}
```

（3）把该函数放在头文件 INumber.h 中以便在主函数中调用该函数。输出“大学计算机”课程及格人数。（在屏幕上和数据文件 d:\dat6.dat 中同时输出）

3. 已知 dataFile.dat 中存放了 60 个五位整数。要求：

（1）将 dataFile.dat 中的数据赋值给数组 int Num[60]，并在屏幕上输出（每行 6 个数据）。

（2）使用如下函数判断一个五位整数是否是回文数。五位回文数是指个位和万位数字相等，十位和千位数字相等。

```
int  palindrome(int *p,int num)
{

}
```

（3）把该函数放在头文件 INumber.h 中，以便在主函数中调用该函数。输出所有五位回文数（每行 10 个数据）以及五位回文数的个数。（在屏幕上和数据文件 d:\result.dat 中同时输出）

六、实验报告要求

结合实验准备方案、实验过程记录和实验作业，总结对数据文件的基本认识和对数据文件操作的基本方法，掌握记录数确定的顺序文件操作的基本方法。

认真书写实验报告，分析自己在编译过程中出现的错误，并说明原因。

实验 16　记录数不确定的顺序文件操作

本实验主要介绍使用动态分配函数与文件操作的相关知识解决记录数不确定的顺序文件的基本操作，通过两个实验项目分析与操作，使读者能够掌握记录数不确定的顺序文件操作的步骤和方法。

一、实验学时

2 学时。

二、实验目的和要求

（1）掌握顺序文件的操作步骤。

（2）使用内存动态分配实现动态数组的方法读取记录数不确定的顺序文件中的数据。

三、实验要点概述

1. 读取记录数不确定的顺序文件中的数据

若要读取记录数不确定的顺序文件中的数据，所涉及的动态内存函数有以下三个：

（1）动态存储分配函数 malloc( );

（2）分配调整函数 realloc( );

（3）动态存储释放函数 free( );

所涉及的文件函数有：feof(文件指针)，具功能是检测流上的文件结束符，如果文件结束，则返回非 0 值，否则返回 0。

先使用 malloc( )函数动态分配一个文件数据类型的连续空间，将数据文件中的第一个数据读入该连续空间中，根据 feof( )函数是否为 0 判断是否到文件结束。如果没有到文件结束，则使用 realloc( )函数调整分配的存储空间。待数据处理结束使用 free( )函数释放动态分配空间。

2. 记录数不确定的顺序文件操作的基本步骤

（1）创建文件类型的指针。

```
FILE *fp,*mp;
```

（2）使用 fopen( )函数建立文件类型指针与文件之间的关联。

```
fp=fopen("文件名"."r");
fp=fopen("文件名","w");
```

（3）判断是否成功建立关联。

```
if(fp==NULL)
{
    printf("Can not open 文件名! \n");
    exit(1);
}

if(mp==NULL)
{
    printf("Can not open 文件名! \n");
    exit(1);
}
```

（4）读取数据。

使用 while( )，定义一个计数器 cnt。

```
int cnt=0;
int *p=(int *)malloc(sizeof(int));
while(!feof(fp))
{
    fscanf(fp,"%d",p+cnt);
    cnt++;
    int *ptr=(int *)realloc(p,sizeof(int)*(cnt+1));
    p=ptr;
}
```

（5）创建函数求解，通常情况下包含头文件。

（6）向文件中写数据。

```
fprintf(mp,"%d------\n",??);
```

（7）关闭文件。

```
fclose(fp);
fclose(mp);
```

四、实验项目

【实验项目 1】dat1.dat 存放的是一系列整型数据，将 dat1.dat 中最大的一个数显示在屏幕上，并且将最小的一个数输出到 dat6.dat 中。dat1.dat 中的数据如图 16-1 所示。

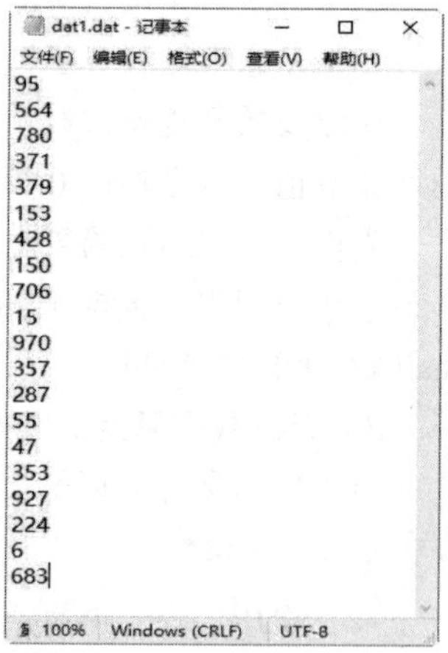

图 16-1 dat1.dat 中的数据

源程序如下：

```
#include <stdio.h>
#include <stdlib.h>

int main()
{
    FILE *fp,*mp;
    fp=fopen("E:\\dat1.dat","r");
    if(fp==NULL)
    {
        printf("Can not open dat1.dat\n");

        system("pause");
        exit(1);
```

```
    }

    mp=fopen("E:\\dat6.dat","w");
    if(mp==NULL)
    {
       printf("Can not open dat6.dat\n");
       exit(1);
    }

    int cnt =0;
    int *p=(int *)malloc(sizeof(int));
    if(p==NULL)
    {
       printf("Not enough space to allocate!\n");
       system("pause");
       exit(1);
    }

    while(!feof(fp))
    {
       fscanf(fp,"%d",p+cnt);
       cnt++;
       int *ptr=(int *)realloc(p,sizeof(int)*(cnt+1));
       if(ptr==NULL)
       {
          printf("Not enough space to allocate!\n");
          system("pause");
          exit(1);
       }
      p=ptr;
    }

    int max,min;
    max=min=*p;
    for(int i=0;i<cnt;i++)
    {
       if(max<*(p+i))
          max=*(p+i);
       if(min>*(p+i))
          min=*(p+i);
    }
    printf("the max number is :%d\n",max);
    fprintf(mp,"the min number is :%d\n",min);
    fclose(fp);
    fclose(mp);
    free(p);

    system("pause");
    return 0;
}
```

程序运行结果如图 16-2 所示。数据文件写入结果如图 16-3 所示。

图 16-2　实验项目 1 运行结果

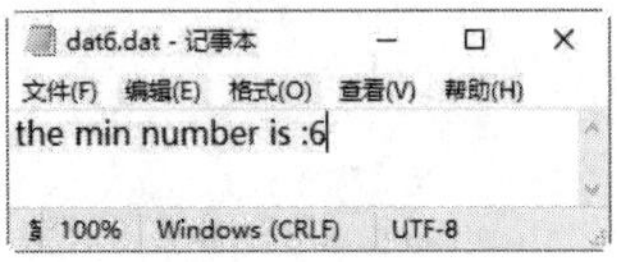

图 16-3　实验项目 1 数据文件写入结果

【实验项目 2】dat1.dat 存放的是一系列整型数据（见图 16-1），求 dat1.dat 中最大两个数的平方和（先求每个数的平方再求和），求得的和显示在屏幕上，并且将排序后的数组与所求得的结果输出到 dat6.dat 中。

提示：先对 dat1.dat 中的数据进行排序，然后进行计算。

要求：

（1）使用函数实现，并把该函数放在头文件 ISmax.h 中以便在主函数中调用。

```
double intSumMax(int *p,int num)
{
    //实现排序和求值
}
```

（2）主函数中使用的数组使用动态数组来创建。

（3）dat6.dat 在程序的执行过程中创建。

实验项目分析：本实验依然是记录数不确定的情况，要使用动态内存函数。相对实验项目 1，本实验又综合了函数、头文件等内容，可结合实验 15 的实验项目 4 综合处理。

程序清单如下：

头文件 ISmax.h 源程序如下：

```
#include <math.h>

double intSumMax(int *p,int num)
{
    int i,*v=p,temp;
    for(i=0;i<num;i++)
    {
        for(v=p;v<p+num-1-i;v++)
            if(*v<*(v+1))
            {
                temp=*v;
                *v=*(v+1);
                *(v+1)=temp;
            }
    }
    double sum=(float)(pow((double)(*v),2)+pow((double)(*(v+1)),2));
    return sum;
}
```

主函数源程序如下：

```
#include <stdio.h>
#include <stdlib.h>
#include <malloc.h>
#include "ISmax.h"

int main()
{
    FILE *fp,*mp;
    fp=fopen("E:\\dat1.dat","r");
    if(fp==NULL)
    {
        printf("Can not read data from file dat1.dat!\n");
        system("pause");
        exit(1);
```

```
    }
    mp=fopen("E:\\dat6.dat","w");
    if(mp==NULL)
    {
        printf("Can not write data to file dat6.dat!\n");
        system("pause");
        exit(1);
    }

    int cnt =0;
    int *p=(int *)malloc(sizeof(int));
    if(p==NULL)
    {
        printf("Not enough space to allocate!\n");
        system("pause");
        exit(1);
    }

    while(!feof(fp))
    {
       fscanf(fp,"%d",p+cnt);
       cnt++;
       int *ptr=(int *)realloc(p,sizeof(int)*(cnt+1));
       if(ptr==NULL)
       {
         printf("Can not allocate enough memory!\n");
         system("pause");
         exit(1);
       }
       p=ptr;
    }

    double sum=intSumMax(p,cnt);
    for(int i=0;i<cnt;i++)
        fprintf(mp,"%d\n",*(p+i));
    fprintf(mp,"The sum=%.0f\n",sum);
    printf("result = %.0f\n",sum);
    fclose(fp);
    fclose(mp);
    free(p);

    system("pause");
    return 0;
}
```

程序运行结果如图 16-4 所示。数据文件写入结果如图 16-5 所示。

图 16-4　实验项目 2 运行结果

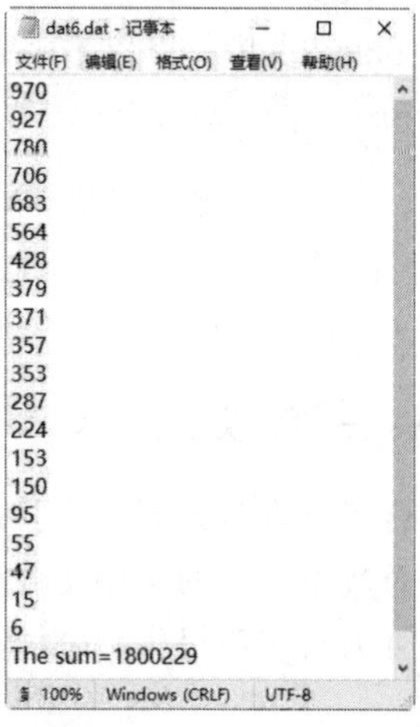

图 16-5　实验项目 2 数据文件写入结果

五、实验作业

1. data01.dat 存放的是一系列整型数据，求 data01.dat 中最大的 10 个数的和的立方根（先求三个数的和再求立方根)，求得的结果显示在屏幕上，并且将最大的 10 个数与所求得的结果输出到 result.dat 中。

提示：先对 data01.dat 中的数据进行排序，然后再进行计算。

要求：

(1) 使用函数来实现，并把该函数放在头文件 ISmax.h 中以便在主函数中调用该函数。

```
double intSumMax(int *p,int num)
{

}
```

(2) 主函数中使用的数组使用动态数组来创建。

(3) result.dat 在程序的执行过程中创建。

2. DataFile.dat 中存储了一系列整型数据，求这一系列整型数据中最小 30 个数中能被 2 和 3 整除但不能被 5 整除的数据的个数，将所求得的个数显示在屏幕上并将最小的 5 个数与所求得的结果写入文件 result.dat 中，要求：

(1) 使用动态分配读取 DataFile.dat 中的数据。

(2) 使用函数求文件 DataFile.dat 中最小 30 个数中能被 2 和 3 整除但不能被 5 整除的数据的个数，并将该函数放在头文件 ICmin.h 中，以供主函数调用。

```
int  ICntmin(int *p,int num)
{
   //先排序，再求满足条件的数据的个数
}
```

(3) result.dat 文件在程序运行过程中动态创建。

3. intData.dat 中存储了一系列整型数据，求这一系列整型数据中最小 20 个数中偏移量为奇数的倒数之和(结果保留 2 位小数)，将所求得的和显示在屏幕上并将最大的 5 个数与所求得的结果写入文件 resultData.dat 中，要求：

(1) 使用动态分配读取 intData.dat 中的数据。

(2) 使用函数求文件 intData.dat 中最小 20 个数中偏移量为奇数的倒数之和，并将该函数放在头文件 DSmax.h 中，以供主函数调用。

```
double  DSummax(int *p,int num)
{
   //先排序，再求满足条件的数据的和
}
```

(3) resultData.dat 文件在程序运行过程中动态创建。

六、实验报告要求

结合实验准备方案、实验过程记录和实验作业，总结动态分配函数和文件操作的基本方法，总结记录数不确定的顺序文件操作的基本步骤和程序实现的基本方法。

认真书写实验报告，分析自己在编译过程中出现的错误，并说明原因。

实验 17 指针的应用及链表的基本操作

本实验通过对指针应用以及单向链表的基本操作等内容进行回顾，通过五个实验项目的分析与操作，使读者掌握指针及单向链表的相关内容。并通过一个实验项目对双向链表进行简单介绍，以供大家参考。

一、实验学时

2 学时。

二、实验目的和要求

（1）链表的概念。
（2）单向链表的数据结构。
（3）单向链表的基本操作。

三、实验要点概述

1. 数组与指针

数组中的元素都是在内存中连续存放的，利用指针可以同样实现利用数组下标所能完成的操作，而且相比起来，比下标访问方式更为灵活，执行的效率也较高。对于数组来说，数组名表示的是数组的首地址。

假设一维数组名为 a，则*(a+i)就表示数组中下标为 i 的数组元素，但是要注意 i 的取值不能越界。通过*(a+i)方式访问到的就是数组元素 a[i]，其可以出现在 a[i]出现的任何位置。也可以定义一个指向数组首元素的指针 p，通过*(p+i)形式访问数组元素。在使用循环结构访问数组元素时，下标方式是使循环变量表示下标的变化，指针方式通常使循环变量表示指针的变化。

例如：

```
for(i=0;i<10;i++)              //下标方式
   printf("%d ",a[i]);
```

又如：

```
for(p=a; p<a+10;p++)           //指针方式
   printf("%d ",*p);
```

假设 M 行 N 列的二维数组的数组名为 b，则&b[0][0]+i*N+j 表示数组元素 b[i][j]的存储地址，通过*间接访问运算符*(&b[0][0]+i*N+j)所访问到的就是元素 b[i][j]。也可以定义一个指向数组的数组指针 p，通过*(*(p+i)+j)的形式访问数组元素。

例如：

```
int b[3][3]={1,2,3,4,5,6,7,8,9};
int(*p)[3],i,j;
p=b;
for(i=0;i<3;i++)
    for(j=0;j<3;j++)
        printf("%3d",*(*(p+i)+j));
```

上述代码以指针的方式访问二维数组中的元素并将其输出。

2. 指针数组

指针数组的数组元素都是指针变量，指针数组的定义形式为：

```
类型说明符 *数组名称[数组长度];
```

例如：

```
int *pt[10];
```

语句定义了一个指针数组，名称为 pt，包含 10 个数组元素，每个元素均是指针变量，所存储的都是整型变量的地址。

指针数组常用于处理二维数组，尤其是字符串数组。用指针数组表示二维数组的优点是：二维数组的每一行或字符串数组的每个字符串可以具有不同的长度，处理起来也比较灵活。

3. 指向指针的指针

在 C 语言中，将存放指针变量地址的指针变量称为指向指针的指针，指向指针的指针在说明时变量前要有两个*号，定义形式为：

```
类型说明符**指针变量名;
```

例如：

```
int**ptr;
```

定义了一个指向整型指针变量的指针变量，变量名为 ptr。此时 ptr 中所存储的是指向一个整型变量的指针的存储地址，要通过 ptr 访问这个整型变量，则需要进行两次间接访问运算，因为此时的访问方式是二级间接访问。

例如：

```
int**ptr,*p;
int m=20;
p=&m;
ptr=&p;
printf("m=%d\n",**ptr);
```

以上代码定义了一个二级指针 ptr，一个指针 p，通过赋值运算，使 p 指向整型变量 m，使 ptr 指向指针变量 p，要通过 ptr 访问 m，则需要先作一次*运算取得 p 中所存储的变量 m 的存储地址，再通过第二次*运算取得该地址所指向的变量 m。

4. 链表的基本概念

链表是一种常用的数据结构，它是一种动态地进行存储分配的数据结构。

链表是由若干称为结点的元素构成的。每个结点包含有数据字段和链接字段。数据字段用来存放结点的数据项；链接字段用来存放该结点指向另一结点的指针。每个链表都有一个“头指针”，用于存放该链表的起始地址，即指向该链表的起始结点，它是识别链表的标志，对某个链表进行操作，首先要知道该链表的头指针。链表的最后一个结点称为“表尾”，它不再指向任何后继结点，表示链表的结束，该结点中链接字段指向后继结点的指针存放 NULL。

链表可分为单向链表和双向链表。两者的区别仅在于结点的链接字段中，单向链表仅有一个指向后继结点的指针，而双向链表有两个指针，一个指向后继结点，另一个指向前驱结点。

5．单向链表的数据结构

如果一个单向链表的结点数据域仅存储了一个整数，则该单向链表的结点结构可定义为：

```
struct  slink{
   int  data;
   struct slink;*next;
};
```

该定义表明链表中的所有结点均有一个整型数据字段以及一个指向下一结点的链接字段，结点的结构名称为 slink。

6．单向链表的操作

（1）链表的建立。确定了链表结点的结构之后给链表中的若干结点嵌入数据。

（2）链表的输出。将一个已建立好的链表中各个结点的数据字段部分或全部输出显示。

（3）链表的删除。从已知链表中按指定关键字段删除一个或若干结点。

（4）链表的插入。将一个已知结点插入到已知链表中。插入时要指出按结点中哪个数据字段进行插入，插入前一般要对已知链表按插入的数据字段进行排序。

（5）链表的存储。将一个已知的链表存储到磁盘文件中进行保存。

（6）链表的装入。将已存放在磁盘中的链表文件装入到内存中。

四、实验项目

【实验项目 1】将 1 ~ 50 之间能被 3 整除或能被 7 整除的所有整数存储在数组中。

实验项目分析：题目不仅要判断 1 ~ 50 之间有哪些数满足条件，还要将这些数存储在数组中。在此可以设计一个函数，定义两个形式参数，都是指针类型的，一个对应放结果的数组，一个对应满足条件数的个数。数组只能采用传址的方式，而在函数体中，会对这些数进行判断，并根据判断结果修改满足条件的数的个数，这个结果是要带回到主调函数中的，所以将其也定义为传址方式。

源程序如下：

```
#include <stdio.h>
#include <stdlib.h>

int main()
{
   int a[50],n,i;
   void func(int*,int*);    //函数说明

   func(a,&n);
   if(n==0)
      printf("数组 a 中没有满足条件的数组元素! \n");
   else
      for(i=0;i<n;i++)
         printf("%d ",a[i]);
```

```
    printf("\n");

    system("pause");
    return 0;
}

void func(int*a,int*m)
{
    int i,n=0;
    for(i=1; i<=50;i++)
        if(i%3==0||i%7==0)
        {
            a[n]=i;
            n++;
        }
    *m=n;
}
```

图 17-1　实验项目 1 运行结果

程序运行结果如图 17-1 所示。

【实验项目 2】利用指针的方式实现对二维数组 a[M][N]的访问，并将该数组中每行的最大值存储在一维数组 b[M]中。

实验项目分析：题目要求二维数组 a[M][N]每行的最大值，在此定义一个函数，设计两个形参，一个对应二维数组，一个对应放最大值的一维数组。数组作为函数参数只能采用传址方式，对应二维数组的形参可以使用“int(*a)[N]”或“int a[][N]”形式来定义，在函数体中可以使用“*(*(a + i)+j)”来实现对元素 a[i][j]的访问。

源程序如下：

```
#include <stdio.h>
#include <stdlib.h>
#define M 4
#define N 5

int main()
{
    void cal(int(*a)[N],int*b);        //函数说明
    int a[M][N],i,j,b[M];
    int *p[N];

    for(i=0;i<M;i++)
        p[i]=a[i];                     //把每行的首地址赋给指针数组的各元素
    for(i=0;i<M;i++)
    {
        for(j=0;j<N;j++)
        {
            *(p[i]+j)=i+j;             //数组元素赋值
            printf("%3d",*(p[i]+j));
        }
        printf("\n");
    }
    cal(a, b);
    for(i=0;i<M;i++)
        printf("%d ",b[i]);
    printf("\n");
```

```
    system("pause");
    return 0;
}

void cal(int(*a)[N],int*b)
{
    int i,j,max;

    for(i=0;i<M;i++)
    {
        max=*(*(a+i));
        for(j=1;j<N;j++)
            if(*(*(a+i)+j)>max)
                max=*(*(a+i)+j);
        *(b+i)=max;
    }
}
```

程序运行结果如图 17-2 所示。

图 17-2　实验项目 2 运行结果

【实验项目 3】统计所输入的一个字符串中数字字符 0～9 的出现次数，并将结果存储到一维数组中。

实验项目分析：要对所输入的字符串中的字符进行统计，可以设计一个函数，具有两个形参，一个对应字符串，即一维字符数组，一个对应统计结果，由于要统计的字符有 10 个，所以可以把其设置为一维数组。结果数组长度为 10，下标从 0～9，在函数体中可以通过字符与字符 0 的码值差来作为对应数组元素的下标。

源程序如下：

```
#include <stdio.h>
#include <stdlib.h>

int main()
{
    void tj(char*s,int*a);    //函数说明
    char st[100];
    int a[10],i;

    scanf("%s",st);
    tj(st,a);
    for(i=0;i<10;i++)
        printf("%3d",a[i]);
    printf("\n");

    system("pause");
    return 0;
}

void tj(char*s,int*a)
{
    char*t=s;
    int i,d;

    for(i=0;i<10;i++)
        *(a+i)=0;
```

```
    while(*t!='\0')
    {
        if(*t>='0'&&*t<='9')
        {
            d=*t-'0';
            *(a+d)=*(a+d)+1;
        }
        t++;
    }
}
```

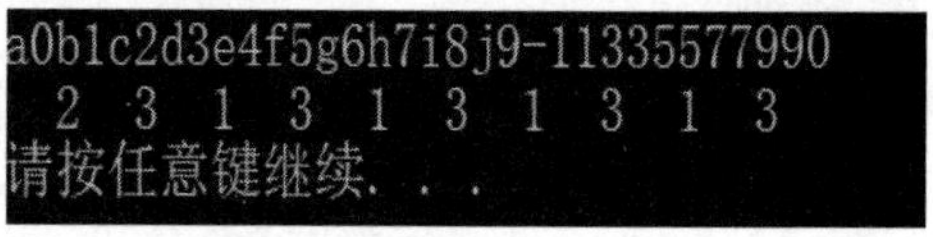

图 17-3 实验项目 3 运行结果

程序运行结果如图 17-3 所示。

【实验项目 4】某一单向链表结点的数据域存储姓名，其结构如下：

```
typedef  struct  node
{
    char name[20];
    struct node *next;
}stud;
```

使用该结构，从键盘输入五个人的姓名并在屏幕上显示。

实验项目分析：本实验项目中给出了单向链表的结点结构，创建该链表需要使用动态内存分配的 malloc()和 free()函数。首先创建头结点，使其数据域为空，可用 h 指向头结点，c 指向当前结点，p 指向当前结点的前一个结点。遍历单向链表的结束条件为判断当前结点的链接域是否是 NULL。

源程序如下：

```
#include <stdio.h>
#include <stdlib.h>
#define N 5

typedef struct node
{
    char name[20];
    struct node *next;
}stud;

stud * create(int n)      /*建立单链表的函数，形参 n 为人数*/
{
    stud *p,*h,*c;
    /*h 保存表头结点的指针，p 指向当前结点的前一个结点，c 指向当前结点*/
    int i;                /*计数器*/

    h=(stud *)malloc(sizeof(stud));
    if(h==NULL)           /*分配空间并检测*/
    {
        printf("不能分配内存空间!");
        exit(0);
    }
    h->name[0]='\0';      /*把表头结点的数据域置空*/
    h->next=NULL;         /*把表头结点的链域置空*/
    p=h;                  /*p 指向表头结点*/
    for(i=0;i<n;i++)
    {
        c=(stud *) malloc(sizeof(stud));
        if(c==NULL)       /*分配新存储空间并检测*/
```

```
        {
            printf("不能分配内存空间!");
            exit(0);
        }
        p->next=c;
        /*把c的地址赋给p所指向的结点的链域，这样就把p和c所指向的结点连接起来了*/
        printf("请输入第%d个人的姓名: ",i+1);
        scanf("%s",c->name);      /*在当前结点s的数据域中存储姓名*/
        c->next=NULL;
        p=c;
    }
    return(h);
}

void print(stud *h)
{
    stud *p;
    p=h->next;
    printf("数据信息为: \n");
    while(p!=NULL)
    {
        printf("%s\n",(p->name));
        p=p->next;
    }
}
int main()
{
    int number;                         /*保存人数的变量*/
    stud *head;                         /*head是保存单链表的表头结点地址的指针*/

    number=N;
    head=create(number);                /*把所新建的单链表表头地址赋给head*/
    print(head);
    free(head);

    system("pause");
    return 0;
}
```

程序运行结果如图 17-4 所示。

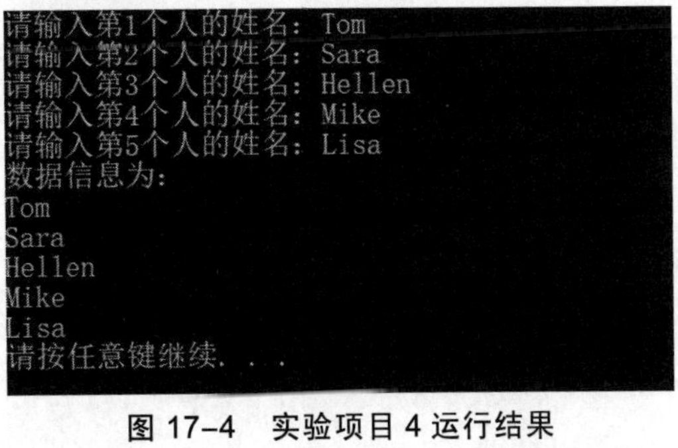

图 17-4　实验项目 4 运行结果

【实验项目 5】某一单向链表的结点数据域存储姓名，其结构如下：

```
typedef  struct  node
{
    char name[20];
```

```
    struct node *next;
}stud;
```

使用该结构，从键盘输入 10 个人的姓名，实现创建新链表、查询姓名、删除姓名、插入姓名和打印姓名的操作。

实验项目分析：本实验项目是单向链表的综合实验，可以把创建链表、查询姓名、删除姓名、插入姓名和删除姓名写成五个函数，在主函数中调用这五个函数。在主函数中编写操作选择界面，通过输入选择不同的功能。

源程序如下：

```
#include <stdio.h>
#include <stdlib.h>
#include <string.h>
#define N 10

typedef struct node
{
    char name[20];
    struct node *next;
}stud;

stud * create(int n)
{
    stud *p,*h,*s;
    int i;

    h=(stud *)malloc(sizeof(stud));
    if(h==NULL)
    {
        printf("不能分配内存空间!");
        exit(0);
    }

    h->name[0]='\0';
    h->next=NULL;
    p=h;
    for(i=0;i<n;i++)
    {
        s=(stud *)malloc(sizeof(stud));
        if(s==NULL)
        {
            printf("不能分配内存空间!");
            exit(0);
        }
        p->next=s;
        printf("请输入第%d 个人的姓名:", i+1);
        scanf("%s", s->name);
        s->next=NULL;
        p=s;
    }
    return(h);
}

stud * search(stud *h,char *x)
{
```

```
    stud *p;
    char *y;
    p=h->next;
    while(p!=NULL)
    {
        y=p->name;
        if(strcmp(y,x)==0)
            return(p);
        else
            p=p->next;
    }
    if(p==NULL)
        printf("没有查找到该数据!");
    return p;
}

stud * search2(stud *h,char *x)
{
    stud *p,*s;
    char *y;

    p=h->next;
    s=h;
    while(p!= NULL)
    {
        y=p->name;
        if(strcmp(y,x)==0)
            return(s);
        else
        {
            p=p->next;
            s=s->next;
        }
    }
    if(p==NULL)
        printf("没有查找到该数据!");
    return p;
}

void insert(stud *p)
{
    char stuname[20];
    stud *s;

    s=(stud *)malloc(sizeof(stud));
    if(s==NULL)
    {
        printf("不能分配内存空间!");
        exit(0);
    }
    printf("请输入你要插入的人的姓名:");
    scanf("%s",stuname);
    strcpy(s->name,stuname);
    s->next=p->next;
    p->next=s;
}
```

```
void del(stud *x,stud *y)
{
    stud *s;

    s=y;
    x->next=y->next;
    free(s);
}

void print(stud *h)
{
    stud *p;
    p=h->next;
    printf("数据信息为: \n");
    while(p!= NULL)
    {
        printf("%s \n",(p->name));
        p=p->next;
    }
}

void quit()
{
    exit(0);
}

void menu(void)
{
    system("cls");
    printf("\t\t\t单链表C语言实现实例\n");
    printf("\t\t|-------------------- |\n");
    printf("\t\t|                     |\n");
    printf("\t\t| [1] 建 立 新 表     |\n");
    printf("\t\t| [2] 查 找 数 据     |\n");
    printf("\t\t| [3] 插 入 数 据     |\n");
    printf("\t\t| [4] 删 除 数 据     |\n");
    printf("\t\t| [5] 打 印 数 据     |\n");
    printf("\t\t| [6] 退 出           |\n");
    printf("\t\t|                     |\n");
    printf("\t\t| 如未建立新表，请先建立! |\n");
    printf("\t\t|                     |\n");
    printf("\t\t|-------------------- |\n");
    printf("\t\t|                     |\n");
    printf("\t\t|-------------------- |\n");
    printf("\t\t 请输入你的选项(1-6):");
}

int main()
{
    int choose;
    stud *head=NULL,*searchpoint,*forepoint;
    char fullname[20];

    while(1)
    {
        menu();
```

```
        scanf("%d", &choose);
        switch(choose)
        {
            case 1:
               head=create(N);
               break;
            case 2:
               printf("输入你所要查找的人的姓名:");
               scanf("%s", fullname);
               searchpoint=search(head, fullname);
               if(searchpoint!=NULL)
                   printf("找到姓名为%s 的人! ", searchpoint->name);
               printf("\n 按回车键回到主菜单...");
               getchar();
               getchar();
               break;
            case 3:
               printf("输入你要在哪个人后面插入:");
               scanf("%s", fullname);
               searchpoint=search(head, fullname);
               if(searchpoint!=NULL)
               {
                   insert(searchpoint);
                   print(head);
               }
               printf("\n 按回车键回到主菜单...");
               getchar();
               getchar();
               break;
            case 4:
               print(head);
               printf("\n 输入你所要删除的人的姓名:");
               scanf("%s", fullname);
               searchpoint=search(head, fullname);
               forepoint=search2(head, fullname);
               del(forepoint, searchpoint);
               break;
            case 5:
               print(head);
               printf("\n 按回车键回到主菜单...");
               getchar();
               getchar();
               break;
            case 6:
               quit();
               break;
            default:
               printf("你输入了非法字符!按回车键回到主菜单...");
               system("cls");
               menu();
               getchar();
        }
    }
    return 0;
}
```

程序运行后，首先显示选择项。当输入 1 时，调用创建链表函数 create( )，依次输入 10 个人的姓名，运行结果如图 17–5 所示。

当输入 2 时，调用查找函数 search( )执行查找操作，输入要查找人的姓名后，在链表中查找数据字段相匹配的结点，如果结点存在，运行结果如图 17–6 所示。如果结点不存在，运行结果如图 17–7 所示。

图 17–5　创建链表运行结果

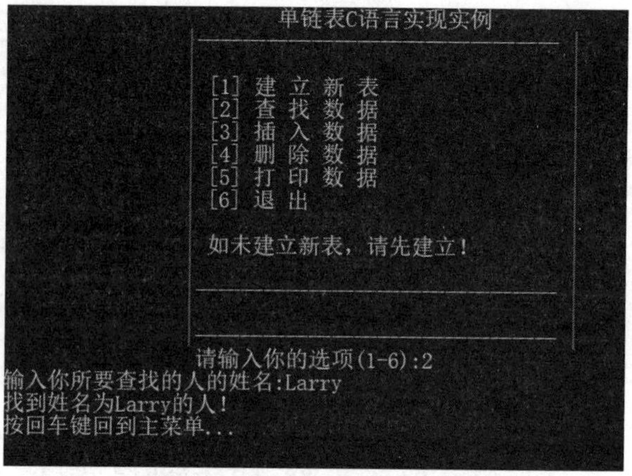

图 17–6　查找结点存在运行结果

当输入 3 时，首先要确定插入点，即在哪个结点的后面插入新结点。输入某个姓名后，先调用查找函数 search( )查找链表中是否有和该值相匹配的结点。如果有，再调用插入函数 insert( )在链表中插入一个新结点。如果没有则不会执行插入操作。运行结果如图 17–8 所示。

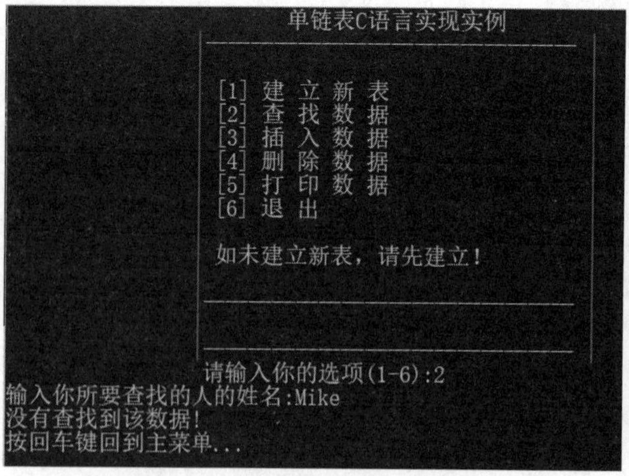

图 17–7　查找结点不存在运行结果

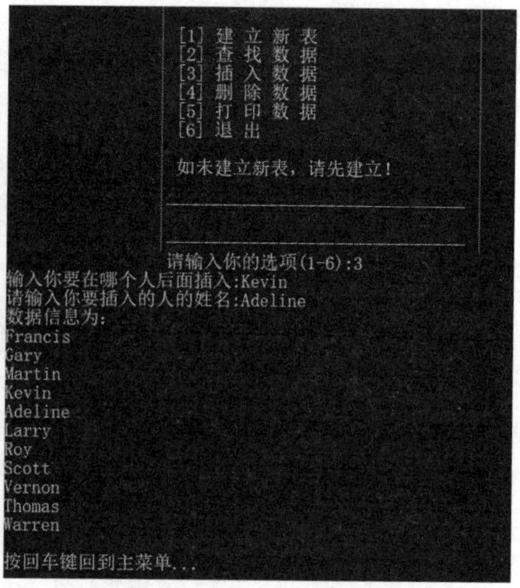

图 17–8　插入结点运行结果

当输入 4 时，首先输入要删除人的姓名，然后调用查找函数 search( )查找链表中和该值相匹配的结点，再调用查找函数 search2( )找到要删除结点的前一结点，最后调用删除函数 del( )将该结点从链表中删除。运行结果如图 17–9 所示。

当输入 5 时，调用输出链表函数 print( )输出整个链表中的数据字段，运行结果如图 17–10 所示。

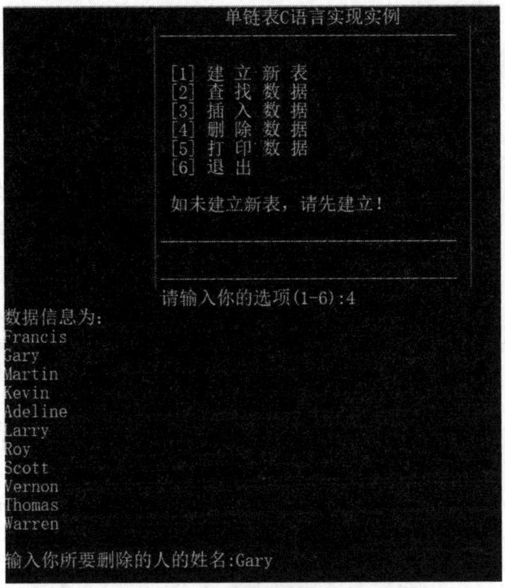

图 17-9　删除结点运行结果

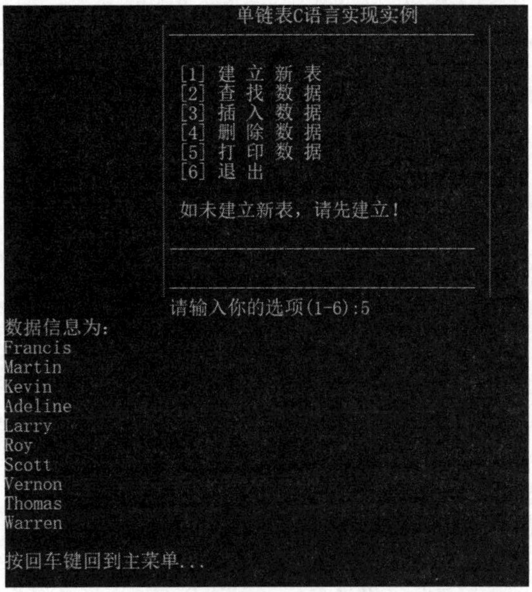

图 17-10　输出链表运行结果

【实验项目 6】双向链表与单向链表相比，多了一个指向前一结点的链接域。双向链表的基本操作同单向链表一样，主要有链表的建立、链表的输出、链表的删除、链表的插入、链表的存储和链表的装入。假设某一双向链表数据域存储姓名，其结点结构如下：

```
typedef struct node
{
   char name[20];
   struct node *prior,*next;
}stud;
```

使用该结构，从键盘输入五个人的姓名，查找某人是否在名单中，在屏幕上显示所有人的姓名。

实验项目分析：本实验项目中给出了双向链表的结构，创建该链表需要使用动态内存分配函数 malloc()和 free()。首先创建头结点，使其数据域为空，前驱结点也为空，可用 h 指向头结点，s 指向当前结点，p 指向当前结点的前一个结点。

源程序如下：

```
#include <stdio.h>
#include <stdlib.h>
#include <string.h>
#define N 5

typedef struct node
{
   char name[20];
   struct node *prior,*next;
}stud;

stud * create(int n)
{
   stud *p,*h,*s=NULL;
   int i;
   h=(stud *)malloc(sizeof(stud));
```

```
    if(h==NULL)
    {
        printf("不能分配内存空间!\n");
        exit(0);
    }
    h->name[0]='\0';
    h->prior=NULL;
    h->next=NULL;
    p=h;
    for(i=0;i<n;i++)
    {
        s=(stud *)malloc(sizeof(stud));
        if(s==NULL)
        {
            printf("不能分配内存空间!\n");
            exit(0);
        }
        p->next=s;
        printf("请输入第%d个人的姓名: ", i+1);
        scanf("%s", s->name);
        s->prior=p;
        s->next=NULL;
        p=s;
    }
    h->prior=s;
    p->next=h;
    return(h);
}

stud * search(stud *h,char *x)
{
    stud *p;
    char *y;
    p=h->next;
    while(p!=h)
    {
        y=p->name;
        if(strcmp(y,x)==0)
            return(p);
        else
            p=p->next;
    }
    printf("没有查找到该数据!\n");
    return p;
}

void print(stud *h)
{
    stud *p;
    p=h->next;
    printf("数据信息为: \n");
    while(p!=h)
    {
        printf("%s\n",(p->name));
        p=p->next;
```

```
    }
    printf("\n");
}

int main()
{
    int number;
    char studname[20];
    stud *head,*searchpoint;
    number=N;
    system("cls");
    head=create(number);
    print(head);
    printf("请输入你要查找的人的姓名:");
    scanf("%s", studname);
    searchpoint=search(head, studname);
    if (searchpoint!=head)
        printf("找到姓名是%s 的人! \n", searchpoint->name);

    system("pause");
    return 0;
}
```

程序运行后，首先输入五个人的姓名，在进行查找时首先输入要查找人的姓名，然后在链表中查找数据字段相匹配的结点，如果结点存在，运行结果如图 17-11 所示。如果结点不存在，运行结果如图 17-12 所示。

图 17-11　查找结点存在运行结果

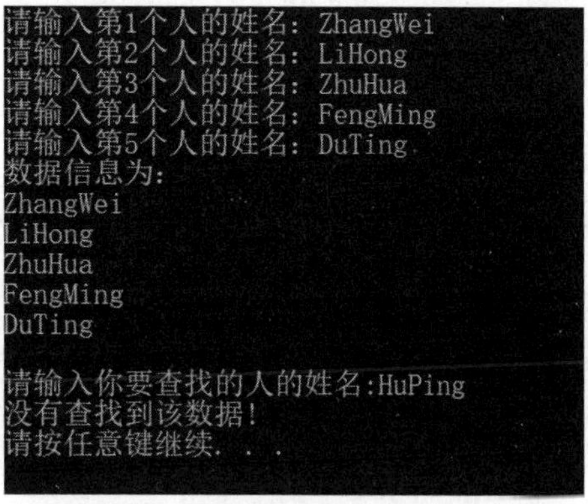

图 17-12　查找结点不存在运行结果

五、实验作业

1. 编写函数，统计一维数组 A 中值为偶数的元素个数，并将这些元素存储在一维数组 B 中。在主函数中调用该函数并输出值为偶数的元素个数及数组 B 的各元素值。

2. 编写函数，计算二维数组 a[5][5]各列元素值的和，并存储在一维数组 b[5]中。在主函数中调用该函数进行计算后输出数组 a 和数组 b 的各元素值。

3. 假设链表中的结点结构如下所示：

```
struct stu
{
    int  xh;
    char xm[20];
```

```
    struct stu*next;
};
```

使用该结构，从键盘输入10个学生的信息并在屏幕上显示。

4. 对于上题所创建的链表，编写函数查找在链表中是否有姓名为LiMing的同学，如果有返回值为1，没有返回值为0。

5. 假设链表中的结点结构如下所示：

```
struct teacher
{
    char xm[20];
    int age;
    struct teacher*next;
};
```

使用该结构，首先输入五位教师的信息，再输出年龄最大的教师信息。

六、实验报告要求

结合实验准备方案和实验过程记录，总结指针以及单向链表的使用方法，灵活掌握指针的应用及链表的基本操作。

认真书写实验报告，分析自己在编译过程中出现的错误，并说明原因。

实验 18 位 运 算

位运算是 C 语言有别于其他高级语言的一种强大的运算，它使得 C 语言具有了某些低级语言的功能，使程序可以进行二进制的运算，它能直接对计算机的硬件进行操作，因而它具有广泛的用途和很强的生命力。

一、实验学时

1 学时。

二、实验目的和要求

（1）掌握按位运算的概念和方法，能使用位运算符。

（2）掌握通过位运算实现对某些位的操作。

三、实验要点概述

1. 字节与位

二进制数系统中，位（bit）也称比特，每个 0 或 1 就是一个位，位是数据存储的最小单位。字节（Byte）是计算机信息存储的最小单位，1 字节等于 8 位二进制。

2. 按位与运算符“&”

运算规则：参与运算的两个数各对应的二进制位相“与”，也就是说只有对应的两个二进制位均为 1 时，结果位才为 1，否则为 0。即 0&0=0，0&1=0，1&0=0，l&1=1。

3. 按位或运算符“|”

运算规则：参与运算的两个数对应的二进制位相“或”，也就是说只有对应的两个二进制位均为 0 时，结果位才为 0，否则为 1。即 0|0=0，0|1=1，1|0=1，1|1=1。

4. 按位异或运算符“^”

运算规则：参与运算的两个数对应的二进制位相“异或”，也就是说当二进制位相异时，结果为 1，否则为 0。即 0^0=0，0^1=1，1^0=l，1^1=0。

5. 按位取反运算符“~”

运算规则：参与运算的一个数的各二进位按位取“反”，也就是说 0 变成 1，1 变成 0。即 ~0=1，~1=0。

6．左移运算符“<<”

运算规则：将“<<”与算符左边的运算数的二进制位全部左移若干位，高位左移溢出部分丢弃，低位补 0。

7．右移运算符“>>”

运算规则：将“>>”与算符左边的运算数的二进制位全部右移若干位，低位右移部分丢弃。对于无符号数高位补 0；对于有符号数，如果原来符号位为 0（正数），则高位补 0，如果符号位为 1（负数），则高位补 0 或 1 由计算机系统决定。

8．位复合赋值运算符

C 语言提供了五种位复合赋值运算符：&=、|=、^=、<<=和>>=。运算符为双目运算符。位复合赋值运算符先对右侧值进行相应的位运算，然后再将运算结果赋值给运算符左侧的变量。右侧值只能是整型或字符型数据。

四、实验项目

【实验项目 1】在程序中给定两个正整数，分别将它们（1）连续多次左移、右移一位；（2）连续多次左移、右移两位。

请以十进制、十六进制显示每一次的结果。

实验项目分析：本试验内容主要应用左移运算符“<<”和右移运算符“>>”。

源程序如下：

```
#include  <stdio.h>
#include  <stdlib.h>

int main()
{
   int small,big,index,count;

   printf("left(%%d)   left(%%x)   right(%%d)   right(%%x)\n\n");
   small=1;                          /*初始化小数*/
   big=0x4000;                       /*初始化大数*/
   for(index=0;index<17;index++)
   {
      printf("%10d %10x %10d  %10x\n",small,small,big,big);
      small=small<<1;                /*将小数左移一位*/
      big=big>>1;                    /*将大数右移一位*/
   }
   getchar();                        /*按键后继续*/
   printf("\n");
   printf("  left(%%d)    left(%%x)    right(%%d)  right(%%x)\n\n");
   count=2;
   small=1;
   big=0x4000;
   for(index=0;index<9;index++)
   {
      printf("%10d %10x %10d  %10x\n",small,small,big,big);
      small=small<<count;           /*小数左移 2 位*/
      big=big>>count;               /*大数右移 2 位*/
   }

   return 0;
}
```

程序运行结果如图 18-1 所示。

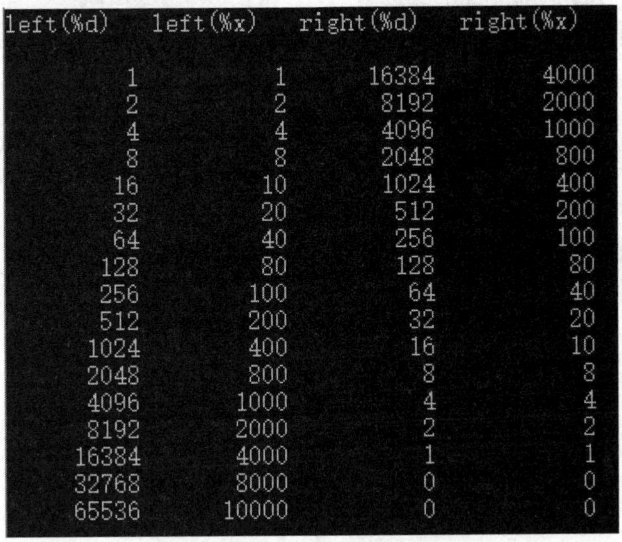

图 18-1　实验项目 1 运行结果

【实验项目 2】编写函数，使给出一个数的原码形式，能得到该数对应的补码。要求在主函数中以八进制形式输入原码，输出补码。

实验项目分析：本实验项目涉及的知识点是：按位与运算符“&”和按位异或运算符“^”。

源程序如下：

```
#include  <stdio.h>
#include  <stdlib.h>

unsigned int code(unsigned int x)                /*已知数的原码形式 x，求补码*/
{
    unsigned int y,z;

    y=x&0x8000;                                  /*判断数的符号*/
    if(y==0)                                     /*如是正数*/
      z=x;
    else                                         /*如果是负数*/
       z=(x^0x7fff)+1;
    return z;
}
int main()
{
    unsigned int x;
    printf("input a number in %%o ");
    scanf("%o",&x);                              /*以八进制形式输入原码*/
    printf("its code is: %o\n",code(x));         /*以八进制形式输出补码*/

    return 0;
}
```

对于正数而言，其补码的值与原码的值相同；对于负数而言，其补码的值为它的反码值加 1。当输入正数时，程序运行结果如图 18-2 所示；当输入负数时，程序运行结果如图 18-3 所示。

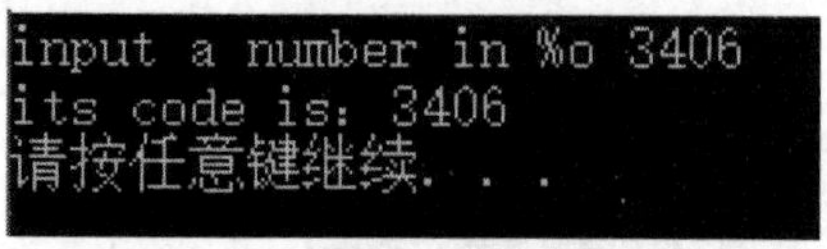

图 18-2　实验项目 2 输入正数时运行结果

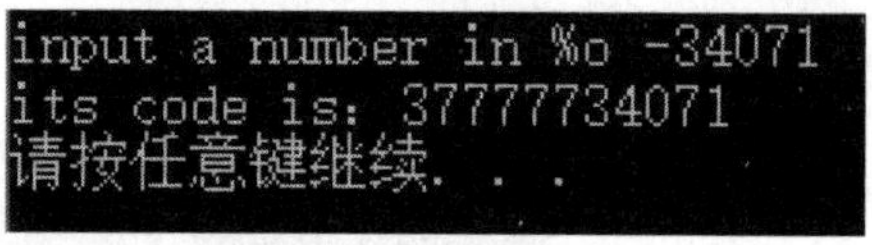

图 18-3　实验项目 2 输入负数时运行结果

五、实验作业

1. 阅读程序，分析程序的功能，写出执行结果，并上机运行验证。

```
#include  <stdio.h>
#include  <stdlib.h>

int  main()
{
    char a=0x95,b,c;
    b=(a&0xf)<<4;
    c=(a&0xf0)>>4;
    a=b|c;
    printf("%x\n",a);

    return 0;
}
```

2. 阅读程序，分析程序的功能，写出执行结果，并上机运行验证。

```
#include <stdio.h>
#include <stdlib.h>

int main()
{
    unsigned a,b;l
    a=0x9a;
    b=~a;
    printf("a:%x\nb:%x=n",a,b);

    return 0;
}
```

3. 阅读程序，分析程序的功能，写出执行结果，并上机运行验证。

```
#include  <stdio.h>
#include  <stdlib.h>

int main()

{
    unsigned a=0112,x,y,z;
    x=a>>3;
    printf("x=%o,",x);
    y=~(~0<<4);
    printf("y=%o,",y);
    z=x&y;
    printf("z=%o\n",z);

    return 0;
}
```

六、实验报告要求

结合实验准备方案、实验过程记录和实验作业，掌握按位运算的概念和方法，总结通过位运算实现对某些位操作的方法。

认真书写实验报告，分析自己在编译过程中出现的错误，并说明原因。

实验 19 简单 C++程序设计

本实验主要介绍 C++语言程序设计与 C 语言程序设计的异同点。通过两个实验项目的分析与操作，使读者能够快速从 C 语言编程过渡到 C++语言编程。

一、实验学时

1 学时。

二、实验目的和要求

（1）了解 C 语言与 C++语言的异同点。
（2）掌握 C++语言数据输入和输出的基本方法。
（3）掌握编写 C++程序的基本方法。

三、实验要点概述

1. C++语言与 C 语言的主要差别

（1）尽量用 const 和 inline 而不用#define。
（2）尽量用<iostream>而不用<stdio.h>。
（3）尽量用 new 和 delete 而不用 malloc 和 free。
（4）尽量使用 C++风格的注释。

2. cin 和流读取运算符>>结合在一起使用，可从键盘输入数据

格式 1：

```
cin>>变量名;
```

功能：从键盘读取一个数据并将其赋给“变量”。

说明：在使用 cin 输入时必须考虑后面的变量类型。如果要求输入一个整数，在 >>后面必须跟一个整型变量，如果要求输入一个字符，后面必须跟一个字符型变量。

```
int age;
cin>>age;
```

也可以连续使用>>，实现从键盘对多个变量输入数据。

格式 2：

```
cin>>变量名 1>>变量名 2>>…>>变量名 n;
```

要求从键盘输入的数据的个数、类型与变量相一致。从键盘读取数据时，各数据之间要有分

隔符，分隔符可以是一个或多个空格或其他字符（字符需原样输入）。

例如：

```
int a, b, c;
cout << "Enter a b c"<<endl;
cin >> a>>b>>c;
```

3. 流插入运算符<<和 cout 结合在一起使用，可向显示器屏幕输出数据

格式 1：

```
cout<<变量 1<<变量 2<<…<<变量 n;
```

功能：把表达式的值输出到屏幕上，该表达式可以是各种基本类型的常量、变量或者由它们组成的表达式。输出时，程序根据表达式的类型和数值大小，采用不同的默认格式输出，大多数情况下可满足要求。

若要输出多个数据，可以连续使用流插入运算符。

格式 2：

```
cout<<"变量 1="<<变量 1<<endl;
cout<<"变量 2="<<变量 2<<endl;
…
cout<<"变量 n="<<变量 n<<endl;
```

功能：将表达式的内容一项接一项地输出到屏幕上。

4. 换行符的使用

必须注意，除非明确指定，cout 并不会自动在其输出内容的末尾加换行符。例如：

```
cout<<"This is a sentence.";
cout<<"This is another sentence." ;
```

上面两行语句运行后的输出结果为：

```
This is a sentence.This is another sentence.
```

虽然分别调用了两次 cout，两个句子还是被输出在同一行。所以，为了在输出中换行，必须插入一个换行符来明确表达这一要求，在 C++中换行符可以写作 endl。

另外，也可以用操作符 endl 换行。例如：

```
cout<<"First sentence." << endl;
cout<<"Second sentence." << endl;
```

上面两行语句运行后的输出结果为：

```
First sentence.
Second sentence.
```

四、实验项目

【实验项目 1】从键盘输入两个整数，输出这两个数的和。要求使用 C++语言进行编写。

实验项目分析：该实验项目的主要目的是使读者掌握 C++语言中数据的输入和输出。

源程序如下：

```
#include  <iostream>
#include  <stdlib.h>
using  namespace  std;

int main()
{
   int n1,n2,sum=0;

   cout<<"从键盘输入两个整数"<<endl;
```

```
    cin>>n1;
    cin>>n2;
    sum=n1+n2;

    cout<<n1<<"+"<<n2<<"="<<sum<<endl;

    system("pause");
    return 0;
}
```

程序运行结果如图 19-1 所示。

图 19-1　实验项目 1 运行结果

说明：从程序的运行结果可以看出，cin 和 cout 的使用比 scanf( ) 和 printf( )简单，cout 语句最后的 endl 表示换行输出。如果没有语句“using namespace std;”，程序在编译时会出现如下错误提示：

```
error C2065: "cout": 未声明的标识符
error C2065: "endl": 未声明的标识符
error C2065:  "cin": 未声明的标识符
```

【实验项目 2】使用 C++语言，编程实现 1+2+3+…+100。

实验项目分析：使用 C 语言编写程序实现 1+2+3+…+100 是再简单不过的题目了，本题的主要目的是让读者体会 C 是 C++的子集，C 中的基本程序结构在 C++中同样适用。

本题源代码如下：

```
#include <iostream>
#include <stdlib.h>
using namespace std;

int main()
{
    int sum=0;

    for(int i=1;i<=100;i++)
        sum+=i;
    cout<<"1+2+3+…+100="<<sum<<endl;

    system("pause");
    return 0;
}
```

程序运行结果如图 19-2 所示。

图 19-2　实验项目 2 运行结果

五、实验作业

1. 从键盘输入两个整数，输出较大的整数。使用 C++语言编写。
2. 从键盘输入正方形的边长，输出正方体的面积。分别用 C 语言和 C++语言编写。
3. 水仙花数是指一个三位数，它的每个位上的数字的 3 次幂之和等于它本身（如 $1^3+5^3+3^3=153$）。使用 C++语言编写程序，输出所有的水仙花数。
4. 10 名学生计算机基础的成绩分别为 78,58,69,87,96,74,81,60,28,46。使用 C++编程输出这 10 名同学的及格人数和及格率。

六、实验报告要求

结合实验准备方案、实验过程记录和实验作业，总结 C 语言和 C++语言在程序设计中的异同点，掌握 C++语言中数据的输入和输出的基本方法。

认真书写实验报告，分析自己在编译过程中出现的错误，并说明原因。

实验 20 综合实验

一个软件的开发，包含需求分析、可行性分析、初步设计、详细设计、形成文档、建立初步模型、编写详细代码、测试修改、发布等多个步骤。本次实验按照需求分析、整体设计、详细设计、软件开发、测试和文档整理这几个阶段进行。综合使用C语言的变量、顺序结构、分支结构、循环结构、函数、数组、结构体和文件等知识来实现电话号码存储系统。通过本次实验，读者可掌握使用C语言开发项目的基本方法。

一、实验学时

8学时。

二、实验目的和要求

（1）了解软件开发的基本过程。
（2）了解信息系统的基本功能和设计方法。
（3）掌握模块化程序设计的基本方法。
（4）掌握复杂程序的调试方法。

三、实验内容

电话号码存储系统的软件开发过程如下：

1. 需求分析

超市中，经常需要保存客户的姓名、电话号码、地址等信息，以方便进行送货上门、订购服务。

电话号码目录是拥有大量数据的存储库，提供有关个人和组织的信息，简易的电话号码存储系统可以采用C语言来实现，并且这些信息可以保存在磁盘文件上。

随着新客户信息的加入、一些非活跃客户信息的删除以及某些客户信息的改变，必须经常更新目录。因此，在电话号码存储系统中除了有添加、删除、修改功能外，还必须有查询数据的功能。

2. 整体设计

系统采用C语言编写，电话号码目录要求保存在一个名为telephone.dat的文件中，该文件应包括下列客户详细信息：

客户姓名（最多 30 字符）；

地址（最多 50 字符）；

电话号码（介于 1300000000 ~ 19999999999 之间）。

telephone.dat 文件始终应该按客户名排序，而不管执行的是什么操作。

根据需求分析，电话号码目录系统应具有添加新客户、修改、删除非活跃客户、按照客户姓名或电话号码查询和显示全部客户信息等功能。因此，该系统可以从图 20–1 所示的菜单开始。根据客户的选择，将执行对应的操作。对应的整体框架的流程图如图 20–2 所示。

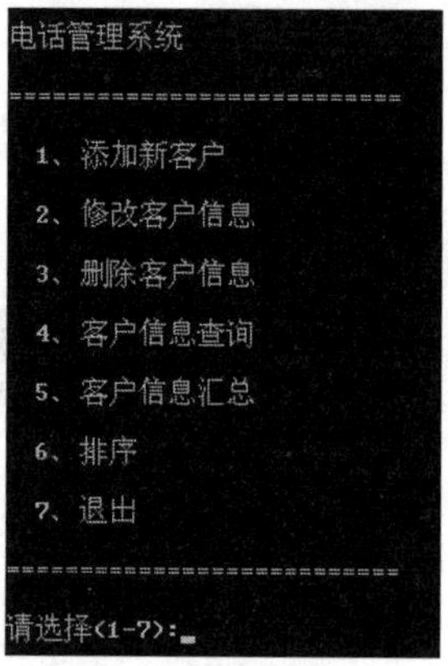

图 20–1　系统菜单

整体框架的代码如下：

```
#include <stdio.h>
#include <stdlib.h>
#include <string.h>

void input();                    //添加新客户函数
void amend();                    //修改客户信息函数
void delete_client();            //删除客户信息函数
void demand_client();            //客户信息查询函数
void collect_telephone();        //客户信息汇总函数
void save_client(struct telephone message); //保存函数
void demand_name();              //按客户姓名查询
void demand_telephone();         //按电话号码查询
void sort();                     //排序

int main()
{
   char choice[10]="";
   int len=0;
   while (choice[0]!='7')
   {
      system("cls");
      printf("\n 电话管理系统\n");
      printf("\n==============================\n");
      printf("\n  1、添加新客户                \n");
      printf("\n  2、修改客户信息              \n");
      printf("\n  3、删除客户信息              \n");
      printf("\n  4、客户信息查询              \n");
      printf("\n  5、客户信息汇总              \n");
      printf("\n  6、排序                      \n");
      printf("\n  7、退出                      \n");
      printf("\n==============================\n");
      printf("\n 请选择(1-7):");
      scanf("%s",choice);
      len=strlen(choice);
      if (len>1)
      {
         printf("\n 请输入 1-7 之间的整数\n");
         printf("\n 按任意键返回主菜单......\n");
         getchar();
         getchar();
         continue;
```

```
        }

        switch (choice[0])
        {
        case '1':
            input();
            break;
        case '2':
            amend();
            break;
        case '3':
            delete_client();
            break;
        case '4':
            demand_client();
            break;
        case '5':
            collect_telephone();
            break;
        case '6':
            sort();
            break;
        default:
            break;
        }
    }

    system("pause");
    return 0;
}
//添加新客户函数
void input(){  }
//修改客户信息函数
void amend(){  }
//删除客户信息函数
void delete_client(){  }
//客户信息查询函数
void demand_client(){  }
//客户信息汇总函数
void collect_telephone(){  }
//客户信息排序函数
void sort(){  }
```

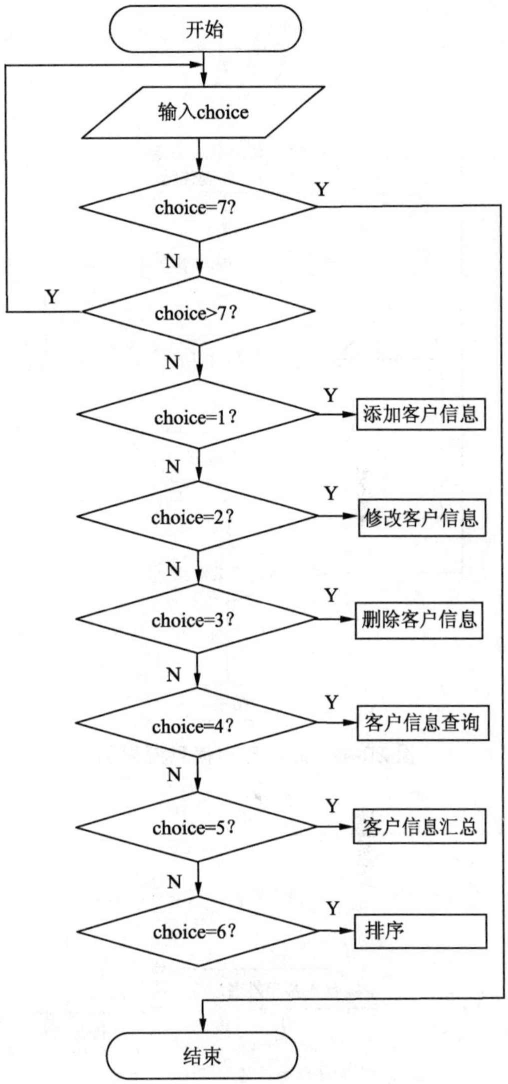

图 20-2　系统整体框架流程图

3. 功能设计

（1）添加客户信息添加客户信息的流程图如图 20-3 所示。

（2）修改客户信息。修改客户信息流程图如图 20-4 所示。

（3）删除客户信息。删除客户信息流程图如图 20-5 所示。

（4）根据电话号码查询客户信息。根据电话号码查询客户信息的流程图如图 20-6 所示。

（5）根据客户名查询客户信息。根据客户名查询客户信息的流程图如图 20-7 所示。

（6）显示全部客户信息。显示全部客户信息的流程图如图 20-8 所示。

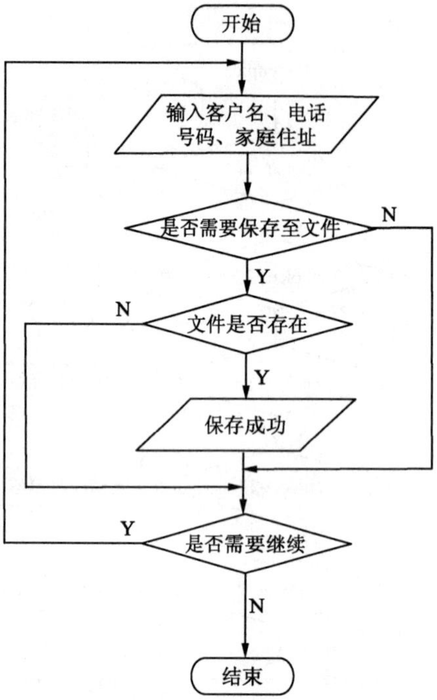

图 20-3　添加客户信息流程图

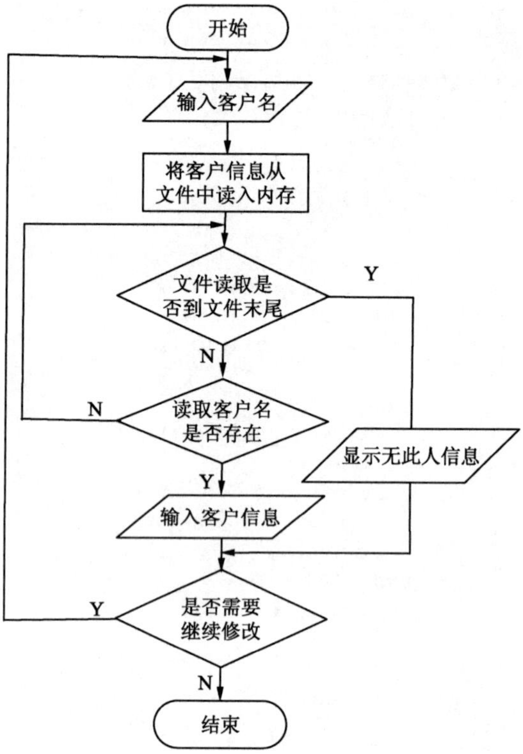

图 20-4　修改客户信息流程图

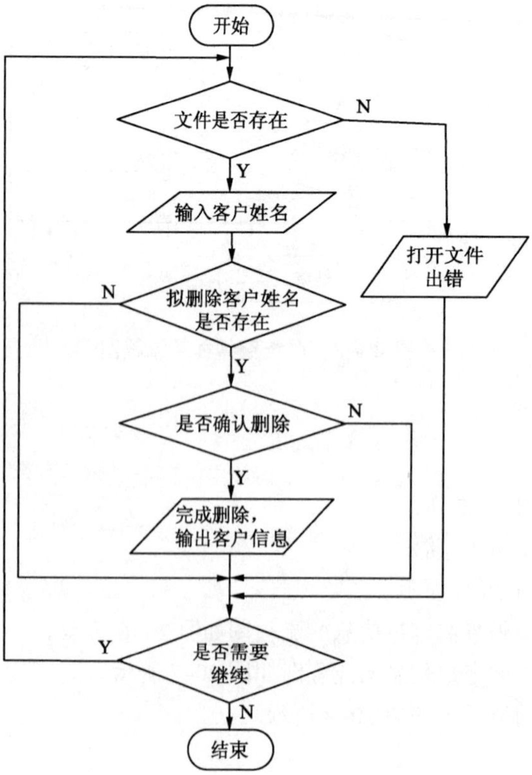

图 20-5　删除客户信息流程图

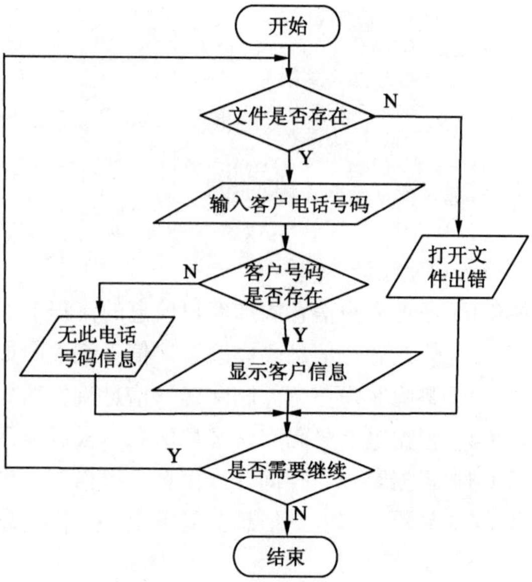

图 20-6　根据电话号码查询客户信息流程图

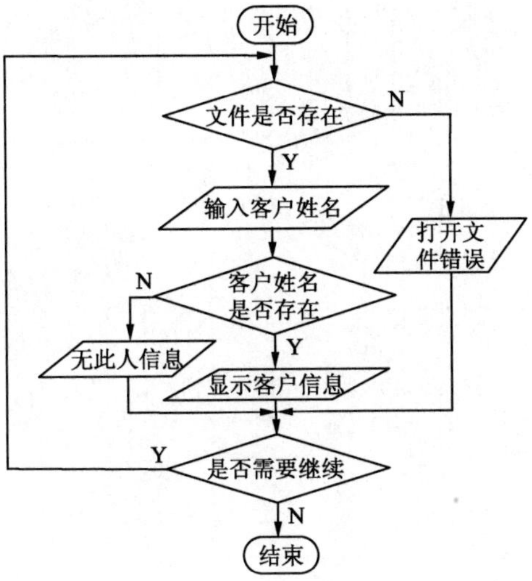

图 20-7　根据客户名查询客户信息流程图

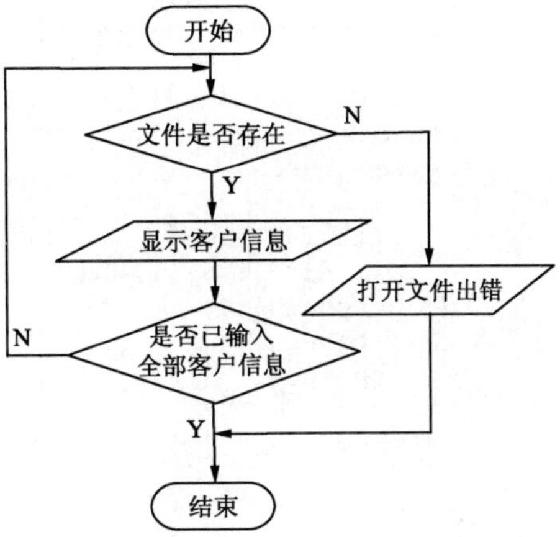

图 20-8　显示全部客户信息流程图

4. 源程序

```
#include <stdio.h>
#include <stdlib.h>
#include <string.h>
#define N 100

void input();                       //添加新客户函数
void amend();                       //修改客户信息函数
void delete_client();               //删除客户信息函数
void demand_client();               //客户信息查询函数
void collect_telephone();           //客户信息汇总函数
void save_client(struct telephone message);//保存函数
void demand_name();                 //按客户名查询
void demand_telephone();            //按电话号码查询
void sort();                        //排序

struct telephone
{
    char client_name[20];
    char client_address[30];
    char client_telephone[15];
};

int  main()
{
    char choice[10]="";
    int len=0;
    while (choice[0]!='7')
    {
        system("cls");
        printf("\n电话管理系统\n");
        printf("\n=============================\n");
        printf("\n  1、添加新客户                \n");
        printf("\n  2、修改客户信息              \n");
        printf("\n  3、删除客户信息              \n");
        printf("\n  4、客户信息查询              \n");
```

```
        printf("\n  5、客户信息汇总                  \n");
        printf("\n  6、排序                          \n");
        printf("\n  7、退出                          \n");
        printf("\n===========================\n");
        printf("\n请选择(1-7):");
        scanf("%s",choice);
        len=strlen(choice);
        if(len>1)
        {
           printf("\n请输入1-6之间的整数\n");
           printf("\n按任意键返回主菜单……\n");
           getchar();
           getchar();
           continue;
        }
        switch (choice[0])
        {
        case '1':
           input();
           break;
        case '2':
           amend();
           break;
        case '3':
           delete_client();
           break;
        case '4':
           demand_client();
           break;
        case '5':
           collect_telephone();
           break;
        case '6':
           sort();
           break;
        default:
           break;
        }
    }

    system("pause");
    return 0;
}

//添加新客户函数
void input()
{
    struct telephone message;
    char reply='y';
    char save='y';
    while(reply=='y')
    {
        system("cls");
        printf("\n客户姓名: ");
        scanf("%s",message.client_name);
        printf("\n家庭住址: ");
        scanf("%s",message.client_address);
        printf("\n电话号码: ");
```

```
        scanf("%s",message.client_telephone);
        printf("\n要保存吗?(y/n):");
        scanf(" %c",&save);
        if(save=='y')
        {
            save_client(message);
        }
        printf("\n要继续吗?(y/n):");
        scanf(" %c",&reply);
    }
    printf("\n按任意键返回主菜单……\n");
    getchar();
    getchar();
}

//保存函数
void save_client(struct telephone message)
{
    FILE *fp;
    fp=fopen("message.dat","a+");
    if(fp!=NULL)
    {
        fwrite(&message,sizeof(struct telephone),1,fp);
    }
    else
    {
        printf("\n打开文件时出现错误,按任意键返回……\n");
        getchar();
        return;
    }
    fclose(fp);
}

//修改客户信息函数
void amend()
{
    struct telephone message;
    FILE *fp;
    char amend_name[20];
    char reply='y';
    char found='y';
    char save='y';
    int size=sizeof(struct telephone);
    while(reply=='y')
    {
        found='n';
        fp=fopen("message.dat","r+w");
        if(fp!=NULL)
        {
            system("cls");
            printf("\n请输入你要修改的姓名: ");
            scanf("%s",amend_name);
            while((fread(&message,size,1,fp))==1)
            {
                if((strcmp(amend_name,message.client_name))==0)
                {
                    found='y';
                    break;
```

```
                }
            }
            if(found=='y')
            {

                printf("\n==============================================\n");
                printf("\n客户姓名:%s\n",message.client_name);
                printf("\n家庭地址:%s\n",message.client_address);
                printf("\n电话号码:%s\n",message.client_telephone);
                printf("\n==============================================\n");
                printf("\n修改客户信息: \n");
                printf("\n客户姓名: ");
                scanf("%s",message.client_name);
                printf("\n家庭住址: ");
                scanf("%s",message.client_address);
                printf("\n电话号码: ");
                scanf("%s",message.client_telephone);
                printf("\n要保存吗?(y/n):");
                scanf("%c",&save);
                if(save=='y')
                {
                    fseek(fp,-size,1);
                    fwrite(&message,sizeof(struct telephone),1,fp);
                }
            }
            else
            {
                printf("\n无此人信息!\n");
            }
        }
        else
        {
            printf("\n打开文件时出现错误，按任意键返回……\n");
            getchar();
            return;
        }
        fclose(fp);
        printf("\n要继续吗?(y/n):");
        scanf(" %c",&reply);
    }
    printf("\n按任意键返回主菜单……\n");
    getchar();
    getchar();
}

//删除客户信息函数
void delete_client()
{
    struct telephone message[N];
    struct telephone temp_str;
    struct telephone delete_str;
    int i=0,j=0;
    char reply='y';
    char found='y';
    char confirm='y';
    char delete_name[20];
    FILE *fp;
```

```
while(reply=='y')
{
    system("cls");
    fp=fopen("message.dat","r");
    if(fp!=NULL)
    {
        i=0;
        found='n';
        printf("\n请输入你的姓名: ");
        scanf("%s",delete_name);
        while((fread(&temp_str,sizeof(struct telephone),1,fp))==1)
        {
            if((strcmp(delete_name,temp_str.client_name))==0)
            {
                found='y';
                delete_str=temp_str;
            }//查找要删除的记录
            else
            {
                message[i]=temp_str;
                i++;
            }//将其他无关记录保存起来
        }
    }
    else
    {
        printf("\n打开文件时出现错误，按任意键返回……\n");
        getchar();
        return;
    }
    fclose(fp);
    if(found=='y')
    {
        printf("\n==========================================\n");
        printf("\n客户姓名:%s\n",delete_str.client_name);
        printf("\n家庭地址:%s\n",delete_str.client_address);
        printf("\n电话号码:%s\n",delete_str.client_telephone);
        printf("\n==========================================\n");
    }
    else
    {
        printf("\n无此人信息，按任意键返回……\n");
        getchar();
        break;
    }
    printf("\n确定要删除吗?(y/n):");
    scanf(" %c",&confirm);
    if(confirm=='y')
    {
        fp=fopen("message.dat","w");
        if(fp!=NULL)
        {
            for(j=0;j<i;j++)
            {
                fwrite(&message[j],sizeof(struct telephone),1,fp);
            }
            printf("\n记录已删除!!!\n");
```

```
            }
            else
            {
                printf("\n 打开文件时出现错误，按任意键返回……\n");
                getchar();
                return;
            }
            fclose(fp);
        }
        printf("\n 要继续吗?(y/n):");
        scanf(" %c",&reply);
    }
    printf("\n 按任意键返回主菜单……\n");
    getchar();
}

//客户信息查询函数
void demand_client()
{
    int choice=1;
    while (choice!=3)
    {
        system("cls");
        printf("\n 电话查询菜单\n");
        printf("\n  1  按客户姓名查询\n");
        printf("\n  2  按电话号码查询\n");
        printf("\n  3  返回主菜单\n");
        printf("\n 请选择(1-3):");
        scanf("%d%*c",&choice);
        if(choice>3)
        {
            printf("\n 请输入 1-6 之间的整数\n");
            printf("\n 按任意键返回菜单……\n");
            getchar();
            continue;
        }
        if(choice==1)
        {
            demand_name();
        }
        else if(choice==2)
        {
            demand_telephone();
        }
    }
}

//按客户名查询
void demand_name()
{
    struct telephone message;
    FILE *fp;
    char amend_name[20];
    char reply='y';
    char found='y';
    while(reply=='y')
    {
        found='n';
```

```
        fp=fopen("message.dat","r+w");
        if(fp!=NULL)
        {
            system("cls");
            printf("\n请输入你的姓名: ");
            scanf("%s",amend_name);
            while((fread(&message,sizeof(struct telephone),1,fp))==1)
            {
                if((strcmp(amend_name,message.client_name))==0)
                {
                    found='y';
                    break;
                }
            }
            if (found=='y')
            {

                printf("\n============================================\n");
                printf("\n客户姓名:%s\n",message.client_name);
                printf("\n家庭地址:%s\n",message.client_address);
                printf("\n电话号码:%s\n",message.client_telephone);
                printf("\n============================================\n");
            }
            else
            {
                printf("\n无此人信息!\n");
            }
        }
        else
        {
            printf("\n打开文件时出现错误，按任意键返回……\n");
            getchar();
            return;
        }
        fclose(fp);
        printf("\n要继续吗?(y/n):");
        scanf(" %c",&reply);
    }
    printf("\n按任意键返回主菜单……\n");
    getchar();
    getchar();
}

//按电话号码查询
void demand_telephone()
{
    struct telephone message;
    FILE *fp;
    char telephone[20];
    char reply='y';
    char found='y';
    while(reply=='y')
    {
        found='n';
        fp=fopen("message.dat","r+w");
        if(fp!=NULL)
        {
```

```
        system("cls");
        printf("\n请输入你的电话号码: ");
        scanf("%s",telephone);
        while((fread(&message,sizeof(struct telephone),1,fp))==1)
        {
            if((strcmp(telephone,message.client_telephone))==0)
            {
                found='y';
                break;
            }
        }
        if(found=='y')
        {
            printf("\n================================================\n");
            printf("\n客户姓名:%s\n",message.client_name);
            printf("\n家庭地址:%s\n",message.client_address);
            printf("\n电话号码:%s\n",message.client_telephone);
            printf("\n================================================\n");
        }
        else
        {
            printf("\n无此电话号码的有关信息!\n");
        }
    }
    else
    {
        printf("\n打开文件时出现错误，按任意键返回……\n");
        getchar();
        return;
    }
    fclose(fp);
    printf("\n要继续吗?(y/n):");
    scanf("%c",&reply);
  }
  printf("\n按任意键返回主菜单……\n");
  getchar();
  getchar();
}
//客户信息汇总函数
void collect_telephone()
{
    struct telephone message;
    FILE *fp;
    fp=fopen("message.dat","r");
    if(fp!=NULL)
    {
        system("cls");
        printf("\n客户姓名\t\t家庭地址\t\t电话号码\n");
        while((fread(&message,sizeof(struct telephone),1,fp))==1)
        {
            printf("\n%-24s",message.client_name);
            printf("%-25s",message.client_address);
            printf("%-12s\n",message.client_telephone);
        }
    }
    else
```

```
    {
        printf("\n 打开文件时出现错误，按任意键返回……\n");
        getchar();
        return;
    }
    fclose(fp);
    printf("\n 按任意键返回主菜单……\n");
    getchar();
}

void sort()
{
    FILE *fp;
    struct telephone message,temp[N],a;
    int i,j,k;
    fp=fopen("message.dat","r");
    for(i=0;(fread(&message,sizeof(struct telephone),1,fp))==1;i++)
    {
        temp[i]=message;
    }
    for(k=0;k<i-1;k++)
    {
        for(j=k+1;j<i;j++)
        {
            if((strcmp(temp[k].client_name,temp[j].client_name))>0)
            {
                a=temp[k];
                temp[k]=temp[j];
                temp[j]=a;
            }
        }
    }
    fclose(fp);
    fp=fopen("message.dat","w");
    if(fp!=NULL)
    {
        for(j=0;j<i;j++)
        {
            fwrite(&temp[j],sizeof(struct telephone),1,fp);
        }
    }
    fclose(fp);
    getchar();
}
```

四、实验作业

设计一个学生成绩管理系统，实验目的与要求以及总体设计如下。

1. 设计目的与要求

目的：实现对于学生成绩的查询以及管理。自动录入，方便快捷。数据录入功能、综合成绩的计算、查询功能（学生基本情况查询、成绩查询）、删除功能、排序功能等为一体。使学生成绩等信息实现信息化快捷管理。

要求：设计一个简单的学生成绩管理系统。学生基本信息文件（student.dat）及其内容：student.dat 文件不需要编程录入数据，可用文本编辑工具直接生成，数据格式如下：

```
学号    姓名    语文    数学    英语    C语言设计
```

功能要求及说明：

（1）数据录入功能：只录入每个学生的学号、姓名、语文、数学、英语、C 语言设计共六个数据，总成绩和平均分由程序根据条件自动运算。

（2）查询功能：查看学生信息和查看学生成绩。

（3）增加功能：增加学生信息。

（4）删除功能：删除学生信息。

（5）修改功能：修改学生信息。

（6）排序功能：按总成绩排序。

（7）统计功能：统计不及格的人数及其成绩。

2. 总体设计

经过分析整个系统，可以将系统分为八大模块：增加学生信息、查看学生信息、查找学生成绩、删除学生成绩、修改学生成绩、成绩排序、统计、退出。

五、实验报告要求

结合实验准备方案、实验过程记录和实验作业，掌握软件开发各个环节的基本任务和基本要求，总结软件开发的基本流程。

认真书写实验报告，分析自己在编译过程中出现的错误，并说明原因。

附录　全国计算机等级考试（二级 C 语言）考试指导

附录 A　全国计算机等级考试介绍

一、全国计算机等级考试简介

全国计算机等级考试（National Computer Rank Examination，NCRE）是经原国家教育委员会（现教育部）批准，由教育部考试中心主办，面向社会，用于考查应试人员计算机应用知识与技能的全国性计算机水平考试体系。

考生不受年龄、职业、学历等背景的限制，任何人均可根据自己学习情况和实际能力选考相应的级别和科目。考生可携带有效身份证件到就近考点报名。每次考试报名的具体时间由各省（自治区、直辖市）级承办机构规定。

自 1994 年开考以来，NCRE 适应了市场经济发展的需要，考试持续发展，考生人数逐年递增，至 2020 年底，累计考生人数超过 9 200 万，累计获证人数近 3 400 万。

NCRE 考试采用全国统一命题、统一考试的形式。近年来，每年安排四次考试。一般安排在 3 月、6 月、9 月和 12 月考试，其中 3 月和 9 月考试开考全部级别全部科目，6 月和 12 月考试开考一、二级的全部科目。

目前《全国计算机等级考试考试大纲（2021 年版）》为最新版本考纲，自 2021 年 3 月开始实施。

二、开设的级别和科目

全国计算机等级考试开设的级别和科目会随着计算机的发展而进行变化，目前开设的科目如表 A-1 所示。

表 A–1 全国计算机等级考试（NCRE）科目设置（2021 年版）

级别	科目名称	科目代码	考试时长/min
一级	计算机基础及 WPS Office 应用	14	90
	计算机基础及 MS Office 应用	15	90
	计算机基础及 Photoshop 应用	16	90
	网络安全素质教育	17	90
二级	C 语言程序设计	24	120
	Java 语言程序设计	28	120
	Access 数据库程序设计	29	120
	C++ 语言程序设计	61	120
	MySQL 数据库程序设计	63	120
	Web 程序设计	64	120
	MS Office 高级应用与设计	65	120
	Python 语言程序设计	66	120
	WPS Office 高级应用与设计	67	120
三级	网络技术	35	120
	数据库技术	36	120
	信息安全技术	38	120
	嵌入式系统开发技术	39	120
	Linux 应用与开发技术	71	120
四级	网络工程师	41	90
	数据库工程师	42	90
	信息安全工程师	44	90
	嵌入式系统开发工程师	45	90
	Linux 应用与开发开发工程师	46	90

三、证书效力

NCRE 合格证书式样按国际通行证书式样设计，用中、英两种文字书写，证书编号全国统一，证书上印有持有人身份证号。该证书全国通用，是持有人计算机应用能力的证明，也可供用人部门录用和考核工作人员时参考。

一级证书表明持有人具有计算机的基础知识和初步应用能力，掌握 Office 办公自动化软件的使用及因特网应用，或掌握基本图形图像工具软件（Photoshop）的基本技能，或网络安全基本素质，可以从事政府机关、企事业单位文秘和办公信息化工作。

二级证书表明持有人具有计算机基础知识和基本应用能力，能够使用计算机高级语言编写程序，可以从事计算机程序的编制、初级计算机教学培训以及企业中与信息化有关的业务和营销服务工作。

三级证书表明持有人初步掌握与信息技术有关岗位的基本技能，能够参与软硬件系统的开发、运维、管理和服务工作。

四级证书表明持有人掌握从事信息技术工作的专业技能，并有系统的计算机理论知识和综合应用能力。

注意：NCRE 所有证书均无时效限制。

附录 B　二级 C 语言程序设计考试大纲

二级 C 语言程序设计的试卷内容包含两部分：第一部分是公共基础知识部分（共 10 分，10 个单项选择题），第二部分是 C 语言程序设计的知识。下面列出这两部分的考试大纲。

全国计算机等级考试二级公共基础知识考试大纲（2020 年版）

一、基本要求

1. 掌握计算机系统的基本概念，理解计算机硬件系统和计算机操作系统。
2. 掌握算法的基本概念。
3. 掌握基本数据结构及其操作。
4. 掌握基本排序和查找算法。
5. 掌握逐步求精的结构化程序设计方法。
6. 掌握软件工程的基本方法，具有初步应用相关技术进行软件开发的能力。
7. 掌握数据库的基本知识，了解关系数据库的设计。

二、考试内容

（一）计算机系统

1. 掌握计算机系统的结构。
2. 掌握计算机硬件系统结构，包括 CPU 的功能和组成、存储器分层体系、总线和外围设备。
3. 掌握操作系统的基本组成，包括进程管理、内存管理、目录和文件系统、I/O 设备管理。

（二）基本数据结构与算法

1. 算法的基本概念；算法复杂度的概念和意义（时间复杂度与空间复杂度）。
2. 数据结构的定义；数据的逻辑结构与存储结构；数据结构的图形表示；线性结构与非线性结构的概念。
3. 线性表的定义；线性表的顺序存储结构及其插入与删除运算。
4. 栈和队列的定义；栈和队列的顺序存储结构及其基本运算。
5. 线性单链表、双向链表与循环链表的结构及其基本运算。
6. 树的基本概念；二叉树的定义及其存储结构；二叉树的前序、中序和后序遍历。
7. 顺序查找与二分法查找算法；基本排序算法（交换类排序、选择类排序、插入类排序）。

（三）程序设计基础

1. 程序设计方法与风格。
2. 结构化程序设计。
3. 面向对象的程序设计方法，对象、方法、属性及继承与多态性。

（四）软件工程基础

1. 软件工程基本概念，软件生命周期概念，软件工具与软件开发环境。
2. 结构化分析方法，数据流图，数据字典，软件需求规格说明书。

3. 结构化设计方法，总体设计与详细设计。

4. 软件测试的方法，白盒测试与黑盒测试，测试用例设计，软件测试的实施，单元测试、集成测试和系统测试。

5. 程序的调试，静态调试与动态调试。

（五）数据库设计基础

1. 数据库的基本概念：数据库，数据库管理系统，数据库系统。

2. 数据模型，实体联系模型及 E-R 图，从 E-R 图导出关系数据模型。

3. 关系代数运算，包括集合运算及选择、投影、连接运算，数据库规范化理论。

4. 数据库设计方法和步骤：需求分析、概念设计、逻辑设计和物理设计的相关策略。

三、考试方式

1. 公共基础知识不单独考试，与其他二级科目组合在一起，作为二级科目考核内容的一部分。

2. 上机考试，10 道单项选择题，占 10 分。

全国计算机等级考试二级C语言程序设计考试大纲（2018 年版）

一、基本要求

1. 熟悉 Visual C++集成开发环境。

2. 掌握结构化程序设计的方法，具有良好的程序设计风格。

3. 掌握程序设计中简单的数据结构和算法并能阅读简单的程序。

4. 在 Visual C++集成环境下，能够编写简单的 C 程序，并具有基本的纠错和调试程序的能力。

二、考试内容

（一）C 语言程序的结构

1. 程序的构成，main()函数和其他函数。

2. 头文件，数据说明，函数的开始和结束标志以及程序中的注释。

3. 源程序的书写格式。

4. C 语言的风格。

（二）数据类型及其运算

1. C 的数据类型（基本类型、构造类型、指针类型、无值类型）及其定义方法。

2. C 运算符的种类、运算优先级和结合性。

3. 不同类型数据间的转换与运算。

4. C 表达式类型（赋值表达式、算术表达式、关系表达式、逻辑表达式、条件表达式、逗号表达式）和求值规则。

（三）基本语句

1. 表达式语句，空语句，复合语句。

2. 输入/输出函数的调用，正确输入数据并正确设计输出格式。

（四）选择结构程序设计

1. 用 if 语句实现选择结构。

2. 用 switch 语句实现多分支选择结构。

3. 选择结构的嵌套。

（五）循环结构程序设计

1. for 循环结构。

2. while 和 do…while 循环结构。

3. continue 语句和 break 语句。

4. 循环的嵌套。

（六）数组的定义和引用

1. 一维数组和二维数组的定义、初始化和数组元素的引用。

2. 字符串与字符数组。

（七）函数

1. 库函数的正确调用。

2. 函数的定义方法。

3. 函数的类型和返回值。

4. 形式参数与实际参数，参数值的传递。

5. 函数的正确调用，嵌套调用，递归调用。

6. 局部变量和全局变量。

7. 变量的存储类别（自动、静态、寄存器、外部），变量的作用域和生存期。

（八）编译预处理

1. 宏定义和调用（不带参数的宏、带参数的宏）。

2. “文件包含”处理。

（九）指针

1. 地址与指针变量的概念，地址运算符与间址运算符。

2. 一维、二维数组和字符串的地址以及指向变量、数组、字符串、函数、结构体的指针变量的定义。通过指针引用以上各类型数据。

3. 用指针作函数参数。

4. 返回地址值的函数。

5. 指针数组，指向指针的指针。

（十）结构体（即“结构”）与共同体（即“联合”）

1. 用 typedef 说明一个新类型。

2. 结构体和共用体类型数据的定义和成员的引用。

3. 通过结构体构成链表，单向链表的建立，结点数据的输出、删除与插入。

（十一）位运算

1. 位运算符的含义和使用。

2. 简单的位运算。

（十二）文件操作

只要求缓冲文件系统（即高级磁盘 I/O 系统），对非标准缓冲文件系统（即低级磁盘 I/O 系统）不要求。

1. 文件类型指针（FILE 类型指针）。

2. 文件的打开与关闭（fopen( )、fclose( )）。

3. 文件的读写（fputc( )、fgetc( )、fputs( )、fgets( )、fread( )、fwrite( )、fprintf( )、fscanf( )函数

的应用)，文件的定位（rewind( )、fseek( )函数的应用）。

三、考试方式

上机考试，考试时长 120 分钟，满分 100 分。

（一）题型及分值

单项选择题 40 分（含公共基础知识部分 10 分）。

操作题 60 分（包括程序填空题、程序修改题及程序设计题）。

（二）考试环境

操作系统：中文版 Windows 7。

开发环境：Microsoft Visual C++ 2010 学习版，其 logo 如图 B–1 所示。

图 B–1　Visual C++ 2010 学习版 logo

附录 C　试 卷 结 构

试卷结构包含以下四个部分：

1. 单项选择题，40 题，40 分（含公共基础知识部分 10 分）。
2. 程序填空题，2~3 个空，18 分。
3. 程序改错题，2~3 处错误，18 分。
4. 程序设计题，1 题，24 分。

在做答选择题时，屏幕不能切换到其他界面，只能在选择题界面，一旦退出选择题界面，则不能再次进入，以避免考生在做答选择题时在计算机上查阅资料、调试程序等。

附录 D　样　　卷

全国计算机等级考试二级 C 语言程序设计考试样卷

一、单项选择题（共 40 题，每题 1 分，共 40 分）

1. 下列选项中不符合良好程序设计风格的是（　　）。

　A. 源程序要文档化　　B. 数据说明的次序要规范化

　C. 避免滥用 goto 语句　　D. 模块设计要保证高耦合、高内聚

2. 从工程管理角度看，软件设计一般分为两步完成，它们是（　　）。

　A. 概要设计与详细设计　　B. 数据设计与接口设计

　C. 软件结构设计与数据设计　　D. 过程设计与数据设计

3. 下列选项中不属于软件生命周期开发阶段任务的是（　　）。

　A. 软件测试　　B. 概要设计　　C. 软件维护　　D. 详细设计

4. 在数据库系统中，用户所见的数据模式为（　　）。

　A. 概念模式　　B. 外模式　　C. 内模式　　D. 物理模式

5. 数据库设计的四个阶段是：需求分析、概念设计、逻辑设计和（　　）。

　A. 编码设计　　B. 测试阶段　　C. 运行阶段　　D. 物理设计

6. 设有如下三个关系表：

R

A
m
n

S

A	*B*	*C*
m	1	3
n	1	3

T

B	*C*
1	3

下列操作中正确的是（　　）。

A. $T=R\cap S$　　B. $T=R\cup S$　　C. $T=R\times S$　　D. $T=R/S$

7. 下列叙述中正确的是（　　）。

A. 一个算法的空间复杂度大，则其时间复杂度也必定大

B. 一个算法的空间复杂度大，则其时间复杂度必定小

C. 一个算法的时间复杂度大，则其空间复杂度必定小

D. 上述三种说法都不对

8. 在长度为 64 的有序线性表中进行顺序查找，最坏情况下需要比较的次数为（　　）。

A. 63　　B. 64　　C. 6　　D. 7

9. 数据库技术的根本目标是要解决数据的（　　）。

A. 存储问题　　B. 共享问题　　C. 安全问题　　D. 保护问题

10. 对下列二叉树进行中序遍历的结果是（　　）。

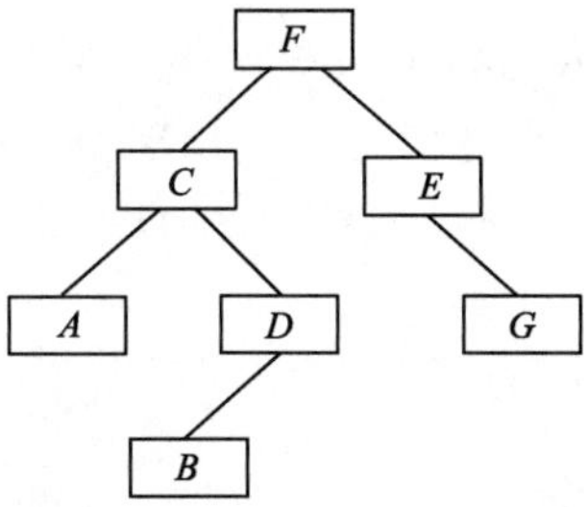

A. *ACBDFEG*　　B. *ACBDFGE*　　C. *ABDCGEF*　　D. *FCADBEG*

11. 下列叙述中错误的是（　　）。

A. 一个 C 语言程序只能实现一种算法

B. C 程序可以由多个程序文件组成

C. C 程序可以由一个或多个函数组成

D. 一个 C 函数可以单独作为一个 C 程序文件存在

12. 下列叙述中正确的是（　　）。

A. 每个 C 程序文件中都必须要有一个 main( )函数

B. 在 C 程序中 main( )函数的位置是固定的

C. C 程序中所有函数之间都可以相互调用，与函数所在位置无关

D. 在 C 程序的函数中不能定义另一个函数

13. 下列定义变量的语句中错误的是（　　）。

A. int _int;　　B. double int_;　　C. char For;　　D. float US$;

14. 若变量 x、y 已正确定义并赋值，则以下符合 C 语言语法的表达式是（　　）。

A. ++x,y=x--　　B. x+1=y　　C. x=x+10=x+y　　D. double(x)/10

15. 以下关于逻辑运算符两侧运算对象的叙述中正确的是（　　）。

A. 只能是整数 0 或 1　　B. 只能是整数 0 或非 0 整数

C. 可以是结构体类型的数据　　D. 可以是任意合法的表达式

16. 若有定义 int x,y; 并已正确给变量赋值，则以下选项中与表达式(x−y)?(x++):(y++)中的条件表达式(x−y) 等价的是（　　）。

A. (x−y>0)　　B. (x−y<0)　　C. (x−y<0||x−y>0)　　D. (x−y==0)

17. 有以下程序：

```
void main()
{
    int  x,y,z;
    x=y=1;
    z=x++,y++,++y;
    printf("%d,%d,%d\n",x,y,z);
}
```

程序运行后的输出结果是（　　）。

A. 2,3,3　　B. 2,3,2　　C. 2,3,1　　D. 2,2,1

18. 设有语句：

```
int  a;
float  b;
scanf("%2d%f",&a,&b);
```

执行语句时，若从键盘输入 876　543.0<回车>，则 a 和 b 的值分别是（　　）。

A. 876 和 543.000000　　B. 87 和 6.000000

C. 87 和 543.000000　　D. 76 和 543.000000

19. 有以下程序：

```
void main()
{
    int  a=0, b=0;
    a=10;                          /*给 a 赋值*/
    b=20;                          /*给 b 赋值*/
    printf("a+b=%d\n",a+b);        /*输出计算结果*/
}
```

程序运行后的输出结果是（　　）。

A. a+b=10　　B. a+b=30　　C. 30　　D. 出错

20. 在嵌套使用 if 语句时，C 语言规定 else 总是（　　）。

A. 和之前与其具有相同缩进位置的 if 配对

B. 和之前与其最近的 if 配对

C. 和之前与其最近的且不带 else 的 if 配对

D. 和之前的第一个 if 配对

21. 下列叙述中正确的是（　　）。

A. break 语句只能用于 switch 语句

B. 在 switch 语句中必须使用 default

C. break 语句必须与 switch 语句中的 case 配对使用

D. 在 switch 语句中，不一定使用 break 语句

22. 有以下程序：

```
void main()
{
    int  k=5;
    while(--k)
        printf("%d",k-=3);
    printf("\n");
}
```

执行后的输出结果是（　　）。

A. 1　　B. 2　　C. 4　　D. 死循环

23. 有以下程序：

```
void main()
{
    int  i;
    for(i=1;i<=40;i++)
    {
        if(i++%5==0)
            if(++i%8==0)
                printf("%d ",i);
    }
    printf("\n");
}
```

执行后的输出结果是（　　）。

A. 5　　B. 24　　C. 32　　D. 40

24. 以下选项中，值为 1 的表达式是（　　）。

A. 1 –'0'　　B. 1 – '\0'　　C. '1' –0　　D. '\0' – '0'

25. 有以下程序：

```
int fun(int x,int y)
{
    return(x+y);
}
void main()
{
    int  a=1,b=2,c=3,sum;
    sum=fun((a++,b++,a+b),c++);
    printf("%d\n",sum);
}
```

执行后的输出结果是（　　）。

A. 6　　B. 7　　C. 8　　D. 9

26. 有以下程序：

```
void main()
{
    char  s[]="abcde";
    s+=2;
    printf("%d\n",s[0]);
}
```

执行后的结果是（　　）。

A. 输出字符 a 的 ASCII 码　　B. 输出字符 c 的 ASCII 码

C. 输出字符 c　　　　D. 程序出错

27. 有以下程序:

```
int fun(int  x,int  y)
{
    static int  m=0,i=2;
    i+=m+1;
    m=i+x+y;
    return m;
}
void main()
{
    int  j=1, m=1,k;
    k=fun(j,m);
    printf("%d,",k);
    k=fun(j,m);
    printf("%d\n",k);
}
```

执行后的输出结果是(　　)。

A. 5, 5　　B. 5, 11　　C. 11, 11　　D. 11, 5

28. 有以下程序:

```
int fun(int  x)
{
    int  p;
    if(x==0||x==1)
        return(3);
    p=x-fun(x-2);
    return p;
}
void main()
{
    printf("%d\n",fun(7));
}
```

执行后的输出结果是(　　)。

A. 7　　B. 3　　C. 2　　D. 0

29. 在 16 位编译系统上，若有定义 int a[]={10,20,30}, *p=&a;, 则当执行 p++;后，下列说法错误的是(　　)。

A. p 向高地址移了一个字节　　B. p 向高地址移了一个存储单元

C. p 向高地址移了两个字节　　D. p 与 a+1 等价

30. 有以下程序:

```
void main()
{
    int  a=1,b=3,c=5;
    int  *p1=&a,*p2=&b,*p=&c;
    *p =*p1*(*p2);
    printf("%d\n",c);
}
```

执行后的输出结果是(　　)。

A. 1　　B. 2　　C. 3　　D. 4

31. 若有定义：int w[3][5];，则以下不能正确表示该数组元素的表达式是（　　）。

A. *(*w+3)　　B. *(w+1)[4]　　C. *(*(w+1))　　D. *(&w[0][0]+1)

32. 若有以下函数首部：

```
int fun(double x[10], int *n)
```

则下面针对此函数的函数声明语句中正确的是（　　）。

A. int　fun(double x, int *n);　　B. int　fun(double , int);

C. int　fun(double *x, int n);　　D. int　fun(double *,　int *);

33. 有以下程序：

```
void change(int k[ ])
{
   k[0]=k[5];
}
void main()
{
   int  x[10]={1,2,3,4,5,6,7,8,9,10},n=0;
   while(n<=4)
   {
      change(&x[n]);
      n++;
   }
   for(n=0;n<5;n++)
      printf("%d ",x[n]);
   printf("\n");
}
```

程序运行后输出的结果是（　　）。

A. 6 7 8 9 10　　B. 1 3 5 7 9　　C. 1 2 3 4 5　　D. 6 2 3 4 5

34. 有以下程序：

```
void main()
{
   int  x[3][2]={0},i;
   for(i=0;i<3;i++)
      scanf("%d",x[i]);
   printf("%3d%3d%3d\n",x[0][0],x[0][1],x[1][0]);
}
```

若运行时输入：2 4 6<回车>，则输出结果为（　　）。

A. 2　0　0　　B. 2　0　4　　C. 2　4　0　　D. 2　4　6

35. 有以下程序：

```
int add( int  a,int  b)
{
   return(a+b);
}
void main()
{
   int  k,(*f)(),a=5,b=10;
   f=add;
   …
```

```
}
```

则以下函数调用语句错误的是（　　）。

A. k=(*f)(a,b);　　B. k=add(a,b);　　C. k=*f(a,b);　　D. k=f(a,b);

36. 有以下程序：

```
void main(int  argc,char  *argv[ ])
{
   int  i=1,n=0;
   while(i<argc)
      n++;
   printf("%d\n",n);
}
```

该程序生成的可执行文件名为：proc.exe。若运行时输入命令行：

```
proc  123  45  67
```

则程序的输出结果是（　　）。

A. 3　　B. 5　　C. 7　　D. 11

37. 有以下程序：

```
# define    N    5
# define    M    N+1
# define    f(x)    (x*M)
void main()
{
   int  i1,i2;
   i1=f(2) ;
   i2=f(1+1) ;
   printf("%d  %d\n",i1,i2);
}
```

程序的运行结果是（　　）。

A. 12　12　　B. 11　7　　C. 11　11　　D. 12　7

38. 有以下结构体说明、变量定义和赋值语句：

```
struct STD
{
   char  name[10];
   int  age;
   char  sex;
} s[5],*ps;
ps=&s[0];
```

则以下 scanf( )函数调用语句中错误引用结构体变量成员的是（　　）。

A. scanf("%s",s[0].name);　　B. scanf("%d",&s[0].age);

C. scanf("%c",&(ps->sex));　　D. scanf("%d",ps->age);

39. 若有以下定义和语句：

```
union data
{
   int  i;
   char  c;
   float  f;
} x;
```

```
int  y;
```

则以下语句正确的是（　　）。

A. x=10.5;　　B. x.c=101;　　C. y=x;　　D. printf("%d\n",x);

40. 有以下程序：

```
void main()
{
   FILE  *fp;
   int  i;
   char  ch[]="abcd",t;
   fp=fopen("abc.dat","wb+");
   for(i=0; i<4; i++)
   fwrite(&ch[i],1,1,fp);
   fseek(fp,-2L,SEEK_END);
   fread(&t,1,1,fp);
   fclose(fp);
   printf("%c\n",t);
}
```

程序执行后的输出结果是（　　）。

A. d　　B. c　　C. b　　D. a

二、程序填空题（共 18 分）

给定程序中，函数 fun( )的功能是：计算下式前 n 项的和作为函数值返回。

$$s=\frac{1\times3}{2^2}+\frac{3\times5}{4^2}+\frac{5\times7}{6^2}+\cdots+\frac{(2\times n-1)\times(2\times n+1)}{(2\times n)^2}$$

例如，当形参 n 的值为 20 时，函数返回：19.600959。

请在程序的横线处填入正确的内容并把横线删除，使程序能够运行并得出正确的结果。

注意：源程序存放在 BLANK.C 中。只能在填空处进行填空，不得增行或删行，也不得更改程序的结构。

BLANK.C 源程序如下：

```
#include  <stdio.h>
double fun(int  n)
{
   int  i;
   double s,t;
   /**********found**********/

   /**********found**********/
   for(i=1;________;i++)
   {
      t=2.0*i;
      s=s+(t-1)*(t+1)/(t*t);
   }
  /**********found**********/
   Return___________;
}
int main()
```

```
{
    int  n=-1;
    while(n<0)
    {
        printf("Please input(n>0): ");
        scanf("%d",&n);
    }
    printf("\n The result is: %f\n",fun(n));
    return 0;
}
```

三、程序修改题（共 18 分）

给定程序 MODI.C 中函数 fun( )的功能是：求三个数的最小公倍数。

例如，给主函数中的变量 a、b、c 分别输入 12　4　15，则输出结果应当是 60。

请改正程序中的错误，使它能够运行并得出正确结果。

注意：不能改动 main()函数的代码，不得增行或删行，也不得更改程序的结构。

MODI.C 源程序如下：

```
#include <stdio.h>
/************found************/
int fun(int x,y,z)
{
    int  j,t,n ,m;
    j=1;
    t=j%x;
    m=j%y;
    n=j%z;
    /************found************/
    while(t!=0||m!=0||n!=0);
    {
        j=j+1;
        t=j%x;
        m=j%y;
        n=j%z;
    }
    /************found************/
    return j
}
int main()
{
    int  a,b,c,j;
    printf("Input a  b  c: ");
    scanf("%d%d%d",&a,&b,&c);
    printf("a=%d,b=%d,c=%d \n",a,b,c);
    j=fun(a,b,c);
    printf("The minimal common multiple is : %d\n",j);
    return 0;
}
```

四、程序编写题（共 24 分）

请编写函数 fun()，函数的功能是：将 M 行 N 列的二维数组中的数据，按列的顺序依次存放到一维数组中，一维数组中元素的个数存放在形参 gs 中。

例如，二维数组中的数为：

```
11 12 13 14
15 16 17 18
19 20 21 22
23 24 25 26
```

则转换后一维数组的内容应该是：

```
11 15 19 23 12 16 20 24 13 17 21 25 14 18 22 26
```

注意：部分源程序在文件 PROG.C 中。

请勿改动主函数和其他函数中的任何内容，仅在函数 fun()的花括号内输入编写的程序代码。

PROG.C 的代码如下：

```
#include <stdio.h>
void  fun(int  (*s)[10],int *b,int *n,int m,int n)
{
   //请在此处填写你的程序代码

}
void main()
{
   int w[10][10]={{11,12,13,14},{15,16,17,18},
                  {19,20,21,22},{23,24,25,26}},i,j;
   int a[100]={0},n=0;void NONO ();
   printf("The orginal matrix is:\n") ;
   for(i=0;i<4;i++)
   {
      for(j=0;j<4;j++)
         printf("%3d",w[i][j]);
      printf("\n");
   }
   fun(w,a,&n,3,4);
   printf("The A array:\n") ;
   for(i=0;i<n;i++) printf("%3d",a[i]);printf("\n\n") ;
   NONO();                      //调用此函数的目的在于测试数据
}
void NONO ()                    //请不要改动此函数
{
  //此函数是通过读入 in.dat 文件中的测试数据，调用 fun()函数，输出数据到 out.dat 文件中
   FILE *rf, *wf; int i,j,k;
   int w[10][10],a[100],n=0,mm,nn;
   rf=fopen("in.dat","r") ;
   wf=fopen("out.dat","w") ;
   for(k=0;k<5;k++)
   {
      fscanf(rf,"%d %d",&mm,&nn);
      for(i=0;i<mm;i++)
         for(j=0;j<nn;j++)
            fscanf(rf,"%d",&w[i][j]);
```

```
        fun(w,a,&n,mm,nn);
        for(i=0;i<n;i++)
            fprintf(wf,"%3d",a[i]);
        fprintf(wf,"\n");
    }
    fclose(rf);
    fclose(wf);
}
```

附录 E　Visual C++ 2010 基本操作

使用 Visual C++ 2010 编写程序，先要建立项目，然后在项目中编写代码，最后调试和运行。具体操作步骤如下：

（1）找到 Visual C++ 2010 在桌面上对应的快捷方式或在开始菜单中对应的菜单项，如图 E-1 所示，然后启动该程序。

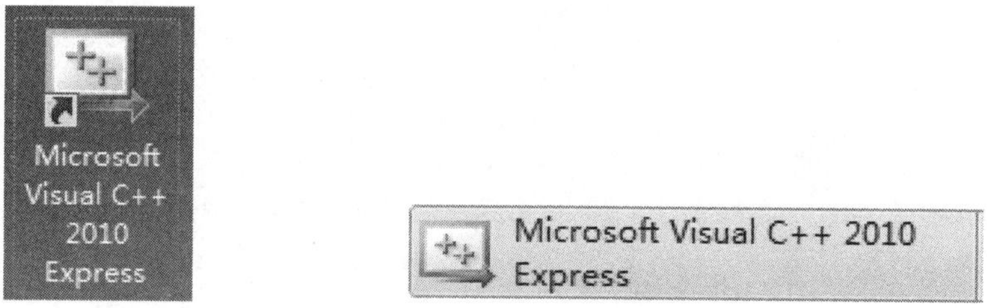

（a）桌面上的快捷方式　　（b）开始菜单中的菜单项

图 E-1　Visual C++ 2010 对应的快捷方式

（2）启动该程序后，会打开图 E-2 所示的“起始页”对话，单击“新建项目”，也可以依次选择菜单“文件”|“新建”|“项目”，打开“新建项目”对话框，如图 E-3 所示。

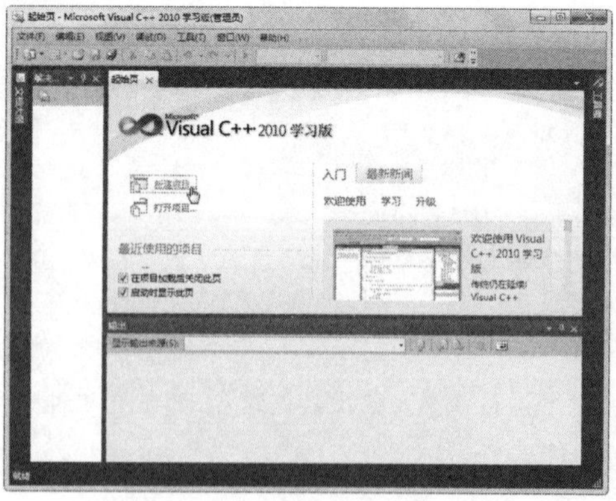

图 E-2 “起始页”对话框

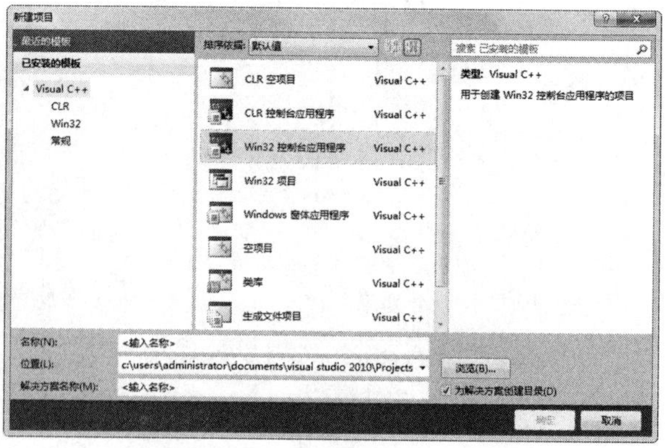

图 E-3 “新建项目”对话框

（3）在“新建项目”对话框中，先在上部分选择模板，此处左侧选择“Visual C++”，右侧选择“Win32 控制台应用程序”，然后在图的下部分设置“名称”和“位置”，如图 E-4 所示，此处设置“名称”为“Example1”，“位置”为“D:\”。

图 E-4　项目设置的“名称”和“位置”

（4）设置好名称和位置之后，单击“确定”按钮，会打开“Win32 应用程序向导”对话框，提示当前项目设置情况，单击“下一步”按钮，打开“应用程序设置”对话框，如图 E-5 所示。这个图中显示应用程序类型是“控制台应用程序”，默认的“附加选项”是带有“预编译头”，不要更改，直接单击“完成”即可打开图 E-6 所示的程序编写界面。

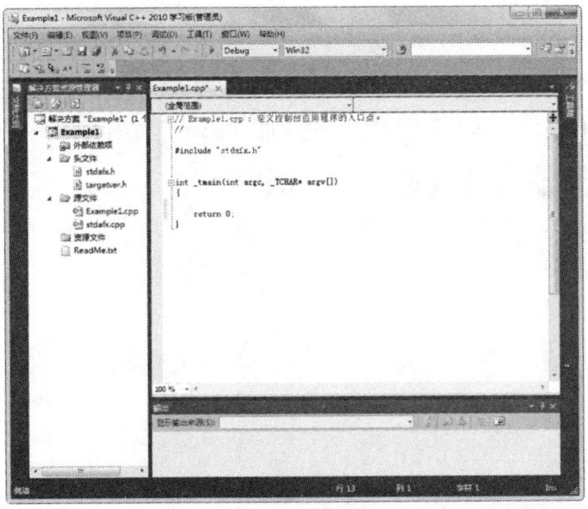

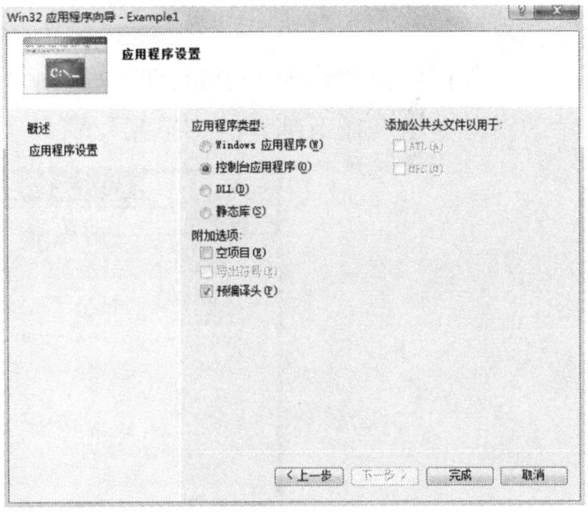

图 E-5　“应用程序设置”对话框　　　　图 E-6　项目窗口

（5）在图 E-6 所示的对话框中，最上端是标题栏，显示目前项目的名称“Example1”，下部的左侧是“解决方案资源管理器”，显示目前项目“Example1”所包含的资源，此处有“头文件”和“源文件”，在源文件中，默认会有一个与项目名称同名的 C++源程序文件“Example1.cpp”，右侧是编写程序的窗口，此窗口的上部标签显示当前程序的名称“Example1.cpp”，在此窗口中，用户可输入程序的源代码，如图 E-7 所示。

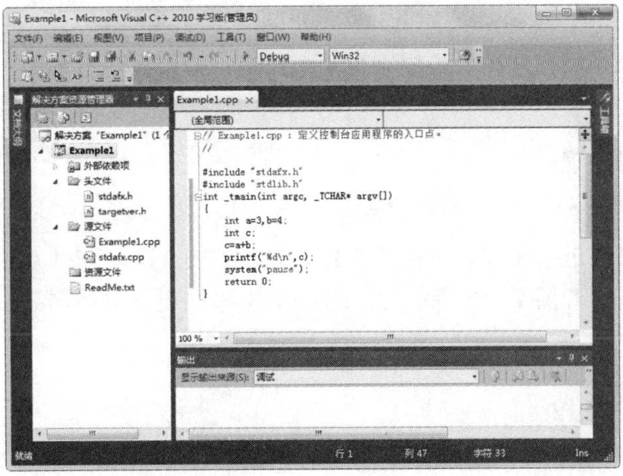

图 E-7　输入程序代码示意图

（6）在源代码输入完后，单击工具栏中的“启动调试”按钮 调试、运行程序，若程序没有错误，系统会编译、运行程序，并给出运行结果，如图 E-8 所示。

图 E-8　程序的运行结果图

提示：为了防止死机等原因造成源程序的丢失，在运行程序之前，要保存项目。也可以在输入代码的过程中随时保存。

（7）若程序出现错误（例如，此处把语句“system("pause");”后面的分号去掉），会出现图 E-9 所示的错误提示，在下部分的“输出”窗口中提示有错误代码及错误出现的位置。

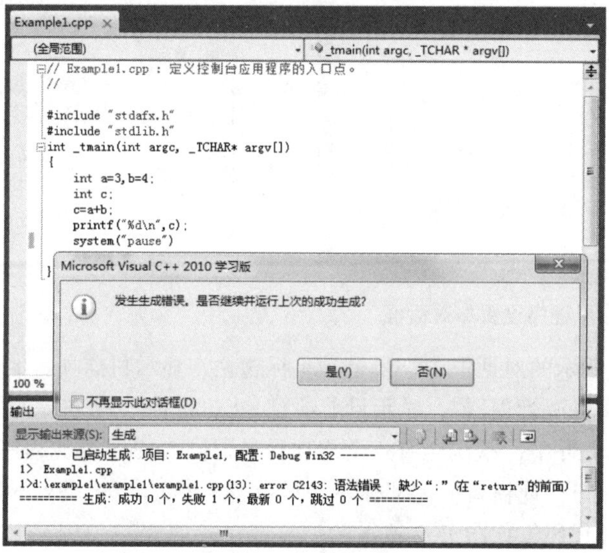

图 E-9　错误提示示意图

单击对话框中的“否”按钮，返回到程序编写窗口对程序进行修改，重复此过程，直到能够成功运行。

（8）若在调试时出现：

```
LINK: fatal error LNK1123: 转换到 COFF 期间失败:文件无效或损坏
```

表示需要对项目的属性进行设置，选择“项目”菜单中的“Example1 属性”，其中的 Example1 表示当前项目的名字，打开图 E-10 所示的“Example1 属性页”对话框。按图中的设置，把“嵌入清单”的值设置为“否”。

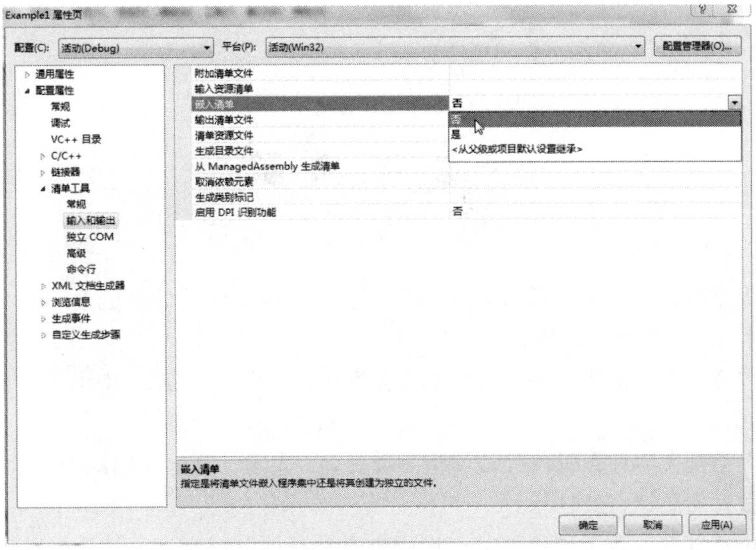

图 E-10　“Example1 属性页”对话框

当项目保存之后，系统会在所指定的位置（此处是 D:\）以项目的名字建立文件夹（此处是 Example1），保存此项目的资源，用户所编写的源程序文件 Example1.cpp 位于此文件夹下面的文件夹 Example1 中，如图 E-11 所示。

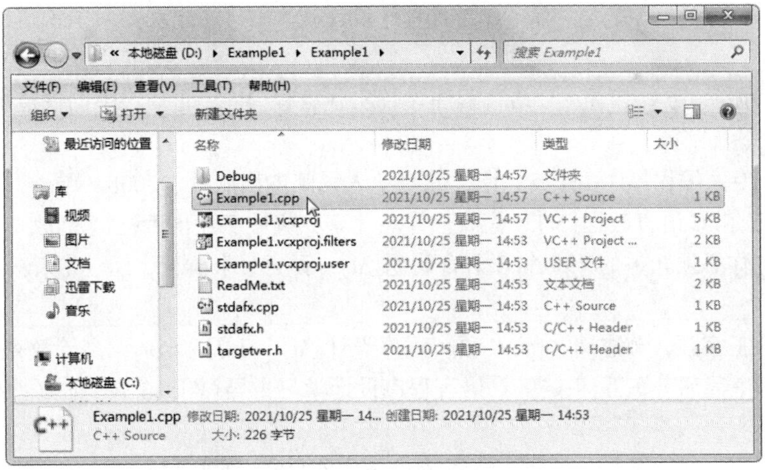

图 E-11　源程序文件示意图

参考文献

[1] 教育部高等学校大学计算机课程教学指导委员会. 高等学校计算机基础核心课程教学实施方案[M]. 北京：高等教育出版社，2011.

[2] 中国工程教育专业认证协会秘书处. 工程教育认证工作指南[Z]. 中国工程教育专业认证协会秘书处，2015.

[3] 教育部高等学校大学计算机课程教学指导委员会. 大学计算机基础课程教学基本要求[M]. 北京：高等教育出版社，2016.

[4] 大学计算机基础教育改革理论研究与课程方案项目课题组. 大学计算机基础教育改革理论研究与课程方案[M]. 北京：中国铁道出版社，2014.

[5] 甘勇，尚展垒. C 语言程序设计[M]. 北京：中国水利水电出版社，2011.

[6] 包空军，程静，王鹏远，等. 大学计算机[M]. 北京：中国铁道出版社有限公司，2021.

[7] 王鹏远，陈嫄玲，苏虹. 大学计算机实践指导[M]. 北京：中国铁道出版社有限公司，2021.

[8] 尚展垒，陈嫄玲，王鹏远，等. C 语言程序设计技术[M]. 北京：中国铁道出版社有限公司，2019.

[9] 王鹏远，程静，苏虹，等. C 语言程序设计实践教程[M]. 北京：中国铁道出版社有限公司，2019.

[10] 林登. C 专家编程[M]. 徐波，译. 北京：人民邮电出版社，2008.

[11] 凯利，波尔. C 语言教程[M]. 徐波，译. 北京：机械工业出版社，2008.

[12] 萨米特. 你必须知道的 495 个 C 语言问题[M]. 孙云，朱群英，译. 北京：人民邮电出版社，2009.

[13] 苏小红，王宇颖，孙志岗，等. C 语言程序设计[M]. 3 版. 北京：高等教育出版社，2015.

[14] 苏小红，王甜甜，车万翔，等. C 语言程序设计学习指导[M]. 3 版. 北京：高等教育出版社，2015.

[15] 许家珆，白忠建，吴磊. 软件工程：理论与实践[M]. 3 版. 北京：高等教育出版社，2017.